陳侍郎奏議

（上）

陳士杰 撰
謝孝明 整理

湖南大學出版社·長沙

圖書在版編目（CIP）數據

陳侍郎奏議：上、下/（清）陳士杰撰；謝孝明整理. — 長沙：湖南大學出版社，2024.11
（千年學府文庫）
ISBN 978-7-5667-3529-4

Ⅰ.①陳… Ⅱ.①陳… ②謝… Ⅲ.陳士杰（1824-1893）-奏議-匯編 Ⅳ.①K252.065

中國國家版本館CIP數據核字（2024）第075654號

陳侍郎奏議（上、下）
CHENSHILANG ZOUYI（SHANG, XIA）

撰　　者：陳士杰
整　　理：謝孝明
責任編輯：王桂貞
印　　裝：長沙超峰印刷有限公司
開　　本：787 mm × 1092 mm 1/16　**印　　張：**44.25　**字　　數：**228千字
版　　次：2024年11月第1版　**印　　次：**2024年11月第1次印刷
書　　號：ISBN 978-7-5667-3529-4
定　　價：268圓（全兩册）

出 版 人：李文邦
出版發行：湖南大學出版社
社　　址：湖南・長沙・岳麓山　**郵　　編：**410082
電　　話：0731-88822559（營銷部），88821594（編輯室），88821006（出版部）
傳　　真：0731-88822264（總編室）
網　　址：http://press.hnu.edu.cn
電子郵箱：wanguia@126.com

『千年學府文庫』編輯出版領導小組

出版説明

湖南大學歷史上承嶽麓書院，書院肇建於公元九七六年，爲我國古代四大書院之一，歷經宋、元、明、清，朝代更迭，學脉綿延，弦歌不絶。一九〇三年，書院改制爲湖南高等學堂。清末民初，學制迭經變遷，黌宫數度更易。一九二六年定名爲湖南大學，一九三七年改歸國立。一九五三年全國高校院系調整，學校更名爲中南土木建築學院，一九五九年恢復湖南大學校名。享有千年學府之盛譽，承載着我國教育的發展歷程和厚重的文化積澱，是中國教育史、學術史、思想史、文化史的一個縮影。

惟楚有材，於斯爲盛。從嶽麓書院到湖南大學，一批批學者先賢在此教書育人、著書立説，人才之盛，達成之功，史有明徵，班班可考。爲表彰前賢之述作，昭示後生以軌範，開啓學海津梁，溝通中西文明，弘揚大學之道，傳承中華文化，值此嶽麓書院創建一千零四十周年暨湖南大學定名九十周年華誕之際，中共湖南大學委員會、湖南大學决定編纂出版《千年學府文庫》。兹謹述編纂原則如次：

一、以『成就人才，傳道濟民』爲主綫，以全面呈現千年學府發展歷程、辦學模式、師生成就、學術貢獻爲目標，收録反映千年學府學制變遷與文化傳承的學術著述。

二、選録人物係湖南大學及前嶽麓書院、時務學堂、湖南高等學堂、高等實業學堂、優級師範學堂、高等師範學校、公立工業專門學校、法政專門學校、商業專門學校、國立商學院、國立師範學院、省立克强學院、私立民國大學、省立音樂專科學校、中南土木建築學院、湖南工學院、湖南財經學院之卓有成效并具有重要影響之師生員工。已刊者選印，未刻者徵求，切忌貪多，惟期有用。

三、收録文獻，上起九七六年，下訖一九七六年，既合千年之數，更以人事皆需論定。

四、收録文獻，以學術著述、校史文獻、詩文日記爲主，旁及其他，力求精當，不務恢張。

五、收録文獻，有原刻者求原刻影印，無原刻者求善本精印，無善本者由本校校印。排版形式根據著述年代而定，古代著作采用繁體竪排；一九一九年至中華人民共和國成立前，原則上簡體横排，根據版本情况，亦可用繁體竪排，規範標點；中華人民共和國成立後的著作，用簡體横排。

六、文獻整理，只根據底本與參校本、參校資料等進行校勘標點，對底本文字之訛、奪、衍、倒作正、補、删、乙，有需要説明的問題，則作出校記，一般不作注釋。

七、收録文獻，均由整理者撰寫前言一篇，簡述作者生平、是書主旨、學術價值、版本源流及所用底本等。

八、《千年學府文庫》圖書，尚待徵求選定，徵求所得，擬隨時付印，故暫無總目。

《千年學府文庫》卷帙浩繁，上下千載，疏漏缺失，在所難免，尚祈社會各界批評指正。

《千年學府文庫》編輯出版委員會謹識

二〇一六年十月

前言

一、陳士杰生平事迹

陳士杰（一八二四至一八九三），字雋丞（又作俊臣），清桂陽直隸州（今桂陽縣）泗洲寨人。道光四年二月二十三日（一八二四年三月二十三日）生。五歲受學，啓蒙於陳氏家族塔峰書院，蒙師爲家伯陳忠柄。道光二十四年（一八四四），陳士杰赴桂陽參加州試，深得知州俞昌會賞識；道光二十五年（一八四五），赴衡州府考，獲第十名，食廪。道光二十八年（一八四八），經俞昌會薦舉，與伯兄士元入嶽麓書院，肄業；道光二十九年（一八四九），被選爲乙酉科拔貢生，廷試時獨得題解，以一等第一名授七品小京官，簽分户部。咸豐元年（一八五一），丁父憂歸。咸豐二年（一八五二），率團勇平縣内李明先、李觀龍起義。

咸豐三年（一八五三）初，陳士杰應邀入贊曾國藩衡州軍幕，『發縱指使，多所贊助』[二]。旋經湖南巡撫駱秉章檄辦鄉團。嗣後復經歷任湘撫檄带練勇防堵上游，立營號爲『廣武軍』，捍衛湖廣南、東、西路，鎮遏嶺嶠。其時，永州、郴州、桂陽邊地千裏，太平軍和地方義軍四處奔襲，廣武軍當其冲要，扼險戰守。咸豐九年（一八五九）春，太平軍石達開部自贛入湘，至桂陽州，擬北上進攻衡州、長沙，圖夾攻湘軍。陳士杰率

[二] 中國第一歷史檔案館：《光緒朝朱批奏摺第八輯 内政 職官 十八年二月至十九年四月》，北京：中華書局一九九五年版，第七六七頁。

廣武軍駐紮桂陽城北花園寨，阻扼石軍進路，以數百人敗石軍數十萬衆。石軍被迫西走新田，太平天國襲湘省以夾擊湘軍的戰略意圖未遂。

同治元年（一八六二），江、浙、皖軍事危急，陳士杰以曾國藩奏薦，擢爲江蘇按察使。但陳士杰慮及郴永桂時有邊警，呈請湖南巡撫代奏留籍養親，并督團勇防遏太平軍和義軍。同治四年（一八六五），陳士杰以功加布政使銜。嗣後，又以鎮壓鮑超部嘩變霆軍及收編太平軍士兵有功，得號剛勇巴圖魯。同治十年（一八七一），陳士杰出任山東按察使，因母喪，於光緒元年（一八七五）始赴職。在任因整頓吏治、辨析疑獄、平反錯案有功，晉福建布政使。但因山東巡撫文格被劾，牽連罷官。光緒五年（一八七九）起復，以臺灣軍務，詔署福建按察使，到官逾月，署布政使。光緒六年（一八八〇），陳士杰升山西布政使，未赴。光緒七年（一八八一），陳士杰擢浙江巡撫，在任增修鎮海、笠山港、定海、乍浦炮臺，以鞏固海防。光緒八年（一八八二），陳士杰轉任山東巡撫。時值巡撫丁寶楨之後，曹州、兖州一帶，以用人不當，治安可虞，民怨甚多。陳士杰在整治境内河患時，往來奔馳，親自督工，節約費用，頗費心力。後積勞成疾，加之海防事爲人所忌，於光緒十二年（一八八六）夏，因病數請乞休，不久返桂陽。光緒十八年十二月十九日（一八九三年二月五日），陳士杰卒於衡陽住所，年六十九歲，朝廷予省城及本籍建祠以祀。

陳士杰一生歷官員外郎、知府、道員、江蘇按察使、福建按察史和布政使、山西布政使、浙江巡撫、山東巡撫，終兵部侍郎。從他多方面的建樹考察，其不愧『中興名臣』之譽。在軍事上，他早期參贊曾國藩軍幕，『外簡軍實，內修營政，薦引人賢，量能而授之職，隱若負天下之重』[一]，其功巨大。其中最有名者，一是咸豐四年（一八五四）三月，曾國藩采其建策，取得湘潭大捷。王闓運言湘軍『自此始知戰事，不以炮爲生死。而名將飆起，克平巨憝，雖有天幸，侍郎本謀也』[二]。經此一戰，太平軍在湖南受到重挫，不得不退出了湖南。一是力諫營救坐法當斬的鮑超和違令受困岳州孤城的王鑫，使二將免於難，後來鮑、王并爲湘軍名將。《中興將帥别傳》評曰：『王壯武幾死岳州，鮑忠壯當刑而免，微陳公一言相救，兩賢勛業曷由建哉』[三]，言明陳士杰成就二將之功。

湘南是湘軍的大後方，毗連太平天國起事的兩廣地區，是湘軍與太平軍争奪的戰略重地，關係整個江南戰局。陳士杰離開曾國藩幕府，組建廣武軍後，即以防遏太平軍從後路夾擊湘軍、力保南路無虞爲己任，免除了東征和西征湘軍的後顧之憂。

在治理地方上，陳士杰可謂勤政愛民，廉而有爲。他歷官地廣，遷易不居，所到之處，關心民瘼，辟利源，輕賦税，治河患，興漕運，辦賑濟，開局平糶，多有善政和建樹。陳士杰去世後，湖南巡撫吴大澂在《在籍大員病故代遞遺疏折》中，向朝廷彙報他治理地方的成就。其言：『該故撫臣謀略素裕，捍衛桑梓卓著勛勞，居官勤廉，尤爲人所難及。』[四]

[一]（清）郭嵩燾撰，梁小進主編：《郭嵩燾全集》一四，長沙：岳麓書社二〇一二年版，第四二四頁。

[二]（清）王闓運撰，馬積高主編：《湖湘文库　湘綺樓詩文集》一，長沙：岳麓書社二〇〇八年版，第二五〇頁。

[三]（清）朱孔彰撰：《湘军史料丛刊　中兴将帅别传》，清光绪二十三年（一八九七）刻本，卷二五上，第二九三至二九四页。

[四] 中國第一歷史檔案館：《光緒朝朱批奏摺 第八輯 内政 職官 十八年二月至十九年四月》，北京：中華書局一九九五年版，第七六八頁。

在國家防務和安全上，陳士杰清楚時局，重視海防和洋務。在晚清的對外戰争中，清政府屢敗於侵略者的堅船利炮和奇技淫巧。陳士杰深爲憂痛，他總結經驗，吸取教訓，非常重視海防建設。署福建按察使時，即重視臺灣軍務；後撫浙江，增修鎮海、笠山港、定海、乍浦炮臺，以固防衛。移撫山東，也緣海設防。陳士杰的海防觀念和鞏固海防的措施對晚清的北洋防務和海軍建設頗具影響力。陳士杰重視洋務，被左宗棠引爲同道與知己。光緒二年（一八七六），左宗棠在寫給陳士杰的一封書信中振聾發聵地喊出了『中不如西，學西可也』[一]的時代强音，成爲中國近代早期學習西方的著名論斷和有力的思想武器。

陳士杰生平中還做了一件關係到國家主權和領土完整的重大事情，那就是贊畫中樞大臣文祥軍機，爲其决疑，積極支持左宗棠收復新疆。王闓運《桂陽直隸州酒州砦陳侍郎年六十有九行狀》記其事：『十三年……文文忠在軍機，方憂西事，嘗延見咨訪，因陳事權不一之弊，雖俱賢人，猶患牽制。其後一以兵餉事任左文襄，遂定新疆，采其議也。』[二]與陳家交往密切的八指頭陀釋敬安在他寫的《挽桂陽州陳中丞六章·其二（并注）》中也提及此事。陳士杰一生還有許多事可表，如：熱心公益慈善，造福桑梓；興建書院，培養人才；改革湘昆，促進梨園藝術的發展；等等。在晚清内憂外患的危機中，陳士杰對國家民族有一份赤誠熱愛，也有一份深深憂患。他的人格與品質、才識和能力，爲同時名人所重。曾國藩以識人用賢著稱，他對陳士杰評價很高，

[一]（清）左宗棠著：《左宗棠全集·書信》三，長沙：岳麓書社一九九六年版，第一一七頁。

[二]（清）王闓運撰，馬積高主編：《湖湘文库　湘綺樓詩文集》一，長沙：岳麓書社二〇〇八年版，第二五五頁。

有一種惺惺相惜之感。他説陳士杰『深明武事，於禦衆之道，蓋得古人之遺意』〔一〕，『雋丞外樸内朗，幹濟才也』〔二〕。陳士杰也見知於左宗棠：『雋丞，大器也。以能兵稱之，淺矣！』〔三〕後人撰史，常以陳士杰『善於用兵』〔四〕爲言，左氏之評，意藴更深。郭嵩燾稱陳士杰『出處進退，揆之古人致身之義，爲尤得其正』〔五〕。王闓運言其『性篤孝，老猶孺子慕』，『持己敬而與人忠』，爲『恂恂雅儒』〔六〕。此外，湖南巡撫吴大澂也稱其『謀略素裕，捍衛桑梓卓著勛勞。居官勤廉，尤爲人所難及』〔七〕。惲世臨稱贊陳士杰在地方舉辦的公益事業，『賢者所在，一方蒙福，非虚語也』〔八〕。

〔一〕（清）曾國藩著：《曾國藩全集·書信一》二二一，長沙：岳麓書社一九八七年版，第四一九頁。

〔二〕（清）王闓運撰，馬積高主編：《湖湘文库　湘綺樓詩文集》一，長沙：岳麓書社二〇〇八年版，第二四八頁；又，（清）朱孔彰撰：《中興將帥别傳·陳巡撫士杰》，長沙：岳麓書社二〇〇八年版，第二八六頁。

〔三〕（清）王闓運撰，馬積高主編：《湖湘文库　湘綺樓詩文集》一，長沙：岳麓書社二〇〇八年版，第二五三頁；又，（清）朱孔彰撰：《中興將帥别傳·陳巡撫士杰》，長沙：岳麓書社二〇〇八年版，第二九〇頁。

〔四〕趙爾巽等撰：《清史稿·陳士杰列傳》卷四四七列傳二三四第四一册，北京：中華書局一九七七年版，第一二五一一頁。

〔五〕（清）郭嵩燾撰，梁小進主編：《郭嵩燾全集》一五，長沙：岳麓書社二〇一二年版，第四二四頁。

〔六〕（清）王闓運撰，馬積高主編：《湖湘文库　湘綺樓詩文集》一，長沙：岳麓書社二〇〇八年版，第二五八至二五九頁。

〔七〕中國第一歷史檔案館：《光緒朝朱批奏摺第八輯　内政　職官　十八年二月至十九年四月》，北京：中華書局一九九五年版，第七六八頁。

〔八〕（清）王闓運撰，馬積高主編：《湖湘文库　湘綺樓詩文集》一，長沙：岳麓書社二〇〇八年版，第二五四頁。

陳士杰的流風餘韵對後世也産生了影響。楊毓麟在深究湘軍領袖人物胡林翼、曾國藩、左宗棠、彭玉麟、郭嵩燾、陳士杰等人，何以不趁太平軍興取代腐朽反動的清王朝問題時，將陳士杰比之五代十國時期南楚開國君主馬殷和南唐名將邊鎬，『生平宗旨實與馬殷、邊鎬同』[一]。可見陳士杰在湖南後人的心目中是有相當地位和影響的。其人其事著於國史方志家乘者，足證陳士杰在歷史時空之間各個維度的重要性和影響力。

二、陳士杰與嶽麓書院的淵源

陳士杰與嶽麓書院有著多重交錯的關係，可謂淵源深厚。據桂陽泗州《陳氏宗譜》記載，在陳士杰之前，他的一位族兄陳厚芸（字暉堂）早在乾隆末年就已肄業嶽麓書院，其曲折艱難的求學過程極爲感人。從陳厚芸留存於宗譜中的詩文《哭大母宋太孺人哀文》《湘南八景詩并序》[二]，可知陳厚芸是一位天資特异、讀書上進、才華超卓、極重孝親的士子，可惜有文無命，未售先逝，成爲陳氏家族早年肄業嶽麓書院却薄命的一位才士。

陳士杰之前，陳氏家族除陳厚芸之外，還有一人與嶽麓書院頗有淵源，這是陳士杰的一位父輩族伯陳忠志，即宗譜中尊稱『藎修公』者。這位藎修公雖没有肄業嶽麓書院，却與嶽麓書院著名山長羅典先生頗有交誼。《陳氏宗譜》中有一篇羅典先生寫給陳忠志的《藎修公八旬晉一壽序》，序中寫了陳忠志的性格學行以及和自己交

[一] 楊毓麟著：《楊毓麟集·新湖南》，長沙：岳麓書社二〇〇八年版，第三五頁。

[二] 張海瀛、武新立、林萬清主編：《中華族譜集成·陳氏譜卷》第八册，成都：巴蜀書社一九九五年版，第一六七至一七〇頁。

往的經過，讚嘆陳氏『道南正脉，其在斯矣。夫明德之後，必有達人』[一]。『雲程慰望，屬彼後賢』『明德之後，必有達人』。道光二十八年（一八四八），陳士元、陳士杰兄弟經俞昌會薦舉，步履家族先輩足迹肄業嶽麓。嗣後陳士杰乘勢而起，成爲晚清『中興名臣』，羅典先生的預言得到了應驗。《陳氏宗譜》載楊覲圭《蓀石中丞六十壽頌并序》中也記載了陳士元、陳士杰兄弟於嶽麓的故事：『幼以制藝及詩古文辭相切磨。陳少長，讀書麓山，爲丁學士所激賞，有「二陸二劉」之目。』[二]此記雖簡括，然也提供陳氏兄弟肄業嶽麓，有『二陸二劉』之目，可補王闓運所記的不足。『二陸』者，當指陸機與陸雲兄弟，二人俱爲我國西晋時期的著名文學家。『二劉』者，當指劉敞、劉攽兄弟，他們是北宋著名的史學家、經學家、散文家。『二陸二劉』之比，説明陳氏兄弟二人才華卓越，道德高尚，品學兼優。

而陳氏兄弟二人在嶽麓書院的優异表現，自然離不開山長丁善慶先生的指教和獎掖。湘軍的人才群體中，有一批人出於嶽麓歐陽厚均門下和城南賀熙齡門下。這批人進入書院的時間要稍早於陳氏兄弟、曾國荃、席寶田他們，這些人有曾國藩、胡林翼、左宗棠、江忠源、羅澤南、鄒漢勛、郭嵩燾、劉蓉、李元度、唐順方、劉典等。在太平天國軍興、湘軍成軍之前，陳士杰就已與這些人有諸多交集，其中，與曾國藩的關係最爲密切。

曾國藩對陳士杰的影響也是非常大的。陳士杰與曾國藩初識是在道光二十九年（一八四九），其年陳士杰以

[一] 張海瀛、武新立、林萬清主編：《中華族譜集成·陳氏譜卷》第八册，成都：巴蜀書社一九九五年版，第二〇二至二〇三頁。

[二] 張海瀛、武新立、林萬清主編：《中華族譜集成·陳氏譜卷》第八册，成都：巴蜀書社一九九五年版，第二一九頁。

拔貢赴京參加朝考，曾國藩爲讀卷大臣，陳士杰以一等第一名授七品小京官簽分户部，由此成爲曾國藩的弟子并受其賞識。

陳士杰身上有許多可貴的品質：既聰明又實誠，爲人謙虚而善學，深契孔子忠恕之道，待人赤誠而深情綿長。書院是造就人才之所，群英齊集的嶽麓書院使他受益匪浅：增長了他的學識，豐富了他的内心，擴展了他的志業，開闊了他的境界，爲他後來建樹功勛奠定了堅實的基礎。嶽麓書院向爲程朱理學重鎮，陳士杰崇奉程朱理學，也是湖南近代理學經世的代表人物。

陳氏兄弟之後，陳士杰之子陳兆棠也於嶽麓、城南和屈子祠讀書，繼續其家族與嶽麓之間的交集，而其以鐵血手段維護行將覆滅的舊王朝，最終被革命軍所殺，以悲劇而終，則更能够折射時代的風潮、社會的變遷和國家與個人命運的交織的回天無力和無可奈何。[一]

陳士杰一生與書院似有不解之緣。他啓蒙於家族書院塔峰，青年時代又和乃兄士元在塔峰書院教授以爲生計。[二]之後兄弟聯翩嶽麓問學，得名師益友之助，學業大進，品性益高。通顯之後在任職地方興復書院。在家鄉桂陽，倡建了龍潭、鑒湖、濯源等多所書院，并親寫《龍潭書院記》《鑒湖書院記》《濯

[一] 按：宣統三年（一九一一），武昌起義轟動全國，潮州光復，身任潮州知府的陳兆棠被革命軍所擒。十一月二十二日，陳兆棠被革命軍槍决於署前的照壁下。臨刑前，陳兆棠寫好遺言：『不死於君，不死於國，死於因果。』陳兆棠的死無疑是清朝走向末路的一個有力證明。

[二] 張海瀛、武新立、林萬清主編：《中華族譜集成·陳氏譜卷》第八册，成都：巴蜀書社一九九五年版，第二四至二五頁。按：陳士杰《塔峰書院記》言『歲丙午，餘從龍卿先兄館此』。據此知陳士杰曾司館師之職，以爲生計者。歲丙午，即道光二十六年（一八四六）。其時，陳氏二十三歲。其前一年，赴衡陽參加衡州府考，得前十名，成爲廪生，享受廪餼膏火，足有資格作官師。

源書院記》[一]以記起始原委，親訂《龍潭書院學約》《龍潭書院章程》[二]以爲諸生遵守規範，此其作育造就人才之事業。故書院爲陳氏一生學業、職業和事業所係。他的這種情況在湘軍人物中既有普遍性，也具代表性，是一個值得深入研究的課題。

三、《陳侍郎奏議》版本與内容

奏議、奏摺或奏稿，是封建時代官員向皇帝上書言事、條議政治、明辨國是、剖析利弊得失的一種文書。在清代，一般而言，只有都察院禦史、三品以上京官和總督、巡撫、將軍、都統、學政等一二品地方軍政大員，纔有向皇帝單獨奏事的資格。陳士杰一生經過多次升遷，擔任過不同的官職，但只有在浙江、山東兩省巡撫任上纔有奏事權，才産生了他的奏稿文獻。

陳士杰奏稿存世的狀態大致有刊本和檔案稿本兩類。刊本目前僅見一種，即《陳侍郎奏議》。檔案稿本則有四個來源，即中國第一歷史檔案館所編《光緒朝硃批奏摺》、臺北故宫博物院編印的《宫中檔光緒朝奏摺》、北京擷華書局於清末編印的《諭摺匯存》和朱壽朋編纂的《光緒朝東華録》。諸檔案所存陳士杰奏稿的具體情況，因整理者未專程查閲，尚不得而知，留待今後進一步搜集整理。

[一]（清）陳士杰：《蕉雲山館文集》卷二，清光緒十六年（一八九〇）刻本，第三六至四二頁。

[二]鄧洪波：《中國書院章程》，長沙：湖南大學出版社二〇〇〇年版，第二〇二至二〇六頁。

《陳侍郎奏議》共八卷，清光緒三十二年（一九〇六）衡陽刻本。是書是陳士杰離世十三年之後，由陳氏諸子陳桂森、兆璜、兆棻、兆葵、兆棠、兆蘭、兆奎、兆熊、兆琁兄弟九人收羅乃父生前在浙江、山東巡撫任上的奏稿，按時間先後校刊整理而成。除此之外，《陳侍郎奏議》别無其他刻本。二〇一〇年，由林慶彰主編、臺灣文聽閣圖書公司出版的《晚清四部叢刊》第三編收録該書。此次《陳侍郎奏議》作爲湖南大學出版社『千年學府文庫』的一種影印出版，仍以清光緒三十二年（一九〇六）衡陽刻本爲底本。

四、《陳侍郎奏議》組織結構和思想内容

（一）組織結構

《陳侍郎奏議》8卷共197篇，其中，奏摺96道，附片101篇。卷一有33篇，爲浙江巡撫任上摺片；卷二至卷八有164篇，爲山東巡撫任上摺片。奏議始於光緒七年九月二十一日（一八八一年十一月十二日）陳士杰於福建藩司任上，欽奉補授浙江巡撫諭旨之後，向朝廷報告他移交藩司印信并文卷即赴新任，并於光緒七年十月十四日（一八八一年十二月五日）由閩入浙情况；終於光緒十二年五月二十七日（一八八六年六月二十八日）陳士杰上報朝廷他與新任撫臣張曜對接，交卸山東巡撫印篆，歷四年八月[二]。

[二]（清）陳士杰撰：《陳侍郎奏議》，清光緒三十二年（一九〇六）衡陽刻本。

（二）思想内容

《陳侍郎奏議》内容多涉陳士杰在浙江、山東兩省政務諸端和治理大略，雖因浙、魯省情各异，所處的時局和内外環境也有所不同而各有側重，但其憂心孔疚、劬勞瘏悴、黽勉求治的精神一以貫之。

1. 浙江巡撫任上

從奏稿呈現的狀態和反映的内容來看，陳士杰在浙江巡撫任上亟須應對的事務與所取得的成就主要有以下幾個方面。

（1）修復海塘　卓有成效。海塘是人們爲了防止海潮氾濫成灾而在沿海地帶修築的堤防工程。江浙爲清王朝財賦之區，浙江海塘，作爲保障東南地區安全的水利工程，『歷來與防河、治運并列爲我國三大水利工程』[一]，極爲重要。咸豐年間（一八五一至一八六一），受太平天國運動影響，素稱富庶的浙江因被捲入戰争漩渦而遭到重創，海塘更是年久失修，殘破不堪。同治三年（一八六四），戰争接近尾聲，時任閩浙總督左宗棠在籌謀浙江善後事宜時，將修復和重建海塘作爲恢復社會經濟的一項重要舉措。由於財政困敝、國庫空虛，海塘工程雖然極爲緊要，却因經費難以籌集而一次次陷入困境，舉步艱難。陳士杰莅任的首要大事即是親行勘視塘工，籌畫海塘三防。爲此，他特意上奏朝廷，建議『仿照山東近年防守黄河章程，派勇營駐紮塘次，隨時會同廳汛防護修補』[二]，以此來避免種種流弊，而撙節經費，提高實效，『計工比往歲十倍，而用費減五倍』[三]。

[一] 余紹宋等纂：（民國）《重修浙江通志稿》第九六册，浙江圖書館一九八三年掃描油印本。

[二] （清）陳士杰撰：《親行勘視塘工擬來歲改用營勇防修片》，《陳侍郎奏議》卷一，清光緒三十二年（一九〇六）衡陽刻本。

[三] （清）王闓運撰，馬積高主編：《湖湘文庫　湘綺樓詩文集》一，長沙：岳麓書社二〇〇八年版，第二五六頁。

（2）加强海防　有備無患。鴉片戰争後，中國逐步淪爲半殖民地半封建社會，面臨前所未有的民族危機，以林則徐、魏源爲代表『開眼看世界』的一批有識之士，提出了『師夷長技以制夷』的思想，對中國軍事近代化和中國近代海軍的建立和發展産生了重要影響，成爲近代海防思想的先驅。之後，洋務派繼起，海防日益成爲清王朝整個國防戰略的重要組成部分。而中國有一萬八千公里海岸線的客觀現實，又使海防布局問題成爲晚清政治家們所關注的焦點。但是，基於畛域悠分、利益考量的門户之見，李鴻章等人主張重守長江口以北一線，著重發展北洋海軍，以致在沿海七省中南北居中的浙江海防，其戰略地位在清廷海防戰略中漸次弱化[二]。陳士杰深知浙江海防的重要性，他没有陷於畛域之見和門户之争，而是本著『慎重海防』『有備無患，亟宜未雨綢繆』的思想精神，在認真『考察西洋炮臺圖式不下數十種』的基礎上，於光緒八年（一八八二）二月周巡寧波、鎮海、定海、温州、台州、乍浦各屬，增修炮臺，布置險要，完善海防設施，使漸次弱化的浙江海防一時得到加强，後來中法戰争中，定海炮臺發揮了特别的作用，是唯一擊毁法國堅船的一座炮臺，使在中國海疆驕横不可一世的法國海軍嘗到了苦頭。

（3）緝捕盗匪，撫綏地方。陳士杰莅任浙江的時候，太平天國運動早已平息，隨著軍務肅清，社會本應恢復正常秩序，人民得以安居樂業、休養生息，但事實并非如此。其時，浙江各地盗賊匪患遍布，社會秩序混亂，百姓無法安居樂業。因此，緝捕盗賊、肅清匪患、撫綏地方、保障人民安居樂業，成爲陳士杰撫浙時的又一項緊迫任務。浙江的盗賊匪類名目繁多，僅據陳士杰奏稿所例，就有江洋大盗、教匪、哥匪、土匪、馬賊、會匪、

[二] 方堃、張煒：《晚清浙江海防戰略地位的弱化及原因透視》，歷史檔案一九九六年第一期。

遊勇、盜匪、梟匪等[一]，其中最出名的土匪是台州的金滿。金滿幼時家貧，爲人傭工，光緒五年（一八七九）八月，因時起事，集「十八弟兄」，出没於台州六縣，與官府對抗，時任浙江巡撫譚鍾麟派遣湘軍名將李續賓之子李光久率軍緝捕而不得。光緒七年（一八八一），陳士杰接任浙江巡撫後，加大了緝捕力度，將緝拿不力的台州知府成邦幹等人摘頂撤任[二]的同時，奏請湘軍名將羅大春接統温臺各營辦理臺匪，緝拿金滿，[三]但金滿繼續逃逸，官軍緝捕依然是疲於奔命，久而無功，陳士杰也因此被朝廷嚴責「殊屬疏懈」「督率無方」，并嚴厲警告，「倘再遷延貽誤，致該匪乘間出擾，貽害地方，定將該撫從重懲處不貸」[四]。金滿何以能長期逃逸、逍遥法外，陳士杰分析其原因如下：「金滿黨羽，聚則爲匪，散則爲民，其狡獪處在刼富以濟貧。富者畏刼殺而不敢言，貧者且感其散財而樂爲之用」，加之官府無能，「軍政積習尤深，又無知兵之將，故臺匪久無成功」。[五]盡管陳士杰受到朝廷的嚴厲督責，但依然拿金滿毫無辦法，直到光緒九年（一八八三），天臺廪生謝夢蘭秉承官方指令，出面與金滿談判，金滿就撫於兵部尚書彭玉麟，此案纔得以了結。

[一]（清）陳士杰撰：《浙省情重盜案請仍就地懲辦片》，《陳侍郎奏議》卷一，清光緒三十二年（一九〇六）衡陽刻本。

[二]（清）陳士杰撰：《台州府督拿要犯逾限未獲請摘頂撤任勒緝片》，《陳侍郎奏議》卷一，清光緒三十二年（一九〇六）衡陽刻本。

[三]（清）陳士杰撰：《奏請前湖南提督羅大春接統温台各營辦理台匪片》，《陳侍郎奏議》卷一，清光緒三十二年（一九〇六）衡陽刻本。

[四]（清）陳士杰撰：《覆奏台州現辦緝捕情形片》，《陳侍郎奏議》卷一，清光緒三十二年（一九〇六）衡陽刻本。

[五]（清）陳士杰撰：《復丁稚璜宮保》，《陳侍郎書札》卷二，清光緒三十二年（一九〇六）衡陽刻本。

（4）查復京控　保護循良。王蔭樾查荒被毆受辱一案，發生於前任浙江巡撫譚鐘麟任内。太平天國运动後，嘉興地區人口由戰前近300萬，下降到同治十二年（一八七三）的不到100萬。農村土地荒蕪嚴重，約有半數以上的田地無人耕種。至光緒六年（一八八〇），荒蕪的土地十有三四。光緒六年三月，王蔭樾奉巡撫之命到嘉興『查荒』，在未經調查的情况下，指荒爲熟，勒逼增額，以致激起民變。嘉興知府許瑶光本著公正立場和一腔義憤，爲百姓説話，并自請解職，最終引發輿情，震動各方。光緒八年（一八八二），譚鐘麟調任，陳士杰接任，爲化解此案的不良影響，陳士杰不僅命許瑶光回任嘉興知府，對涉事百姓也從輕處置，引起王蔭樾不滿，兩次京控，後以無理取鬧被吏部議處。此案的前後原委，陳士杰上了三道奏稿向朝廷作了説明[一]，足見朝廷對此案的重視。通過此案，也可瞭解當時浙江地方經濟的蕭條和民生困敝以及官逼民反的情勢。而從此案陳士杰對廉能有爲、政聲卓著的許瑶光的敬重和保護，也可略知他的政治意識和爲官莅民的初心與旨趣。

上述四事，是陳士杰於浙撫任内傾注精神之處。此外，奏稿所及，裁軍節餉、整理鹽務、考察海關、救灾賑濟諸事，也是陳士杰力行之事。

陳士杰在浙撫任上約一年又三個月，時間不長，治績成效也不盡如人意，然其盡心治道、黽勉以求，於浙

[一]（清）陳士杰撰：《覆陳道員王蔭樾京控各情片》《覆奏道員王蔭樾二次京控案片》《奏道員王蔭樾擅用公文肆口謾駡請旨懲辦緣由片》，《陳侍郎奏議》卷一，清光緒三十二年（一九〇六）衡陽刻本。

民也允爲善政，爲時人和史家所稱道。郭嵩燾對其在浙之治多有譽美：『政洽以成，禮縟威燀，人民太和』[一]。《清史稿·陳士杰傳》則稱其加强浙江海防之功：『巡海口，增築鎮海笠山港及定海乍浦炮臺』[二]。朱孔彰《中興將帥別傳·陳巡撫士杰》、王闓運《桂陽直隸州泗州呰陳侍郎年六十有九行狀》則更詳之，『明年，巡撫浙江。又明年，巡海口，增築鎮海笠山港口炮臺及定海、乍浦炮臺，護以長堤。其後法夷船至鎮海，官軍擊破其舟，憑所建炮臺也。』[三]

2. 山東巡撫任上

陳士杰在浙撫任上『剛有眉目，而公去矣』[四]。朝廷將陳士杰轉調東撫，主要是出於對其廉能以及對山東政務的稔熟的考量。這從時人的記述可以得到印證。王闓運即言陳士杰『亦用清望授山東巡撫』[五]，陳兆葵的説明則更爲詳細：『會朝廷知山東於府君在去後之思，又前曾條議治河事宜，丁、文二公行之有成效，侍郎游公

[一] 郭嵩燾撰，梁小進主编：《陳雋臣中丞暨顏夫人六十雙壽序》《郭嵩燾全集》十四，長沙：岳麓書社二〇一八年版，第四二四頁。

[二] 趙爾巽等撰：《清史稿》第四一册，北京：中華書局一九七七年版，第一二五〇一頁。

[三] （清）朱孔彰撰：《中興將帥別傳》，長沙：岳麓書社二〇〇八年版，第二九〇頁；（清）王闓運撰，馬積高主编：《湖湘文库　湘綺樓詩文集》一，長沙：岳麓書社二〇〇八年版，第二五六頁

[四] （清）王闓運撰，馬積高主编：《湖湘文库　湘綺樓詩文集》一，長沙：岳麓書社二〇〇八年版，第二五六頁。

[五] 王闓運《得俊臣山東書，却寄大簡》詩并注，轉引自彭廣業著《陳士杰》，汕頭：汕頭大學出版社二〇一九年版，第二四一頁。

百川疏薦之，冬十二月遂有調撫山東之命』[二]。河工向爲利藪，非潔身自持者不能立得住。陳士杰曾任魯臬，甘棠遺澤爲魯人謳思，其治河之才也曾爲丁寶楨、文格兩位前撫所倚重，加之好友游百川的舉薦，陳士杰自是成爲魯撫的佳選。

《陳侍郎奏議》卷二至卷八爲陳士杰山東巡撫任内奏議，主要以河工、海防爲多，而河工與海防在當時的歷史情境下同爲急務，因而緊密交織在一起。山東河工包括黄河防治和運河疏浚，與之關聯的是防營的招募布置、工程經費的籌集報解，進而涉及庫款的清理、海關的整頓、財政的開源節流、吏治的整頓等方方面面的問題。海防問題則與當時中法戰爭的形勢緊緊聯繫在一起，涉及糧餉的籌集報銷、營勇的招募裁撤、營官的選拔奏調、海口據點的布防、武器的購制等等。

（1）嘔心瀝血　防治河患。從古至今，治水被視爲關係國計民生的要政。清代在繼承明代『治河保漕』國策的基礎上，加大了對黄河、運河的綜合治理。咸豐五年（一八五五），黄河在河南銅瓦廂東壩頭決口，黄河改道北行奪大清河入海，引發了黄河下游百餘年的黄河灾害與治黄過程。光緒九年（一八八三），陳士杰調任東撫的同時，又欽差游百川督辦河工與賑務，朝廷意在從國家層面加大治理黄河的力度。在治河的過程中，陳士杰堅持『疏、分、堵』策略，在激烈的争論中艱難地推動治河工作，有成功也有失敗，有贊譽也有謗議，其勇敢任事、不避勞怨、殫心竭慮、艱苦卓絶，令人敬重和感佩。陳士杰向朝廷陳説：『當此餉項支絀之時，自應事事核實，以免虚糜。臣剔去河防積弊，每辦一工，專求結實，不事張惶，較往年之開銷不過十分之二三，

[二]　陳兆葵《府君陳士杰行狀》，轉引自彭廣業著《陳士杰》，汕頭：汕頭大學出版社二〇一九年版，第二四一頁。

通計三年内爲國家節帑甚鉅。可省則省，自是職分應爾。是否草率，則當以曆堵險工有無冲决爲准。』『天下事言之甚易而行之殊難者，大率類此。』『夫以臣之愚闇無能，膺此繁劇鉅任，智小謀大，力小任重，其爲人指摘亦固其宜。』[一]他向友朋傾述：『每念臨行見教「功在怨磨」四字，不敢不勉力以圖，但期於事有濟，升忱毁譽所不計也。』[二]

（2）備戰法夷　卓有建樹。陳士杰是一位具有强烈民族自尊心的愛國者，對於外敵的侵略，他都是主張堅决反對和勇敢抵抗的。光緒九年（一八八三），中法戰爭爆發，山東作爲海疆要地，陳士杰深知守土有責。他選將練兵，制槍購炮，親勘海口，嚴密布防，采取了一係列的備戰措施，使山東的壁壘一新。在中法戰爭中，他認爲朝廷和戰不定的態度貽誤了戰機，實爲失策，『法廷意在通滇，而其用兵協我，則不在津即在閩。海道難與爭鋒，登岸則可設奇制勝，但不可硬戰耳。軍事最忌遊移，前此出師越境，不援不戰，坐失事機，此時廟謨深遠，難以臆度』[三]，『國家若早整軍先入越都助其守禦，眈眈者不早知難而退哉！天下事誤於遊移，大率類此』[四]。他對李鴻章妥協退讓、一味求和深爲不滿，『法夷眈眈，既經吞越，其志彌奢。合肥意在懷柔，能

[一]（清）陳士杰撰：《遵旨覆陳河防情形摺》，《陳侍郎奏議》卷六，清光緒三十二年（一九〇六）衡陽刻本。

[二]（清）陳士杰撰：《致左相國》，《陳侍郎書札》卷五，清光緒三十二年（一九〇六）衡陽刻本。

[三]（清）陳士杰撰：《致王若農觀察》，《陳侍郎書札》卷六，清光緒三十二年（一九〇六）衡陽刻本。

[四]（清）陳士杰撰：《復彭雪琴宫保》，《陳侍郎書札》卷六，清光緒三十二年（一九〇六）衡陽刻本。

否就範，殊未可知。竊意有備無患，釁端不可挑，守禦則不可不嚴。』[一]陳士杰還積極向朝廷建言獻策，他認爲能戰才能和，有備才無患，對侵略者决不能抱任何幻想，『堅持必戰之心，勿存遊移之見』[二]，這才是制勝之道。於中法一役，我們可見陳士杰深切的愛國情懷、堅强的抗法意志、高超的軍事謀略和開放的世界意識。

（3）振刷財政　難有作爲。財政狀况的好壞直接關係著一個國家的盛衰。晚清時期，中國國力衰退，清政府軟弱無能，財政每況愈下，中國陷入國弱民窮的惡性循環之中。而導致這種後果的主要原因不僅有外國資本的入侵，也有清政府自身内部制度的腐敗。晚清灾荒頻仍，對國計民生造成嚴重損害，對政府的救灾能力也提出挑戰。由於清政府未將救灾應急列入國家財政預算，因此一遇到灾荒就只能臨時賑濟，四處籌款，救灾效果不盡如人意。政府財政救濟的不力使民心離散，加大了清王朝政治失敗的風險。山東的情形正是這樣，陳士杰在《遵旨查明東省出入各款據實覆陳摺》中説：『連年黄水爲患，工賑兼籌，雖部撥各省關款項以資工需，并合官紳捐助賑款，而本省自籌及墊支欠解銀兩亦屬不少，上年辦理海防，需餉尤鉅，以致積年所蓄均已羅掘一空。如開銷不減，則不敷約百萬内外』『惟黄運兩河爲國家一大漏卮，然黄河關係民瘼，運河賴以轉漕，均不能坐視廢弃』『惟以才力短淺，未能爲國家設法節成鉅款，清夜自思，莫名愧悚』。[三]在這種兩難的歷史情境下，

[一]（清）陳士杰撰：《致王若農觀察》，《陳侍郎書札》卷六，清光緒三十二年（一九〇六）衡陽刻本。

[二]（清）陳士杰撰：《遵旨加意嚴防覆陳摺》，《陳侍郎奏議》卷五，清光緒三十二年（一九〇六）衡陽刻本。

[三]（清）陳士杰撰：《遵旨查明東省出入各款據實覆陳摺》，《陳侍郎奏議》卷六，清光緒三十二年（一九〇六）衡陽刻本。

朝廷寄希望於有理財之能的陳士杰開源節流，振刷魯省的財政，充實國庫，[二]以此改變『用款孔殷，司庫入不敷出』[三]的困境，但面對土地貧瘠、物産匱乏、商賈罕至、海關蕭條等現狀，陳士杰有心無力，難有作爲。魯省的財政不旺、財力匱乏，是長期制約河工和海防的主要因素。

（4）身心疲憊　茫然思退。陳士杰憑借卓越的才能、高潔的人格、過人的膽識和無私的勇氣，在時代的風潮和歷史的機遇中脱穎而出，從一個貧寒士子一步一步走向人生的巔峰，成爲開府一方的封疆大吏，從這個角度而言，在浙江、山東巡撫的高位上，應該是他一生的高光時期。然而，高處不勝寒，伴君如伴虎，尤其在動蕩不安、内憂外患交迫的晚清時代，一個正直而又欲有所作爲的封疆大吏必然会遭遇意想不到的困難和挫折，甚至有性命之憂。在浙江，陳士杰因爲緝拿金滿失敗而被朝廷嚴責。在山東，光緒十年（一八八四）七月，因黄河决口而造成水患，陳士杰受到『降三級留任』的處分；光緒十一年（一八八五）九月，黄河在歷城、章丘、長清决口，受灾人口30餘萬，陳士杰再次受到降三級留任的處分。可以説，在浙江、山東巡撫任的高位上，是陳士杰一生的艱難時期，甚至是至暗時期。

陳士杰在山東巡撫任上經營的兩件大事是河工和海防。海防卓有建樹，如《清史稿·陳士杰傳》載：『八年，移山東，緣海設防。吴大澄會辦北洋防務，至登州、烟臺，見廣武軍壁壘，頗采其法而增損之，奏請頒

[二]（清）陳士杰撰：《覆陳部議開源節流各條摺》，《陳侍郎奏議》卷六，清光緒三十二年（一九〇六）衡陽刻本。

[三]（清）陳士杰撰：《清查藩庫各款分别造報摺》，《陳侍郎奏議》卷六，清光緒三十二年（一九〇六）衡陽刻本。

行各海口。』[一]陳士杰的海防建設成就，幾成了晚清海防建設模範和榜樣。

再説河工，陳士杰爲此幾乎傾注了全部精力，使盡了渾身解數，可謂嘔心瀝血，但結果却使他這位被曾國藩讚歎的『幹濟才』[二]廢然無功，他深覺挫敗，并由此萌生退志。這種退志在《陳侍郎奏議》中明顯表現出來了，從光緒十年（一八八四）十一月十二日到光緒十二年（一八八六）一月二十六日，在這一年多的時間裏，陳士杰就上了四道請求病休和開缺的摺子[三]，可見其去意已決。而在他與親朋的私函中，這份去意表現得更爲强烈。他對自己的外甥夏旹感歎：『年餘以來，左撑右持，艱難險阻已備嘗之矣。舅自維材力不能宏濟時艱，已漸萌退志矣。』[四]與一同治河的好友游百川傾吐：『自維治河無狀，漫衍八九州縣，業已罪不容誅，乃蒙天恩，僅予薄譴，而事體繁重，兼顧旁皇，精血不周，所在多有人言之集，敢謂無因？然此心固可明對天日，幽質鬼神也。早欲退休，以避賢路，今被言官交章彈劾，但願得一賢能大吏，以拯此一方沈弱，匪惟珂鄉之生靈并受

[一] 趙爾巽等撰：《清史稿》第四一册，北京：中華書局一九七七年版，第一二五〇二頁。又：王闓運《桂陽直隸州泗州砦陳侍郎年六十有九行狀》也有相同的记载，参见：（清）王闓運撰，馬積高主編：《湖湘文库　湘綺樓詩文集》一，長沙：岳麓書社二〇〇八年版，第二五七頁。

[二] （清）王闓運撰，馬積高主編：《湖湘文库　湘綺樓詩文集》一，長沙：岳麓書社二〇〇八年版，第二四八頁；又，（清）朱孔彰撰：《中興將帥别傳·陳巡撫士杰》，長沙：岳麓書社二〇〇八年版，第二八六頁。

[三] 这四道折子是：光緒十年十一月十二日《因病請假調理摺》、光緒十一年三月初九日《病勢加重懇請開缺摺》、光緒十一年十二月十九日《因病懇請開缺回籍調理摺》、光緒十二年正月二十六日《病難速痊仍請開缺摺》。

[四] （清）陳士杰撰：《復夏叔軒》，《陳侍郎書札》卷七，清光緒三十二年（一九〇六）衡陽刻本。

其福，在弟也私心禱祀以求也。』[一]由此觀之，陳士杰的請退，不是以其個人的升降得失、聲名榮辱爲念，而是以治河大局爲重，以百姓生命疾苦爲憂，這是難能可貴的。光緒十二年（一八八六）五月二十七日，陳士杰終獲開缺之請，帶著復雜的心情離開山東。[二]而如何評價陳士杰的河工工作，我們看到他嘔心瀝血、艱苦備嘗，自不能以成敗論英雄。黄河十年九害，在中國幾千年的治黄史上，除了東漢水利專家王景以外，鮮有成功者。即便是前此一代名臣丁寶楨，撫魯治黄也未能有大的作爲；繼任陳士杰的張曜，作爲文武兼資的一代名將，在收復新疆的過程中，爲國家民族立下赫赫戰功，却在督辦河工的過程中，憂勞過度，背上發疽而亡。

陳士杰選擇在高位上急流勇退，衰老病痛和治黄遭受挫敗，固然是其中重要的原因，而更令他灰心失望的是清政府和李鴻章輩在中法戰爭中的表現，『越事和戰，中國强弱一大關鍵』[三]，中法戰爭實關係到中國未來的前途和命運，但由於清統治者的懦弱、妥協，勝利的成果被葬送，中國不敗而敗，法國不勝而勝。如此結局，對於陳士杰這樣一位充滿憂患意識又鐵骨錚錚的愛國者而言，自是難以接受的。再者，中法戰爭後，國内的政局和湘淮勢力的對比也發生了很大的變化。中法議和不久，在對法戰爭中『迄未大伸撻伐，張我國威』的湘系元老左宗棠就在『懷恨生平，不能瞑目』中齎志而歿，從此，在湘軍集團中再無人能與李鴻章相抗衡，

[一]（清）陳士杰撰：《致游匯東侍郎》，《陳侍郎書札》卷八，清光緒三十二年（一九〇六）衡陽刻本。

[二]（清）陳士杰撰：《恭報交卸日期遵旨北上摺》，《陳侍郎奏議》卷八，清光緒三十二年（一九〇六）衡陽刻本。

[三]（清）左宗棠撰，劉泱泱、岑生平等校點：《遺摺》《左宗棠全集·奏稿八》，長沙：岳麓書社二〇〇九年版，第五五四頁。

湘系勢力極大地削弱了。而陳士杰本人，到了晚年，由於人格的差异和政見的對立，早已『與合肥水火』[一]了。『只手難回落日紅，强將時事付東风』[二]，在這種情勢下，陳士杰最終選擇退出了晚清的政治舞臺。即便如此，陳士杰也没有忘懷世事，他回到家鄉桂陽後，積極投身家鄉的公益慈善事業，興建書院、作育人才，極大地推動了桂陽的經濟、社會和文化事業的發展，也給後世留下了一份寶貴的精神遺産和文化資源。他的甘棠遺澤至今澤被後世，爲後人銘記謳思。

五、《陳侍郎奏議》的歷史文獻價值

陳士杰爲湘軍重要將領，先爲曾國藩幕僚，後自建廣武軍捍衛湘軍後路，獨擋一方，晚年出爲封疆大吏，歷任浙江、山東兩省巡撫，成爲晚清政壇上的重要成員。明清兩代的巡撫，主要職責是管理地方行政、維護社會秩序和安撫民心。巡撫官是皇帝在地方的代表，負責監督地方官員的工作，處理各種行政事務，并維護社會穩定。《陳侍郎奏議》就是陳士杰尊奉朝廷旨意，主政浙江、山東兩省時留存的歷史文獻，是後人瞭解所記歷史事件的第一手材料，具有重要的歷史文獻價值和研究價值。这主要表現在五個方面：一是从中瞭解近代中

[一]《近世人物志》轉載翁同龢日記，翁記：（光緒，一二·六·二三）陳俊臣中丞（士杰）来談，與合肥水火，不無过當語，然曾在湘鄉幕府，胜於談洋务者流。見：金梁輯：《近世人物志》，北京：北京图書館出版社二〇〇七年版，第三一二至三一三页。

[二]（清）陳士杰撰：《題韓蘄王湖上騎驢圖二首·其二》《蕉雲山館文集》卷一，清光緒十六年（一八九〇）刻本，第一五頁。

國政治、軍事、文化的狀態對晚清歷史或中國近代史研究的價值；二是研究浙江、山東地方近代史或晚清史，編纂浙江、山東地方志的價值；三是研究專門史如浙江海塘史、中國近代治黄史、中國近代海防史、中法戰争史等的價值；四是研究陳士杰個人生平和家族史的價值；五是研究奏稿涉及的人物、事件個案的價值。此外，奏稿還有可供參考的其他方面的價值，不一而足。

《陳侍郎奏議》盡管有其多層面的歷史文獻價值，但其局限性和存在的不足也是明顯的。首先，就陳士杰的奏稿本身而言，《陳侍郎奏議》所輯奏稿，并非陳士杰奏稿的全部，一個很明顯的例子就足以説明，整頓吏治和敷旋文教是地方大員治理地方、安頓社會的要务和抓手，陳士杰在這些方面應該是花了大力氣、有所作爲的，但《陳侍郎奏議》中很少見到這方面的内容。其次，礙於封建禮制，奏稿的内容和情感表述一般情況下都是有所隱晦和節制的，這樣在一定程度上掩蓋或削弱了歷史的真實性，妨礙研究者對歷史做出正確的判斷和得出更爲正確的結論。因此，爲避免這些現象，彌補單一文獻的不足，首先要盡可能地搜集整理所有的陳士杰的奏稿文獻，瞭解其全貌。其次，在使用《陳侍郎奏議》這份歷史文獻時，要結合陳士杰其他文獻如詩文、書札、批札等，當然還要參閲與陳士杰有交集的人物的文獻，以及同時代涉及陳士杰事迹的記述。這是學術研究的功夫所在，也是《陳侍郎奏議》這份歷史文獻能够真正發揮其历史文献價值的不二門徑。

謝孝明

二〇二四年八月二十日於長沙

目録

卷一

卷二

卷三

卷四

卷五

卷六

卷七

卷八

陳侍郎奏議

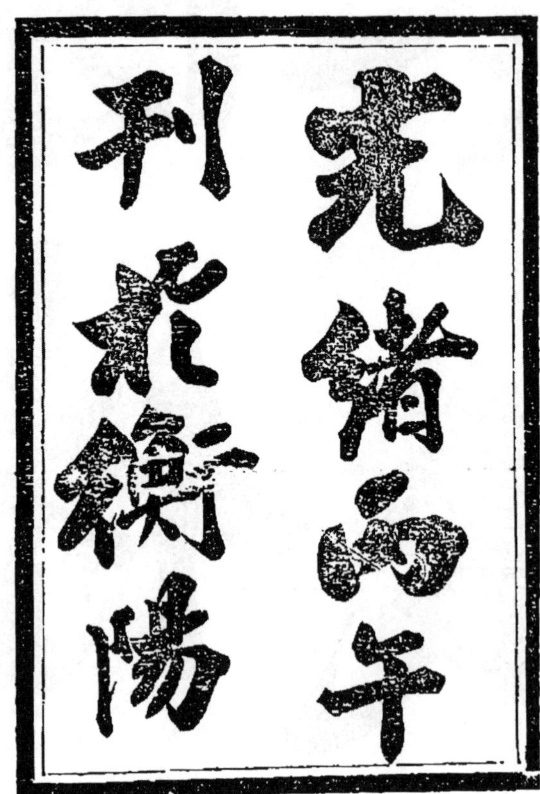

光緒丙午

刊於衡陽

陳侍郎奏稿

卷之一

在閩起程日期摺

奏爲恭報微臣在閩起程日期具摺仰祈
聖鑒事竊臣於光緒七年九月二十一日欽奉
諭旨補授浙江巡撫卽赴新任等因欽此當經恭摺叩謝
天恩臣隨於十月初二日將藩司印信並文卷等件移送署布政使臣張夢元接收臣卽於是日交卸趕緊束裝查閩浙正驛例由閩之延建以達浙之衢嚴其間水路則逆流上行挽舟遲滯陸路則重山疊嶺遇有風雨輒須停留未免稽延時日茲定

十月十四日乘坐輪舟取道滬上由內河入浙除俟到浙接篆

再行恭摺具奏外理合將微臣在閩起程日期繕摺具陳伏乞

皇太后

皇上聖鑒再臣此摺係借用福建巡撫關防拜發合并聲明謹

奏

新授浙江巡撫謝摺

奏爲恭謝

天恩仰祈

聖鑒事竊臣於光緒七年九月二十一日接准福建撫臣岑毓

英咨准部咨八月二十四日欽奉

上諭陝甘總督著譚鍾麟補授陳士杰著補授浙江巡撫均著
卽赴新任毋庸來京請訓等因欽此聞
命之下感悚莫名當卽恭設香案望
闕叩頭謝
恩訖伏念臣湘楚輇材農曹末秩備員山左旣無明允之才供
職閩中復愧旬宣之任涓埃未報惶恐方深兹復渥荷
恩綸授以今職查浙江爲海疆緊要之區巡撫有文武表率之
責如臣檮昧深懼弗勝惟有履任後遇事認眞肅吏治以安閭
閻整戎行以靖邊圉勉竭愚誠冀仰答
高厚鴻慈於萬一所有微臣感激下忱謹恭摺叩謝

天恩伏乞
皇太后
皇上聖鑒謹
奏
恭報抵浙接印日期片光緒七年十月二十六日
奏爲恭報微臣抵浙接印日期仰祈
聖鑒事竊臣恭膺
簡命補授浙江巡撫當卽具摺叩謝
天恩並將交卸福建布政使印務及起程赴浙各日期先後具
奏專差齎

進隨卽束裝就道茲於本年十月二十五日行抵杭州省城准
護撫臣德馨委員賫送
欽頒浙江巡撫關防一顆兩浙鹽政印信一顆並
王命旂牌文卷各件前來臣謹恭設香案望
闕叩頭謝
恩祇領任事護撫臣德馨亦於是日仍回本任其按察使孫家
穀鹽運使惠年杭嘉湖道豐紳泰均由臣卽日飭各回本任以
重職守伏查浙江爲東南要區政務殷繁舉凡察吏安民練軍
籌餉以及鹽漕釐稅海防塘工均關緊要以臣之愚懼弗克勝
惟有力矢慎勤實心經理固不敢因循廢事亦不敢操切圖功

以期仰答
高深於萬一除恭疏
題報外謹將微臣抵浙接印日期恭摺具陳伏乞
皇太后
皇上聖鑒謹
奏

光緒六年分修築三塘柴埽盤頭等工丈尺銀數片光緒七年十一月十四日

奏爲浙省光緒六年分修築西中東三塘埽工柴工柴壩盤頭裹頭各工段落字號丈尺及做法高寬並動用銀數彙案開單

恭摺奏祈

聖鑒事竊查接管卷內據署布政使孫家穀署杭嘉湖道吳家珍會詳稱上年自春徂夏風雨靡常上游山水不時陡發潮勢因而更旺山潮匯激疊浪層波奔騰澎湃迨至伏秋汛內東南風時發海潮更形洶猛潮乘風勢逼塘鼓盪以致三防柴埽等工無不衝損坍卸當據該管廳備先後稟報經前任杭嘉湖道方鼎銳署杭嘉湖道吳艾生暨現任杭嘉湖道豐紳泰督同節次屢勘情形屬實祗以庫款支絀惟有撙節辦理以節經費計確折西塘自李家汛西薇字號起至翁家汛雲字號止間共埽工長四百四十四丈二尺柴工長六十丈柴壩工長一百十一

丈三尺裹頭工長四十五丈柴盤頭二座又中塘自翁家汛瀾字號起至方字號止間共柴壩工長四百六十丈又東塘自鎮海汛宮字號起至念里汛石字號止間共柴壩工長八百九十一丈柴盤頭四座以上各工或柴樁霉朽坍卸或因埽底搜空矬陷其塘後附土行路均多坍卸殆盡有後無石塘者情形皆極危險自應分別折築加鑲以資捍禦其西塘西彼談得莫忘能六號埽工之外水勢甚深並須加拋塊石藉以擁護塘根節據該管廳備核估統計約需工料銀十四萬五千餘兩均經該道等核明確實分案詳委承辦所需工料銀兩並由塘工總局於歲額釐金暨綱捐生息項下分別動支仍循例扣收部平等

款給辦各在案茲飭據各工員將承辦工段字號高寬丈尺做法銀數開摺核明具詳併聲明所有修築西塘大龍頭工程及埽坦等工另取清摺核詳等情會詳請

奏前護撫臣德馨未及核辦移交前來臣復查無異除飭取册結圖說另行詳核具

題外合將光緒六年分修築三塘外埽等工緣由彙繕清單恭摺具

奏伏乞

皇太后

皇上聖鑒謹

奏

親行勘視塘工擬來歲改用營勇防修片光緒七年十二月十三日

再臣接篆後檢閱舊卷所有海塘閏七月風潮潑損埽坦各工均經升任撫臣譚鍾麟踏勘分別飭估

奏明在案竊維海塘三防工程浩大所有最險次險各若干丈尺有無浮估及修築是否得法非親身週歷細心查明辦理殊無把握當於十一月二十日馳赴工際將三防應修各處逐段勘明丈量尺寸其最險之區勒令加緊修築限年內辦竣次險之處亦飭於明年正二月竣工以備梅汛沖刷均照前估工價據實核定以冀帑無浪費其西防之南龍頭潮水斜衝已成入

衵之勢萬難與水爭衡若再從舊埽加修仍恐大汛一至依舊傾刷再三審視惟有讓開一步以順水勢另修長埽以固石隄與譚鍾麟意見大略相同此處埽工擬開年即派員買料興工計端節前亦可竣事臣隨於二十三日折回省城細思塘工一事有歲修有月修有小修有大修名目既多取巧亦易或因年限未滿匿報以避賠修或因工程尚小遲延以圖大舉種種流弊實與黃河早歲相同近雖經各前撫臣認眞嚴查而各項弊竇仍難盡除臣擬除今年已經估辦工程仍令照前修築其中有無浮報確加查核外所有八年分三塘防汛各工應請仿照山東近年防守黃河章程派勇營駐紮塘次隨時會同廳汛防

護修補多購柴椿遇有險工卽行搶築免致延擱時日傾圮愈大修治愈難有工則修無工則止實用實銷臣復留心稽查每歲所用當可大加節省值此庫款十分支絀之時勢不能不遇事核實力求撙節所有臣親行勘視塘工擬來歲酌派營勇會同廳汛防修緣由謹附片陳明伏乞

聖鑒謹

奏

光緒七年分續辦東中西三防柴埽塘坦石塘等工丈尺銀數片 光緒八年二月二十一日

奏爲續辦東中西三防建修柴埽塘坦石塘等工丈尺用過工

料銀數恭摺仰祈

聖鑒事竊照浙省杭州府屬東中西三防續辦建築柴埽盤頭

塘坦等工歷係按年截數

奏報一面造冊請銷前經造報至光緒六年分止在案兹光緒

七年分有東塘念汛英杜稾鍾隸漆等六字號每號各二十丈

共舊建埽坦一百二十丈中塘翁汛臣伏戎羌等四字號每號

各二十丈共舊建埽坦一百三十六丈緣埽坦僅能保護石塘

根脚每遇大汛旺潮直撲塘身情形險要甚至潑過塘面時虞

內灌亟須照案將前項埽坦一律加高築成埽工又嘉興府屬

平湖縣境律字號次東四丈呂字號次東六丈五尺中八丈辰

字號西中一丈五尺成字號中九丈共舊建大石塘二十九丈
疊被伏秋大汛風潮間段潑損坍卸附土挫陷情形甚爲危險
應一律添石補砌修築完整以資抵禦經塘工總局司道先後
飭據各該管廳備核實勘估共需工料銀二萬五千七百餘兩
分案詳經各前撫臣譚鍾麟批准在於塘工經費項下撥給興
辦陸續完竣報經杭嘉湖道豐紳泰隨時前往驗收均屬工堅
料實並無草率苟簡情事由塘工總局司道詳請具
奏前來臣復查無異除飭將前工高寬丈尺用過工料細數攢
造清册並各字號修築完竣日期取具固驗各結繪圖貼說另
詳

題銷外合將光緒七年分續辦東中西三防建修柴埽塘坦石塘各工丈尺用過銀數緣由恭摺具陳伏乞

皇太后

皇上聖鑒勅部查照施行謹

奏

恭報帶印出省巡閱日期片光緒八年二月二十六日

奏爲恭報微臣帶印出省巡閱海口日期仰祈

聖鑒事竊查浙省甯紹溫台各郡濱臨大海亘袤千餘里叉港紛歧口門林立上年雖經升任撫臣譚鍾麟度地制宜酌爲佈置當此整頓海防之際臣亟宜親行察看方有把握茲將署中

應辦要事料理清楚擬於二月二十六日輕舟減從帶印出省

由紹興甯波定海海門溫州沿海一帶逐一查看形勢並將各

防營加意察核務期實事求是以仰副

朝廷有備無患之至意所有日行事件循例飭委藩司代折代

印遇有緊要公事仍包封行次由臣親自核辦謹將微臣帶印

出省巡視海口緣由恭摺具

奏伏乞

皇太后

皇上聖鑒謹

奏

覆陳道員王蔭樾京控各情片 光緒八年三月十八日

奏爲遵查道員京控各情請
旨將地方府縣各官一併交部察議恭摺覆陳仰祈
聖鑒事竊准都察院咨光緒七年十月十六日奉
上諭都察院奏浙江候補道王蔭樾遣抱以貪吏挾恨唆衆毆官等詞赴該衙門呈訴據稱上年三月間經譚鍾麟委赴嘉興縣查勘荒田突遭毆辱係該府縣許瑤光廖安之暗中主使嗣經獲解數犯臬司含糊釋放等語此案業經譚鍾麟據奏獲犯訊明擬結玆據該員呈訴各情是否屬實著陳士杰秉公查明據實具奏抱告王升該部照例解往備質欽此相應抄錄原奏

原呈移咨欽遵等因遵查此案辦理情形業經前撫臣譚鍾麟
先後陳奏已在
聖明洞鑒之中臣在閩時初聞傳說此事亦疑嘉興府縣當委
員往查荒產縱無把持阻撓之意恐不免有掣肘膜視之情比
奉
簡來浙道出嘉興沿途留心體訪知該府許瑤光在任多年賢
聲卓著衆口一詞查荒一事謂委員先持成見者有之謂府縣
不及預防者有之並無議及地方官有與委員爲難之意入省
後遍訪僚屬所言皆同茲准咨欽奉前因當經札委前在嘉郡
辦理釐捐之候補道馮譽驄密赴嘉興將該府縣許瑤光廖安

之被控吞荒主使各節有無其事博採輿論逐一查明一面札飭臬司自行切實具覆去後旋據臬司孫家穀稟稱伏查此案前經地方官先後拏獲莊書王陸沅錢寶山圩長馮蘭亭王三悌顧汞春儲順昌江四悌地保徐汞源鄉民厲阿五盛四幅徐明生方四觀等十二名解省由司會督委員訊係莊書王陸沅因省委道員王藝檝查詰荒熟田產分數慮受比責起意糾人跪香求勘挾制商允錢寶山轉輾糾允馮蘭亭等及在逃之錢季壽等前赴該道公寓求勘該道與隨員鄒增雋戴興元出向開導不服厲阿五拉住戴興元右手江四悌揪住鄒增雋衣襟顧汞春拉住該道兩手各稱請去同勘致均被拖毆受傷將王

陸沅等十二犯分別問擬軍流徒罪解經前撫臣審奏奉部照擬核覆在案茲蒙抄發該道原呈內稱有莊保張茂卿等皆供縣諭先期下鄉糾眾之語查核全卷並無張茂卿其人惟有張順保一名因據地保徐承源供係大十六莊莊書卽係該保所管之莊恐有聽糾跪香情事飭提到司節次研訊張順保堅稱王陸沅糾眾入城跪香伊並未預聞質之王陸沅等供亦相符自屬可信當將該莊書發回省釋詳明前撫臣批准此外尚有鄉民沈玉春徐士生萬二觀儲龍生陳慶福丁阿大朱會忠顧勝祥等八名係由營縣當時追獲解司提訊多次均係被脅勉從中途畏懼落後並未同往跪香先行發縣保釋業於正案據

實聲明原卷具在並無另有拏獲未解私行釋放之犯獲犯中亦無縣諭糾眾之供不知該道何所據而云然臣檢查案卷並弔核司卷悉屬相符又據委員馮譽驄以奉札後密赴嘉興逐細訪查詢據各紳陸續呈覆並就王蔭樾指控各條博攷參稽另具節略稟覆到臣察核紳民呈詞大略謂道員王蔭樾赴嘉查荒時僅訊取莊書供結並未出城一勘東南鄉荒田較多鄉民惑於謠傳疑荒田亦須完糧遂不約而同紛紛入城跪香求勘而委員隨從人等不能委曲開導又有厲聲譙呵揚鞭揮擊者一時激成眾忿以致拖毆傷官嘉興府許瑤光等聞鬨馳至鄉民各鳥獸散事起倉猝並無主使許瑤光守嘉十七年士民

愛戴廖安之自蒞任以至滋事爲時不及二旬吞荒主使之事卽婦孺亦能保其必無馮譽驄所陳節略大意以王蔭樾奉前撫臣委查荒產提訊莊書按名查摘心實爲公且於訊取供結時曾札飭嘉興縣廖安之預備牽繩插標訂期履勘原未以莊書所供熟田數目爲定而紳民不知疑該道不肯勘荒致啟事端使該道誤受此辱是以激昂不平意激則言亦激各等語並據道員王蔭樾嘉興府許瑤光知縣廖安之各具送親供前來臣查此案釀事之由係由莊書王陸沅等因委員嚴詰荒熟分數起意糾眾跪香以致鄉民一唱百和同時麕聚原其初意第欲挾制求勘迨激而至於毆官微特地方文武所不及防并爲

該莊書等所不及料教猱升木恆人猶知其不可而謂該府縣有暗中主使情事似非情理前撫臣將該府縣先後奏明撤任並獲犯懲辦至十二名之多實覺毫無偏袒該道王蔭樾因公受辱衡情自覺難堪然指府縣爲挾恨唆衆大吏爲徇私骫法憤激之談亦未免太過現在犯人王陸沅等除病故外餘俱起解發配凡此纍纍械繫皆爲取罪該道所致辦理已不爲寬若謂引律失平則案經部臣核覆夫豈亦徇私見至跪香乃小民常態前有嘉興協副將侯定貴目擊稟報其非司讞之員有意添砌可知臬司孫家穀據供定罪所引皆律例正條其情輕無干之人例准先行省釋以免拖累且均詳明前撫臣批准有案

並非含糊釋放嘉興縣荒熟分數嗣經委勘確實由前撫臣彙案奏報亦無揑混情弊均毋庸議惟嘉興府許瑤光知縣廖安之當鄉民入城滋事之時雖經馳詣彈壓隨卽協同獲犯然身爲地方官未能先事覺察疏忽之咎亦屬難辭相應請
旨將正任嘉興府知府許瑤光前署嘉興縣知縣廖安之一併交部察議所有王蔭樾原控各情係爲受辱之後含憤未平是以情詞不無過當現經臣傳訊開導該道已帖服無詞應請均毋庸置議合將遵查緣由恭摺覆
奏伏乞
皇太后

皇上聖鑒訓示謹

奏

報巡閲海口回省日期並籌議各處情形摺光緒八年三月十九日

奏爲恭報微臣巡閲海口回省日期並籌議各處情形仰祈

聖鑒事竊臣於二月二十六日帶印出省業經恭摺

奏報在案隨於二十九日行抵甯波府城偕署提臣張其光乘坐輪船先至鎮海查看口門該處左有招寳山右有金雞山兩山對峙之外爲虎蹲山輪船必由此迂曲入口誠爲天險惟金雞山後數里笠山之麓地名小港口道光年間英人曾由此用小划潜師上岸又由小港口右行數里一帶亦可用小划潜登

查各處雖新設礮臺而招寶山之內仍宜添築四五門以資固守小港口地段平衍宜加築長隄一道以防偸登小港口後之笠山下亦應添築數門以聯絡金雞山聲勢且可攔擊虎蹲山經過之船地勢尤爲得要此甯波鎭海口門之大概情形也是日由鎭海直渡定海該廳四面環海頗爲難守然左右後三面皆大山環抱前面濱海經升任撫臣譚鍾麟於近城設一土隄爲之障蔽內藏礮位極爲得力雖隄身略單加厚一丈便足扼守左面離岸二里許爲大五奎山右面離內山三里許爲獺山均新建礮臺足以轟遠有事之時但能緊扼兩山兼顧口門截守長隄密防登犯則局勢緊而捍禦較易蓋兵多則利遠布兵

少則利近守也三月初二日寅初展輪初三日早乘潮抵海門該處新設礮臺地勢頗好然亦須添築土隄數十丈暗設礮位計用營勇修築少加津貼所費無多初五日辰刻乘潮入温州磐石口該處兩面臨水亦新建礮臺仍須加築長隄相爲保護應仿照海門派勇修築查海門入台州府城約九十里磐石衞離温州府城計五十餘里距城既遠而又非乘潮則平時輪舟均不能入二處情形似爲稍鬆防守似亦較易也初六日轉輪初八日始抵乍浦率防乍將弁登高四望該處爲杭嘉門戶最爲緊要而沿海一望平坦輪舟雖難抵岸小舟處處可登雖設礮臺三處仍難得力計非分段多築土隄不可緣土隄柔能制

剛高取蔽身而止所費既小而我又可暗從隄內覘敵之所向而擊之以杜敵人乘舟登岸法莫善於此也目下雖海防稍鬆而有備則無患亟宜未雨綢繆臣與署提臣沿海周歷細心酌度所有各海口要隘經先後各撫臣修築礮臺均能竭心殫慮規模大有可觀其中間有應行添補以期周密之處均隨地開示各將弁擬俟秋冬飭派營勇幫同次第辦理其餘鎮海之威遠城小浹口攔江埠沿江汛金鈎塘定海之莫家山震遠城東港浦竹山門獺山麓海門之小圓山溫州之龍灣寨茅竹嶺茅竹橋狀元橋澉浦之頭圍口等處皆先後立有礮臺亦經分飭各弁勇將臺垣隨時葺治免其坍損礮身隨時演擦免其銹壞

以期仰副
朝廷慎重海防之至意臣攷察西洋礮臺圖式不下數十種大抵宜土不宜石宜藏不宜露宜稀不宜密臺後宜虛門不宜逼靠山石此爲定法儆照辦理但使委任得人實用實銷則所費尚不甚鉅勘畢署提臣當由乍浦回甯臣亦於十二日旋省所有微臣察看回省日期及籌議情形理合會同閩浙總督臣何璟署浙江提督臣張其光恭摺具
奏伏乞
皇太后
皇上聖鑒訓示再臣經過沿途地方豆麥均已秀實民情亦尚

安帖合併陳明謹
奏

裁撤貞字前右兩營暨咨回伏波輪船片光緒八年三月十九日

再臣昨巡視沿海各口所有分防營勇尚屬精壯操練亦均認眞惟現在海防已鬆當酌裁四營以節餉糈兹先將楚軍貞字前右兩營裁遣用輪船載至漢口並派管帶官沿途押送免其滋事又查浙省海面有超武元凱惠濟輪船三號合同艇船釣船協力巡防無事之時已足敷用其伏波輪船一號應行咨遣回閩以便會隊合操除分咨查照外謹會同閩浙總督臣何璟署浙江提督臣張其光附片具

奏伏乞

聖鑒謹

奏

游擊蕭瑞元捕盜失機請革職片光緒八年三月十九日

再台匪金滿自上年經官軍痛剿後負傷奔竄潛匿無踪地方文武雖百計探拏匪黨屢有擒獲而該匪終無實在下落本年二月十二日台州府知府成邦幹親赴海門一帶稽查保甲事宜接據探報有匪徒在洋糾集盜夥聞金滿亦在其内該府即會商海門鎮貝錦泉密約師船親身出洋巡捕並無盜踪旋據管帶貞字右營總兵賀潤蘭報稱二月十四日駐防小芝地方

之副將劉清望風聞金滿匪黨糾合柯獨角黃崇艮陳友得等百餘人潛奔南溪磜一帶當卽率同前哨官游擊李上勝帶勇繞由前路迎擊並派左哨官游擊蕭瑞元由後路堵捕行抵橫高山下適與匪遇前哨勇丁奮力進攻該匪分伏破房石墻間穴隙開鎗拒捕彈飛如雨互有傷亡因左哨隊伍不至不敷合圍相持多時匪徒見勢不支分投逃入亂山中復追殺數匪並割取首級二顆奪獲洋礮三桿比及賀潤蘭聞信率勇馳赴左哨蕭瑞元亦至均已後時追擊不及查詢蕭瑞元遲至之由係爲帶路線民崔成志迂道遠引所致該線民本係匪黨投首今復詭謀延誤面加詰責俯首無辭卽於軍前正法等情由成邦

幹稟報前來臣道出海門又據面稟前情查金滿伏匿多時復敢糾結思逞實屬膽玩已極副將劉清望等率勇迎擊匪勢不支本可得手乃以蕭瑞元哨隊不至未能合圍致該匪復乘間免脫殊堪憤懣游擊蕭瑞元輕信詭辭不加審察致誤事機咎無可逭相應請

旨將貞字右營正哨官補用游擊蕭瑞元卽行革職仍令隨營限拏金滿自贖台州府知府成邦幹等承緝多時尚無成效難免非意存玩泄臣已嚴飭該府督率各營縣防軍於山陬海澨實力搜拏勒限三箇月務將金滿及著名夥匪悉數擒獲以絕根株倘逾限無獲卽行一體參辦謹會同閩浙總督臣何璟附

片具陳伏乞

聖鑒謹

奏

六年分修築西塘大龍頭柴壩埽坦等工丈尺銀數片光緒八年四月二十三日

奏爲浙省光緒六年分修築西塘大龍頭一帶柴壩埽坦各工段落字號丈尺及做法高寬動用銀數彙繕清單恭摺奏祈

聖鑒事竊照杭屬西中東三塘前辦搶堵石塘缺口案內建築西塘致字號起至中塘新列瀾字號止大龍頭柴壩托壩埽坦等工坐當迎潮頂衝高寬闊厚倍於他處大龍頭挺立中流每

遇大汛潮頭撞潑激起狂浪較之他處各工實屬異常喫險歲時修費有增無減前經

奏明由工部議准自同治八年起每年另籌歲修銀二萬兩專指此項工程之用惟查光緒六年春夏風雨靡常上游山水不時陡發海潮因而更旺山潮匯激疊浪層波奔騰捲擣迨至伏秋汛內東南風時發潮勢更形洶猛潮乘風勢逼塘鼓盪以致柴壩埽坦各工多有潑損經前任杭嘉湖道方鼎銳署杭嘉湖道吳艾生暨現任杭嘉湖道豐紳泰先後督同該管廳員履勘得翁家汛致雨虹提永安六號間共埽坦工長八十丈九尺又柴壩工長三十二丈八尺幷前托壩一道均係柴樁潑卸坍深

至底附土亦間有坍寬該工係濱臨大海山潮二水背腹受衝情形最爲險迫亟應一律折築以資抵禦內有致字號西四丈四尺起至安字號西五丈七尺止共工長六十九丈二尺埽外水勢尤深並須加抛塊石藉以擁護由該管廳員次第撙節估計承辦統約估需工料銀一萬九千四百七十餘兩所需經費均由塘工總局陸續動支給辦在案茲據布政使德馨杭嘉湖道豐紳泰飭據該工員將承辦工段字號丈尺及做法高寬動用銀數開單具詳請

奏前來臣復查無異除飭取冊結圖說另行

題銷外合將光緒六年分修築西塘大龍頭工段字號丈尺及

做法高寬動用銀數緣由繕單恭摺具
奏伏乞
皇太后
皇上聖鑒勅部查照施行謹
奏
謹將浙省光緒六年分修築西塘大龍頭柴壩埽坦各工段落
字號高寬丈尺做法銀數彙繕清單恭呈
御覽
計開
一翁家汛致字號西四丈四尺雨字號東四丈六尺虹字號二

十丈堤字號西三丈八尺共折築柴壩三十二丈八尺俱上寬八丈下寬十二丈柴高一丈四尺又加鑲前托壩一道牽寬五丈築高一丈二尺

共約估需工料銀一萬二千三百二十五兩零

一翁家汛致字號西四丈四尺雨虹二號各二十丈堤字號西三丈二尺次西九丈五尺汞字號東十五丈九尺安字號西五丈七尺中二丈二尺共折修埽坦八十丈九尺俱上寬一丈五尺下寬二丈五尺柴高一丈四尺該工內致字號西四丈四尺雨虹二號各二十丈堤字號西三丈二尺汞字號東十五丈七尺安字號西五丈七尺共工長六十九丈二尺埽

外水勢甚深並應加拋塊石上寬一丈下寬二丈護高一丈二尺

共約估需工料銀七千一百四十八兩零

以上統約估需工料銀一萬九千四百七十餘兩

查明浙省陸路防軍營制並裁減經費數目片光緒八年五月十三

奏爲查明浙省陸路防軍營制並裁減經費數目恭摺奏祈

聖鑒事竊臣接准戶部咨開會議覆都察院代奏教習王開運敬抒管見一摺光緒七年十二月二十三日具奏本日奉

旨依議欽此刷印原奏恭錄

諭旨飛咨各直省督撫遵照並由各督撫行知各該統兵大臣

將軍等欽遵查照等因卽經刊本咨行遵辦去後茲據軍需局司道詳稱伏查浙省留防陸路各勇營均係步隊自光緒六年辦理海防原舊暨添募共有二十營每營均五百餘名嗣因海防稍鬆經費不繼節經陸續分別裁減現在僅存五百餘名者六營四百餘名者八營總計尚有十四營或分防海口要隘或搜捕地方土匪在在均關緊要刻下台州土匪未靖抽調各營分投勦捕時有不敷調遣之虞委難再裁一俟台匪殲除再當酌量情形陸續裁減至每營所設弁勇無論四五百名均係分列五哨其中哨卽係親兵前左右後四哨每哨護兵四名每棚伙勇一名餘均正勇所有親護兵名目臨陣時原係藉資衛護

平時駐防實與正勇一律差操並無二致至各項長夫從前行營原有一百八九十名不等歷經隨時酌減現計每營祇九十名遇有征調不敷遣用雖隨時添顧仍不得踰原定之數到差卽撤並非長募其總統現祇一員薪糧辦公每月原支銀六百兩今已減去百兩月支銀五百兩分統從前本有五員現已概行裁去並無陸師分統名目其營官月支薪水公費除五百人一營者仍月支銀二百兩外其四百人者每營月支銀一百五十兩此外均無别項辦公名目至各營帳棚間有請領兩次折價建築營房者仍扣足三年以外如果實在損壞方准酌給修費其溫台一帶現在剿捕土匪及分紮巡防各營行止無定不

能不給帳棚亦定以一年爲期限滿請換時必將原領舊棚繳局驗明實係破爛不堪方准給換如限內設有損破槪無准給之案卽旂幟號衣等項均祗成軍及添募之時給領一次照章給價製辦已極撙節並無率請更換浮濫開支情弊至各勇營月支口糧固較綠營制兵爲優𠞰議之時原因兵係土著勇自外來情形本已不同兼之兵係平時豢養勇乃遇事應募更有區別若過於減折衣食不給何能督策用命總計浙省陸路防軍先後裁減六營每月計節省銀一萬四千三百七十餘兩其留存十四營內八營每營裁減弁勇百名每月計節省銀三千三百五十餘兩又裁減統領分統營官公費每月計節省銀六

白七十兩又裁減十四營長夫各九十名每月計節省銀三千七百八十兩統共每月計節省銀二萬二千一百餘兩此外如有可以裁減之處仍當隨時體察情形分別酌量減撤總期餉不虛縻事歸核實此按照原摺裁減浮費四條浙省已經撙節之實在情形也至原奏所稱應行嚴禁苛扣勒受攤派刑誅四端除浙省勇糧皆給實銀本無發米扣價之事毋庸議外餘皆營中積習在所不免若浙省留防各營尚無前項弊端仍應隨時查禁有犯必懲以昭炯戒其應行變通四事除隨時換防餉歸部撥二條毋庸議外其餘二條應請隨時酌核辦理等情具詳前來臣細閱該教習條陳各節誠如部議頗爲詳盡在昔從

事行間略知梗概似尚不至如此之甚良以勞苦安閒情事不同勞則善心生逸則奢念起若不嚴加整頓竊恐日趨於弱徒有其名不但虛縻帑項緩急將何所恃其間弊之最重者莫如虛冒勇數臣蒞任之初卽經通飭各營一律嚴禁並隨時派員密查廉得其情卽經會同督臣據實

奏參在案浙省爲海疆要區土匪亦未盡除兵燹之後民情浮動凡水陸要隘土匪出沒之區必得勇隊駐紮以備緩急通省現存水陸各軍不過萬人實係無可裁減惟有督飭將領破除情面實力嚴查如有前項情弊立予懲辦不稍姑容以冀營務日有起色用副

朝廷整飭戎行之至意所有浙省陸路防軍營制並裁減經費緣由謹會同閩浙總督臣何璟恭摺覆

奏伏乞

皇太后

皇上聖鑒訓示謹

奏

浙省情重盜案請仍就地懲辦片 光緒八年五月十三日

奏爲浙省辦理情重盜案就地正法章程體察情形尚難遽議停止恭摺覆陳仰祈

聖鑒事竊准刑部咨議復御史胡隆洵奏請將盜案仍照舊例

分別首從辦理一摺部臣以欲復情有可原舊例莫若將就地正法章程先行停止應請

旨飭下各省體察地方情形將夥眾持械强刦案件仍照成例解由該管上司覆勘分別題奏不得先行正法妥議具奏等因

奉

旨依議欽此欽遵咨行到浙當經檄飭臬司體察妥議去後玆據該司孫家穀核議具詳前來臣查浙省兵燹以後各屬捕獲盜犯向於解府復訊後遵照咸豐三年

諭旨卽行就地正法迨同治十三年刑部咨行議覆御史鄧慶麟奏軍務肅清省分拏獲盜匪請照舊制辦理經前撫臣楊昌

濬議請將江洋大盜及教匪哥匪情重土匪並例載六項兇盜各項仍於獲訊後解由該管道府覆審明確錄供通禀批飭就地正法免其解省審勘尋常盜案人犯均照向例分別解勘以符定制等因奏准遵行在案近年以來辦理更爲審慎雖係情重兇盜但核其情節稍有可疑無不飭令解省由各上司覆勘具題用防殘殺而重民命光緒六年刑部行令按距省遠近分別就地正法解省勘題當以浙省前奏定章已屬嚴密若但區別遠近轉不足以昭慎重是以未議更張夫爲政首在安良而安良必先除暴黨匪兇盜實爲强暴之尤若不嚴速懲辦恐無以遏亂萌而懾匪膽浙省杭嘉湖三屬界連蘇皖梟匪游勇出

沒不常甯台溫三屬山海奥區漏匪稽誅伏莽未淨此外各府或地處通衢或民俗獷悍搶劫殺人之案所在多有盜風未能全息重典似難遽停如必概歸舊制一律解省勘審則州縣距省程途遼遠者居多該犯等皆狡悍性成明知有干重辟不特在途在獄均有疎脫之虞卽到省後恃無質証狡供避就必須發回覆審而顯戮久稽匪黨之儆懼無由事主之痛憤莫釋更恐或有意外轉致貽害地方如上年臨海獄囚被劫及慈谿監犯越獄皆其明證也臣與臬司再三籌度計近年浙省盜案照例辦理者爲多就地正法者有限僅就情重之案酌量嚴辦係屬寬猛相兼並行不悖應請仍循同治十三年奏案將洋盜兇盜

游勇土匪各項由地方官審解該管道府覆訊明確錄供禀報核其情罪確當者批飭就地正法按季彙案具奏惟當愼益加愼庶幾刑期無刑此外尋常搶劫案犯悉照成例辦理以示區別而免枉濫一俟土匪肅清盜風止息卽行奏請歸復舊制所有浙省情重盜案仍請就地懲辦緣由理合恭摺覆

奏伏乞

皇太后

皇上聖鑒訓示謹

奏

盜案就地正法章程遵照續准部咨辦理片光緒八年五月十三日

再正繕摺間續准刑部咨議復御史陳啟泰等奏盜案就地正法章程請飭停止各摺公同酌議除各省實係土匪馬賊會匪游勇案情重大並形同叛逆之犯均暫准就地正法仍隨時具奏備錄供招咨部查核外其餘尋常盜案現已解勘具題者仍令照例解勘未經奏明解勘者統予限一年一律規復舊制辦理倘實係距省寫遠地方長途恐有疎虞酌照秋審事例將人犯解赴該管巡道訊明詳由督撫分別題奏不准援就地正法章程先行處決以重憲典而防寃濫等因光緒八年四月初二日奏本日奉

旨依議欽此相應抄單行文查照等因前來臣查此次部議核

與浙省現辦情形不甚懸殊除行司通飭各屬遵照以後悉遵
部議章程辦理外謹附片陳明伏乞
聖鑒謹
奏

紹屬西江塘被水衝決辦理情形並借款修築要工片光緒八年六月初一日

再據紹興府知府霍順武署蕭山縣知縣高英先後禀報五月
初間連朝霪雨山潮並漲致將蕭邑西江塘楊家濱地方囤談
二號土塘衝決二十餘丈卽經該縣勘明會紳籌議趕築攔水
月壩四十餘丈暫資抵禦一面會委勘明設法籌款修復大堤

以期久遠等情卽經飭司委員勘辦旋據該縣紳士內閣中書韓欽等稟稱蕭邑西南北三面瀕臨江海俱有土石大堤分別堵禦偶有坍缺水入內地東注蕭山會稽山陰由三江閘出海是以築塘經費向同山會公派本年五月初間狂雨連潮江水陡漲丈餘淹及塘面罔談兩字號搶護不及坍缺二十餘丈水入如傾當卽搶築攔水壩以救目前水退後再圖大舉惟大堤工艱費鉅本地無可籌墊朔望兩汛險在意中勢不能稍緩興辦又距決口六里許之大礫山地方堤身與孔家埠漁浦接連總名三江口江面遼闊爲上江來水頂衝如遇上游發水勢如建瓴該處一帶堤工爲統塘最要自上年春夏起塘外沙地剛

去十之八九塘脚亦間有洗刷虛空上年騎字號石塘挫卸一丈有餘今年三月間潮旺時食場二字號又坍挫三十丈情形險要當經稟縣勘明搶築高厚柴塘以當水勢塘外加坦以護塘脚此次水漲幸保無虞惟地段險要非石塘不能久遠伏懇撥借墊款二萬串俾於大礫山添築石塘楊家濱趕築柴塘庶三縣人民得免其魚之患等情聯名具稟前來臣查紹屬蕭山縣西江塘爲山會蕭三縣田廬保障最關緊要此次大水衝決罔談二號塘工所築月堤僅能暫救目前仍應建築柴壩以期經久又大礫山一帶塘外護沙被潮刷去塘脚空虛尤應趕緊建築石塘以禦江潮轉瞬伏秋大汛洵屬刻不可緩之工溯查

同治四五年紹屬借款修塘分捐還款有案可稽今據該紳等請借二萬串事同一律自應照准借給以濟要需除飭司籌款借給一面委員會同府縣督率紳董確切勘估妥議章程趕卽集料興工並將作何歸款之處迅速稟報外謹將紹屬西江塘被水衝決辦理情形並借款修築要工緣由會同閩浙總督臣何璟附片陳明伏乞

聖鑒謹

奏

象山縣湮收難夷宏仁達著護送赴閩片光緒八年六月初一日

再據布政使詳轉據象山縣知縣沈鍾瑞申稱光緒八年三月

初七日有被風琉球夷船一隻救護進口卽經親詣查勘譯稱船主監良仁內有琉球使官宏仁達並舵工牛當間等十一人於去年十二月二十二日在本國與那原港開船欲到福州琉館在洋被風失途漂流漁山外洋面幸賴漁船救護乞求護送到閩等語當由該縣妥爲撫卹安頓優給衣糧並將該船飭匠修整完固已於三月十四日移撥兵役護送出境等情由司核詳請
奏前來臣覆核無異除咨部查照外理合附片陳明伏乞
聖鑒謹
奏

浙西蘇松常鎮太五屬酌加引額請完帑課片 光緒八年六月廿日

奏爲浙西蘇松常鎮太五屬引鹽銷數漸旺成本過重擬請酌加引額照完帑課以利行銷而恤商力恭摺仰祈

聖鑒事竊查江蘇五屬地濱江海向爲私鹽充斥之區溯自同治八年復引以來六萬六千引之認額年未銷足賠課已鉅亟應極力整頓保全引地前於光緒六年間飭商集資收買餘姚岱山曬私並添設內河外海巡船杜走私之路以疏官引當經

陞任撫臣譚鍾麟

奏明在案臣到任後復派內江水師更番梭巡收緝並行銷數漸有起色惟收緝經費太鉅在課重引多之地已無餘利可圖

而原認數少之區又復不敷應銷再三思索惟有責商加引以

裕

國課減價敵私以暢銷路二者並行較爲得力即經札飭辦理茲據鹽運使惠年會同綱鹽局司道詳稱轉據該商民等稟稱此時巡收雖行減敵未辦收資巡費既多科則又重成本太大難於賤賣祇有求輕科則俾資減價敵私請將六萬六千引原額仍照原定科則完納不動絲毫另加三萬四千引新額比照帑課減輕科則等情司道等會查現在各商糾集收資三十萬歲輸巡費約二十萬加之原認包課九萬數千兩成本太重何能減價敵私價不能減私不能敵不特難以加引即原認額數

亦費周章查同治十一年釐定課額案內聲明將來引額加增仍請勻減科則並靖江運銷岱山各地所收私鹽辦巡減價以遏淮私祗完正課河餉引規三款其餘概免完納均經奏部覆准在案今江蘇五屬各地原認六萬六千引照舊包完重課請將現在加認三萬四千引完納輕課核與釐定課額部准加引勻減科則之案相符且靖江運銷岱鹽減價敵私今五屬亦運銷餘岱鹽減價敵私事同一律所有新加三萬四千引應請卽自光緒八年爲始援照靖江之案亦准祗完正課河餉引規三款仍各案各地原定科則核算其餘襍款概免完納以輕成本而資減敵從此逐漸整頓實力辦銷庶可私淨官暢匪特原認

課額永無虧短卽新加引課亦可責令包完實於裕課卹商兩
有裨益等情詳請
奏咨前來臣查江蘇蘇松常鎮太四府一州引地招復引商每
年認銷六萬六千引包完課銀九萬四千餘兩原案聲明引額
雖未復舊課款不便稍虧是以略仿票章從多核計較之從前
正雜額課已屬有盈俟銷路漸廣引額加增仍請勻減科則以
昭公允經部覆准在案歷年以來該五屬銷數未能通暢商人
不免賠課實以地處水鄉私鹽易於浸灌巡緝未能得力所致
前經歷任撫臣譚鍾麟訪悉各地情形添設江海水陸各巡分
派文武員弁扼要堵緝辦理頗爲周密又以餘姚岱山晒私充

斥久爲浙西官引之害而沿海窮黎資生無策未便遽行禁絶致釀事端特議集資收買由商集錢三十萬串設局開收運銷加以臣添撥師船稽查愈密因之江海走私漸少五屬銷數漸起惟計一年所需水陸巡費至二十萬串之多該商等亦屬精疲力竭竊維疏銷之法不外收私緝私敵私三者相輔而行而三者之中敵私尤爲切務蘇松五屬濱臨江海遞近淮揚内私之充斥既多外私之浸灌尤易查浙省先後辦理鹽務之善以前督臣李衛爲最臣細攷其法總不越收餘鹽以淨内私藏襪課以敵外私今收緝已極認眞而減敵尚未舉行若不量予變通商人成本過重責以加引勢難遵辦亦屬實情茲據該司局

請於原定六萬六千引之外加認三萬四千引援照靖江帑鹽完課以資減敵實爲裕課卹商保全引地起見且與原議加引減則之案尚屬相符臣復加查核此次加增三萬四千引雖完帑課而所加之數係在原認包課六萬六千引之外似於課款不無稍有裨益除咨部查照核覆外請將浙西酌加引額請完帑課緣由恭摺具

奏伏乞

皇太后

皇上聖鑒勅部核覆施行謹

奏

台州府督拏要犯逾限未獲請摘頂撤任勒緝片光緒八年七月初四日

奏爲知府督拏要匪逾限未能報獲請
旨摘去頂戴撤任勒緝以示懲儆恭摺仰祈
聖鑒事竊照本年二月間台州漏匪金滿糾合柯獨角黃崇艮陳友得等百餘人潛奔南溪嶴一帶被楚運追擊逃竄入山緣由經臣 奏奉
諭旨知府成邦幹等承緝多時並未將匪徒弋獲實屬玩泄著陳士杰嚴飭該員督率各營縣防軍實力搜拏勒限三箇月務將金滿及著名夥匪悉數擒獲以絕根株倘限滿無獲即行一

體參辦等因欽此遵經嚴飭該府實力督拏在案查該匪金滿自南溪嶴被擊之後竄匿臨海黃巖仙居各縣連畍山中刻無定所專由峻嶺深谷人跡罕到之處晝伏夜行詭詐莫測三月十三日弁勇探知踪跡跟追至台溫交畍之洪車坑地方各匪據險抗拒勇丁奮力撲捕格殺匪目李加法吳田老二小金滿毛季脫陳啟關及不知姓名匪徒共十三名並獲槍械多件二十二日又追至台處交畍之普化寺陣斬匪徒四名生擒悍黨丁阿牛綽號牛大王李老二項均枷戴成岳馬岳明五名弁勇亦有傷亡均因日晚路歧致餘匪得乘間遁去其時該府成邦幹在仙居督捕將丁阿牛等訊明正法具報自經兩次邀擊匪

黨膽落分起零星散逃不復如前聚行間或乘隙擄劫莫知何人所爲近又據各弁勇協同縣營兵役紳團在甯台各處搜獲著匪柯獨角綽號毒角王周潮六王菖鈺黃鳳池越監犯人蔡銀得並格斃周復來陳征培葉金海羅嘩士等多名所獲各犯均經該府訊明承認隨同金滿疊次搶擄拒捕戕官不諱臣現飭司派委候補知府祝慶年前往會同覆訊稟候核明批飭就地正法其餘情節較輕之人飭令酌量懲辦省釋不使稍有枉縱惟首匪金滿迄無實在下落各犯間有供指迹之則已杳然該匪肆惡年餘足跡不越台州一步而東奔西突竟能日久遁誅其狡黠情形實非尋常盜犯可比若不極早殲除終爲地方

之患該府成邦幹前因其熟悉台疆是以特畀此任蒞官十月歷時不可謂不多統率各營事權不可謂不一緝拏首犯殄滅餘黨自不能不專責之該府雖據先後報獲著名夥匪多名尚非始終玩泄而於

特旨限拏之要犯逾期未能購致究屬辦理不善咎無可辭相應請

旨將台州府知府成邦幹摘去頂戴撤任勒緝以示懲儆而觀後效其餘在事文武員弁先行分別擇尤記過仍各勒令協拏金滿務絕根株台州府一缺由臣遴員前往接署另行奏報所有知府督拏要匪逾限未能報獲據實參辦緣由謹會同閩浙

總督臣何璟署浙江提督臣張其光恭摺具奏伏乞
皇太后
皇上聖鑒訓示謹
奏

奏請前湖南提督羅大春接統溫台各營辦理台匪片光緒八年七月初四日

再台民素性强悍盜賊乘間竊發或十餘成羣或三五爲黨動以搶劫爲生金滿特其尤狡者也金滿死黨不過三四十人出劫時始行招集多少無定出没不常不多收黨羽故眼線難入不嘯聚一處故圍拏無方而又劫富室以濟貧民以故正人畏

劫殺而不敢言小人則貪其利而反樂爲之用且其地依山傍海山則崇巒疊嶂海則島汊紛歧此拏彼竄因之捕緝迄無成功臣意辦理台盜不在兵力之厚薄當先聯絡紳士固結民心以台人捕台盜人地既熟復以一二營勇丁壯其膽力則用力少而成功較速然必得賢良郡守與夫練達之將領平時慈惠愛民整飭營伍先有以取信士民之心斯能得士民之力今台州府成邦幹辦理無效既已遵旨參撤所遺台州府缺固須慎選賢員前往接署以資得力而溫台兩府各營統帶官亦應遴委樸幹而有機智者方能文武和衷協力迅奏膚功用副

朝廷綏靖海疆之意臣在福建時查有革職前湖南提督羅大春早年辦理漳州土匪極爲得力與紳民甚能相得至今官民同聲稱頌現在寄住衢州臣素未謀面春間函約至省相與談論軍事見其忠勇奮發慨慷自任其材力甚屬可用而於台地情形尤爲熟悉可否令其接統溫台各營責成聯絡士民捕治台匪之處出自

天恩如蒙

俞允該革提督感荷生成力圖報稱必能出其謀勇次第搜捕擒拏悍目以靖地方所有現在籌辦台匪置情形謹附片具

奏是否有當伏乞

聖鑒訓示施行再羅大春係因前在湖南提督任內請添練勇未諳體制奉
旨革職合並陳明謹
奏

覆奏道員王蔭樾二次京控案片 光緒八年七月初四日

奏爲遵
旨據實覆
奏恭摺仰祈
聖鑒事竊臣於本年六月二十六日承准軍機大臣字寄光緒八年六月十五日奉

上諭浙江道員王蔭樾呈控查荒被毆一案前經陳士杰查明
奏結並稱將該道傳訊開導已帖服無詞本日都察院奏該道
復以並未傳訊開導亦未輸服等詞遣抱赴該衙門呈訴此案
業經奏結何以該道復嘵嘵不置所控各節是否屬實抑係任
意狡辯著陳士杰據實覆奏毋得稍涉迴護原呈著鈔給閱看
將此諭令知之欽此遵
旨寄信前來臣查此案前據該道以貪吏挾恨唆衆毆官等詞
赴都察院具呈欽奉
諭旨飭臣查明秉公具奏當以該道王蔭樾因公受辱情固難
堪府縣主唆並無其事惟未能先事覺察疎忽之咎難辭經臣

將先後訪查情形據實覆
奏並請將嘉興府許瑤光等
交部察議以示薄懲員以此事通省皆知官紳士民具有公論
不能阿該道一面之詞文致府縣以重罪也當查辦時該道初
次來臣處具稟僅以銜帖夾送親供本無所用其批示嗣許瑤
光廖安之亦陸續具送於該道控情逐條聲剖各執一詞臣以
諭旨飭臣查覆未令提審且是案人犯早經刑部覆准分別起
解發配勢難紛紛提回質証是以將親供留存密派候補道馮
譽驄明察暗訪參核定案嗣該道二次具稟則已在臣拜摺之
後所稟祇求示知馮譽驄密訪稟詞並無候質之語臣前摺所

謂傳訊者乃因其求見傳入問訊特與平論案情據理開導以該道身爲監司大員未便如詞訟案件提同對簿也當 臣 未出
奏之先該道曾面託藩司轉求此案但將府縣略加處分便自甘心比親來稟見 臣 將查訪此事情節詳悉剖示並告以該道受辱該府縣失察之咎殊不能免當爲據實奏覆該道聞言感激喜形於色並云如此辦理爲職道顧全體面雖退歸田里亦其所願不謂 臣 覆
奏後該道聞紳民有稟請許瑤光回任之舉遂復砌詞遣人京控 臣 再三查核此案該道因公受辱固屬實情究之辦理亦稍涉操切衆所共知且已將莊書王陸沅等分別問擬至十二人

之多懲辦已不爲不嚴而該府許瑤光政聲卓卓紳民愛戴變起倉卒未能先事預防其疏忽之咎旣已交部察議亦足示儆國家辦理案件輕重自有常例豈能因該道意存拖累遂爲遷就枉人以法臣清夜自思查辦此案實無偏袒惟該道性多反覆臣與許瑤光亦係同年同鄉難保不藉爲口實可否仍照臣前奏完結以杜藉端纏訟之風抑或飭交閩浙督臣再行查明以昭折服之處出自聖裁理合遵旨據實覆

奏伏乞

皇太后

皇上聖鑒訓示再嘉興府各屬均遭水患民情惶惶亟欲得賢能之員以資鎮撫昨據藩司以該府許瑶光恩信在民事經

奏結報明飭回本任以順輿情合併聲明謹

奏

民間塘堤倣照以工代賑變通興修片 光緒八年八月初五日

再民間種田必資水利故有田即有塘堤壩堰用備蓄洩每遇水漲坍塌均由業戶農民自行修整今夏倒塌尤多紛紛因報災稟請撥款興修臣查管田之戶殷實較多其力能以自辦若

許以發款勢必處處援照來請焉能籌此巨資相與遍給且一
經撥款以後遇有塌損即援案專望官修流弊轉甚臣與司道
會商民堰官修此端萬不可開惟查其中亦有功程浩大急切
難以集事者不能不稍爲變通因飭府縣確查如有實在無力
興修之處准倣照以工代賑之意擇飢民中年力强壯者每日
給以口食令其幫同修築或於官紳捐賑項内酌提資助俾得
及時竣工庶於體恤民艱之中仍可杜援案紛請之弊除分飭
各府縣遵照辦理外謹附片陳明伏乞
聖鑒謹
奏

奏道員王蔭樾擅用公文肆口謾罵請　旨懲辦緣由片

光緒八年八月初五日

奏爲道員擅用公文肆口謾罵毫無顧忌請
旨懲辦以儆官邪而杜效尤恭摺仰祈
聖鑒事竊照道員王蔭樾查荒受辱一案經陞任撫臣譚鍾麟
暨臣先後查明具奏欽奉
諭旨欽遵在案乃於本年八月初一日據該道王蔭樾申文內
突稱前此因公受累傷久未痊稟銷採訪局差使並云嘉興府
縣唆縱莊保糾衆入城毆傷查荒各官一案前後辦理不公迫
爲兩次京控原期昭雪沉冤詎意徇私庇惡視如魚肉全憑被

告之詞欺朦入奏寃無由自不若奉身以退等情蓋用採訪忠義局木質關防稟送前來查其所敘皆一面之詞不惟負氣崛强肆言謾罵且有謂臣硬造謠言喪心病狂之句此等語意固不應形之公牘卽私函亦不當如此措詞臣與王蔭槐分居堂屬自有體制若聽其妄誕胡言將何以統率屬僚臣奉查此案毫無成見亦無偏私早在

聖明洞鑒之中毋庸再瀆而王蔭槐擅用公文肆言詆罵侮慢於臣者事小關繫政體者事大儻以後奉

旨查辦之件爾造稍不遂意逞私嘵瀆尙復成何事體應否將王蔭槐量予懲處以肅政體而儆效尤臣不敢擅擬相應請

旨遵行除原文鈔送軍機處查閲外謹將道員擅用公文肆言詆罵請旨懲辦緣由恭摺具奏伏乞皇太后皇上聖鑒訓示不勝悚惶待命之至謹奏

奉頒帑項分撥各屬賑濟災黎據情叩謝天恩片 光緒八年八月二十七日

奏爲奉頒帑項分撥各屬賑濟災黎據情叩謝
天恩恭摺仰祈
聖鑒事竊臣接准戶部咨開光緒八年七月二十一日內閣奉
上諭朕奉
慈禧端佑康頤昭豫莊誠皇太后懿旨兩月以來疊據各省奏報水災詳加披閱時切廑懷因思安徽浙江江西被災最重漂沒田廬淹斃人口之處甚多小民困苦情形尤爲可憫深宮焦念寢饋難安雖經各該撫籌款賑恤誠恐力難徧及未能普濟災黎所有安徽浙江江西三省著戶部各撥銀六萬兩以資賑濟即將本年中秋節應進宮內款項撥抵應用無庸呈進猶恐

由部發往緩不濟急卽著由各該省應解京餉項下就近劃扣俾災民得以早沾實惠其餘江蘇山東湖北四川福建陝西等省均有被災之處卽著各該省寬籌款項妥爲撫卹欽此各該督撫務當嚴飭所屬將所撥銀兩核實散放毋任一夫失所仰副

皇太后節用推恩勤恤民隱至意欽此欽遵由内閣抄出到部相應恭録

諭旨飛咨遵照辦理等因行文前來臣跪讀之下欽感難名當卽率同僚屬望

闕叩謝

天恩一面宣布

皇仁行司遵辦旋據省城紳耆人等呈稱仰蒙

皇太后

皇上憂勤宵旰軫念民生節

內府之帑金拯災黎之疾苦聞

命之下莫不鼓舞懽忻感深肺腑額懇恭謝

天恩等情並據布政使德馨詳稱遵將奉頒銀六萬兩在於本年地丁項下照數動支按各屬被水輕重分别撥給擬發杭州府銀一萬五千兩嘉興府銀一萬兩湖州府銀二萬兩金華府銀三千兩衢州府銀八千兩嚴州府銀四千兩委員分解各府

再由該管知府察核各縣情形酌量分縣轉發會同紳耆確查
被災貧戶核實散放務使寔惠均霑以仰副
朝廷惠恤黎元至意伏念臣忝任封圻不能省愆勤政默消祲
戾致使
上蒼降灾示警殃及羣生重勞我
皇太后
皇上撙節內用遠惠窮民淸夜思維無任惶悚計惟有祗遵先
後
諭旨整躬率屬認眞撫卹如有不敷散放之處由臣等倡率官
紳竭力捐助以期周溥不使一夫失所冀以推廣

仁慈而釋咎戾於萬一其本年杭嘉湖金衢嚴六府屬被水各縣民情困苦所有淹斃人口沖沒田廬極貧之戶尤堪憫惻經

臣將當時寔在情形及籌辦賑撫並擬採購米穀以備冬春接濟緣由疊次奏蒙

恩准在案細查各屬受灾情形輕重不一如金衢嚴三郡地處上游水發較早其驟遭沖沒及沙淤石積無從補種者秋收固已失望其餘高阜之區尚不失爲中歲民情安謐如常至杭嘉湖三府向以蠶桑爲生計農事較遲不種早禾地勢平衍水無去路以致低區禾苗被浸腐爛不及補種兼之六七月閒陰雨日多天氣寒冷禾稻不能及時長發收成尚難預定然一邑之

中田畝高下不齊即有無被水及受災淺深勢非一律值此庫
藏支絀民力固應體恤而
國計亦當並籌所有各屬應征本年錢糧漕米惟有剔荒征熟
以供度支而紓民力除飭司派委幹員前往被災各縣會同確
切履勘分別荒熟分數將應征應緩及例應蠲免各項銀米詳
細核明另行專案請
旨遵行外謹將奉頒帑項分撥賑濟及各屬田禾大略情形會
同閩浙總督臣何璟恭摺具陳叩謝
天恩伏乞
皇太后

皇上聖鑒謹
奏

浙省本年水災較廣各項協餉萬難照解片（光緒八年九月十三）

奏爲地方被災較廣民力拮据各項收款愈形短絀應協各餉
萬難照常籌解恭摺仰祈
聖鑒事竊浙省本年夏秋大水爲災地方較廣民情困苦經臣
先後
奏准撥款賑卹並蒙
特沛恩施發帑賑濟俾免失所業將撥款散放及田禾大暑情形
分别陳明在案茲據藩司德馨詳稱現已將届秋收除飭勘明

寔在灾歉分數另將應征錢漕詳請
奏懇分別蠲緩外惟思灾區應征銀米固已無征卽水後補種
各處倍費工力民情之拮据如是輸納之延緩可知兼以被水
之後市肆蕭索貨滯商稀絲蘆各捐短絀亦甚而本省年例及
緊要用款皆不可少出入相權支絀倍於曩日旣不敢以用項
之廣催迫窮黎亦不能於奇窘之中不圖良策因思本年奉撥
京餉銀兩業已勉籌解足其東北邊防經費無論如何爲難亦
當竭力籌解此外各項協餉款繁數鉅在往歲年穀順成已屬
萬分竭蹶積久纍纍今值歲祲民艱征收未能起色庫藏告匱
寔有不能兼顧之勢應請將艱窘實情預爲陳明以免貽悞仍

當於無可設法之中能籌一分即解一分不敢稍存膜視等情

詳請具

奏前來臣　查浙省近年經費支絀歷經敷陳有案本年遭茲水

患災歉並成民生困苦蠲緩之數過多征解之款無幾而市面

蕭條釐捐亦形短絀似此入款較少用項無減寔屬萬難分布

該司請將各項協餉量力籌解委係萬不得已並非意存推諉

除分咨查照一面飭令分別緩急竭力籌解不准藉詞延宕外

謹將庫款竭蹷各項協餉量力籌解緣由恭摺具

奏伏乞

皇太后

皇上聖鑒勅部查照施行謹
奏
謝子兆葵鄉試中式恩摺光緒八年十月初七日
奏爲恭謝
天恩仰祈
聖鑒事竊臣接閱湖南鄉試題名錄得悉臣子兆葵應本省壬
午科鄉試中式第四十四名舉人當即恭設香案望
闕叩頭虔謝
天恩伏念臣起自單寒仰蒙
高厚曡曹忝列疆圻洊膺方慚未報涓埃誦濡鵜而滋懼敢謂

善貽弓冶聽鳴鹿而作歌臣 子兆葵質遜中材功疏蛾術年逾
弱冠學愧牛涔值
盛朝大比之期鄉榜宏開於午歲逐多士觀光之隊賢書濫厠
乎乙科兩世增榮寸衷銜感臣 惟有勉以清白勗之義方砥行
勵名本家修爲
廷獻明體達用期造秀以書升勿拘囿於小成冀涵濡夫
雅化所有微臣 感激下忱謹繕摺叩謝
天恩伏乞
皇太后
皇上聖鑒謹

奏

奏報黃巖縣拏辦土匪暨台州地方安靖由片光緒八年十一月十二日

奏爲黃巖縣拏獲土匪訊明懲辦現在台州安靖恭摺仰祈

聖鑒事竊照台州緝捕事宜前經

奏派已革提督羅大春前往接統防營責成搜捕匪犯羅大春到台後裁汰老弱整飭營規參募土勇聯絡紳民辦理尚有條理本年九月間黃巖著匪阮成淦王白人與死黨阮小吕李隴貴在南鄉一帶勾結思逞民心惶惶代理黃巖縣知縣伍桂生接據紳民稟報當經約會羅大春隨帶弁勇協同營弁並紳董管作霖等分投前往掩捕該匪等挺身抗拒經把總劉福魁李

定達等奮勇上前先後擒獲阮成淦阮小呂李隴貢王白人並嚴中明等十餘人勇丁線民人等亦間有被傷當經黃巖縣提訊阮成淦王白人阮小呂李隴貢供認先各結會樹黨搶刦分贓上年與金滿合夥被官兵擊敗分散逃竄後復疊犯夥刦典鋪擄人勒贖挾仇放火姦佔婦女多案本年復圖糾衆滋擾未成歷歷不諱核與前獲金滿黨匪各供均相脗合各紳民環請就地速行正法免貽後患嚴中明等十二名或訊係脅從或並非夥黨有本地紳耆結保立予省釋據黃巖縣台州協及羅大春先後咨稟前來經臣核明批准就地正法以彰

國典而快人心現在台屬地方較前稍爲安謐至金滿伏匿何

所雖無確實蹤跡臣仍咨飭羅大春督率弁勇會同紳董於陸路各要隘周密佈置并派水師梭巡海港以期有犯必獲查此次羅大春接辦台防拏獲要匪辦理尚爲妥適在事弁紳不無微勞足錄除俟拏獲金滿後再行彙案核明奏請奬勵外所有黄巖縣拏辦土匪暨台州地方安靖緣由理合恭摺具陳以稍紓

宸廑伏乞

皇太后

皇上聖鑒謹

奏

裁撤營勇片 光緒八年十一月十二日

再臣於春間巡視海口回省擬酌裁四營勇丁以節餉糈當將楚軍貞字前右兩營先行裁撤並伏波輪船資遣回閩緣由奏明奉諭旨知道了欽此欽遵在案本年七八月間於台州府成邦幹撤任時復將所帶楚軍貞字中左後三營及達字右營次第裁汰另由統領溫台各軍羅大春於所裁各營中挑選精壯五百人作爲楚軍新左營弁募土勇五百人列爲越軍中營以作嚮導合計前後共裁撤四營除分飭各該將弁實力操防認眞巡緝外謹將裁撤另募營勇緣由會同閩浙總督臣何璟浙江提

督臣歐陽利見附片陳明伏乞
聖鑒謹
奏。

覆奏台州現辦緝捕情形片光緒八年十一月二十二日

奏爲欽遵
諭旨嚴飭員弁上緊緝拏首夥各犯並瀝陳先後籌辦情形恭
摺覆
奏仰祈
聖鑒事。竊臣於本年十一月十七日接准軍機大臣字寄光緒八年十一月初六日奉上諭匪首金滿久在台屬騷擾七月閒據陳士杰奏稱捕獲匪黨多名惟金滿迄無實在下落當將知府成邦幹摘頂撤任勒緝並准令已革提督羅大春接統各營責成撥捕現在金滿究竟竄匿何處有無出擾情事派出員弁是否跟蹤追捕數月之久未據該撫續有奏報殊屬疎懈金滿僅一么麿小醜若果認眞嚴緝何至日久逋誅總由在事各員弁意存玩泄並不實力搜拏該撫督率無方已可概見卽著嚴飭各員弁上緊緝拏金滿務獲並將匪黨撥捕淨盡儻再遷延貽誤致該匪乘間出擾貽害地方定將該撫從重懲處不貸將此由四百里諭令知之

欽此遵

旨寄信前來跪誦之餘莫名惶悚伏念臣身任浙疆已經一載
於所屬著名要匪不能督率員弁迅速擒獲上慰
宸廑撫衷循省負疚殊深惟金滿一犯狡猾異常實難刻期着
手向非在事員弁有意縱弛查該匪自上年三月初踞銅坑山
迨本年三月竄至普化寺疊經官軍水陸兜繫黨與死亡既多
紛紛逃散該匪卒被兔脫從此匿跡銷聲節次拏獲著名要匪
柯獨角等均供不知該匪去向台地陸路則萬山叢疊途徑紛
歧水路則島嶼連環汊港四達且該匪所經一食一宿必酬重
貲居民反爲之耳目弁勇踹訪屢受其誤緝捕爲難之情形臣
前於請派羅大春接統台營片奏內已詳言之羅大春於八月

下旬與署台州府郭式昌先後抵台簡汰營卒選擇紳士分募
士勇原期貧熟習而收成效所募士勇甫於九月間成軍時有
黃巖著匪沅成淦王白人等復圖勾結起事羅大春會同營縣
馳往掩捕擒獲正法經臣於本月十二日繕摺具
奏在案而金滿伏匿何處則仍無確實踪跡臣屢咨飭羅大春
及台州文武員弁於水陸各要隘嚴密盤查認眞探訪稍有風
聲卽逃赴撥緝除分撥弁勇扼要防捕外另派紳士舉人王右
人等各帶士勇四出巡遊應機捕捉未敢稍涉疏懈數月以來
地方尚稱安謐所有台州現辦緝捕一切緣由謹據實恭摺覆
奏伏乞

皇太后
皇上聖鑒訓示謹
奏

德清烏程兩縣鄉民抗糧滋事情形片光緒八年十一月二十二日

再本年雨水爲灾浙西各屬田禾被淹受傷以湖屬爲最然亦有被水較輕無碍收成及水退後設法補種者地方官例於秋間履勘荒熟以定徵蠲詎有德清鄉民因該縣知縣蕭文斌出示曉諭清查並傳庄保造册意圖抗阻於八月十三十五等日相率至縣署求免錢漕恃衆鬨鬧蕭文斌坐堂曉諭開導鄉民

擁擠喧譁至公案暖閣間有毀損臣接據蕭文斌稟報當以鄉民聚衆要挾此風斷不可長其中必有造意之人卽派候補知府李審言杭州協副將林耀光管帶楚軍正前營記名總兵莫坤和會同署湖州府林祖述前往查辦鄉民聞風解散當經查獲滋事人犯朱得沅等數名並將查荒放賑事宜次第辦竣民情安堵如常所獲各犯發交杭州府審係聽糾入城滋事另有在逃之淩燕堂等倡首煽惑現飭嚴拏務獲解省懲辦此德清鄉民聚衆鬨鬧縣署之實在情形也本月初一日又據署烏程縣知縣趙煦稟報十月間會同省委周歷查勘災熟田地取具地保各結回城聞有漏網梟匪姚加復在東鄉馬要一帶地方

徧貼傳單歛錢聚衆散給白旂約會抗糧情事各庄多被煽惑當獲鄒雲贍等訊稱姚加復爲首勒令各庄每畝出錢二百四十文買旂入夥俟開漕時熟田每畝祇准完漕米三升三合如不允從即將其住屋拆毀是以多被逼脅並據附近各庄紳耆陳義周等以姚加復糾衆至村勒助人船錢米鄉民被擾不堪紛紛赴府縣呈請拏究等情稟經臣派委總兵莫坤和等酌帶哨勇會同府縣於初五日同往馬要相機拏辦府縣帶同差役先往開導姚加復之姪姚阿大膽敢鳴鑼搖旂聚衆圖抗放搶拒傷勇丁一名擄去縣役二名勇丁亦格傷鳴鑼匪黨一人嗣見勇役會集始各竄逃當拏獲在場人犯六名次日在姚阿大

家內搜出被擄縣役已受重傷據各紳耆僉稱姚加復叔姪逼脅鄉民抗完漕糧意圖滋事並非鄉民本意恐其糾黨復聚環請留勇彈壓以安閭閻比時臣亦給示曉諭鄉民毋聽煽惑被脅之人概不究治該府縣分發張貼民心照常安定姚加復一犯旋卽盤獲發縣訊供狡展現飭購線嚴拏姚阿大務期弋獲併究此又烏程縣匪徒脅眾圖抗漕糧之實在情形也臣查本年各屬水災議賑議蠲所以體卹窮黎者實已至周且備其成熟未被災傷之戶自應循分輸將乃湖屬民情驕玩狡黠者其圖倖免敢於聚眾要求而匪徒亦藉端而起爲假公自利之圖現在兩案均已獲犯訊辦庶幾刁風稍戢不致再生事端臣仍

嚴飭各縣將災荒田地核實查報蠲緩其應徵之戶設法婉勸輸納勿徒迫以追呼以卹民艱而培元氣所有程德兩邑民人抗糧滋事現已獲犯訊辦人心安定緣由理合附片陳明伏乞

聖鑒謹

奏

南北新關仍難開設片 光緒八年十二月二十一日

奏爲南北新關察看現在情形仍難徵稅請

旨俯准照案停止展緩開辦以卹商民恭摺仰祈

聖鑒事竊准戶部咨具奏龍江西新等關停徵日久請飭恪遵舊制一律開徵一摺奉

旨依議欽此咨行到浙卽經飭據藩司德馨會同釐捐總局司
道詳稱伏查浙省南北新關歷次部催一律開辦均經各前撫
臣將實難開設及開關窒礙情形先後奏奉
諭旨准予從緩開辦在案茲准部咨催令南北新關一律開辦
以復舊制但使免釐徵稅之法可行或釐稅可以並徵則復關
徵稅亦無過慮無如年來地丁徵不足額專賴釐金湊濟而京
協各餉邊防海防經費以及奉辦各項活計本省防勇口糧亦
無不取給於此現在照常收釐猶慮入不敷出若議裁停勢必
諸多貽誤此時洋單盛行釐金已行短絀若於釐金之外試辦
開關稅額能否足數尚難臆斷卽使如額商民釐稅並納必將

以成本太重爲詞紛紛求免求減將准其減免則掣動全局釐金之短收無待再計將概行駁斥必致避重就輕洋單愈盛奸商把持弊不可問其釐金項下奉撥京協各餉無法籌解等情詳請核辦前來 臣等處加確核委係實情細繹户部原奏係爲籌項支絀多徵一分課即多裕一分度支起見釐稅並舉本期於釐金之外有所補苴而時勢所在既不敢因甫議開關遽存推諉尤不敢謂開關之後釐金仍可照收體察情形實無把握考核至再委實難以開徵惟有仰懇

天恩俯准仍行照案停止展緩開辦以卹商民是否有當謹會同閩浙總督臣何璟杭州織造兼管南北新關臣廣 合詞恭

摺具陳伏乞
皇太后
皇上聖鑒訓示再此摺係臣士杰主稿合併陳明謹
奏
親勘八年分歲修海塘工程片光緒八年十二月二十四日
奏爲勘明本年修築塘工及用過銀數恭摺具
奏仰祈
聖鑒事竊臣於封篆後偕同藩司德馨至海塘踏勘本年修築
各工均較早歲堅結而南龍頭所用樁木大至三尺數寸長至
三丈許均用外洋釘樁機架釘下俾上下連爲一氣並用大鐵

條牽纜以防大潮回勢掀動尤爲堅實異常是以本年六七八九月間風潮大於往年而所辦各工均無潑損綜計三防及南龍頭一歲所用工料薪水等項僅十二萬餘金較歷年所辦省費幾及一半而堅結過之所有九年分月修及各埽坦保固限外遇有損塌應行修築一切各工程仍飭三防廳備各員循照八年章程認眞核實辦理不准稍有草率庶幾帑項可節而塘工年增堅固又塔山石壩　臣上年往勘時約一百四五十丈均經刷圮不堪本年夏秋經　臣派弁勇修築一律整齊足資捍衞所有查勘八年分歲修海塘工堅費省並九年工程仍飭廳備循照辦理緣由理合恭摺具

奏伏乞
皇太后
皇上聖鑒謹
奏

恭報交卸浙撫起程赴東日期片 光緒九年正月初六日

奏爲叩謝
天恩並恭報微臣交卸浙撫起程赴東日期仰祈
聖鑒事竊臣於光緒九年正月初一日承准吏部咨開八年十
二月初九日内閣奉
上諭陳士杰著調補山東巡撫浙江巡撫著任道鎔調補欽此

當即恭設香案望
闕叩頭恭謝
天恩正具摺請
旨入都俾得跪聆
聖訓聞又於正月初三日准吏部咨開光緒八年十二月十三
日內閣奉
上諭陳士杰現在調補山東巡撫著即迅赴新任毋庸來京請
訓浙江巡撫著德馨護理等因欽此欽遵行文知照前來聞
命之下悚惶莫名遵將經辦要件赶緊交代清楚擇於本年正
月初九日將浙江巡撫關防兩浙鹽政印信及

王命旗牌文卷等件委員賚交護撫臣德馨接收任事臣卽於
是日交卸料理行裝准於正月十二日自浙起程迅赴山東新
任以重職守伏念臣湘楚輇材農曹末吏臺司歷任既政績之
無聞疆寄濫膺復時艱之罔濟涓埃未報兢惕方深茲復握荷
恩綸調撫山左在
朝廷俾還舊治冀收駕輕就熟之功而微臣疊履繁區彌切綆
短汲深之懼計惟有矢慎矢勤任勞任怨以冀稍酬
高厚鴻慈於萬一除交卸日期另行恭疏具
題外所有微臣感激下忱並交卸浙撫起程赴東日期謹繕摺
叩謝

天恩伏乞

皇太后

皇上聖鑒謹

奏

男　桂森　兆葵　兆奎

　　兆璜　兆棠　兆熊

　　兆棻　兆蘭　兆琁　恭校

卷之二

查明下游情形并報回省日期緣由摺九年三月初二會銜

奏爲查明黄河下游情形現已將各災區決口妥籌堵禦並陳明回省日期恭摺仰祈

聖鑒事竊臣士杰前將會同臣百川出省查看河務日期附片

奏報在案臣百川謹於二月十一日由陸路起程臣士杰謹於十三日由水路先赴桃園工次沿隄踏看修築尚爲堅穩隨登舟至歷城章邱交界之溞溝庄勘得前因淩汛被沖缺口三處共百餘丈幸係漫決水不甚深現值水落已涸出五分之三施

工尙易當準津貼銀二千兩派副將景天榜酌帶部勇督率民夫合力堵築以防大汛十四日抵濟陽縣察看河水直齧城根情形危險飭令知縣周連元於城脚加培三合土數十丈外築挑水壩拓溜開行以資護禦旋抵齊東縣壩河之趙奉站該處東壩計決口四十餘丈溜急水深搶堵不易據知縣秦浩然稟稱民力甚爲拮据除前已津貼銀二千兩外再加給銀四千兩飭令剋期修堵已於二十日合龍其迤西之九龍口漫溢二十餘丈水已全退百姓自行興辦不日可成當傳父老温語獎勵其被災戶口隨加撫卹十五日經過齊東見縣城北郭坍卸入水居民半已內徙是午抵惠民縣之清河鎮該處倒塌民房頗

多當飭知縣沈世銓清查戶口將前發運庫銀一萬兩妥爲散放其缺口寬深雖經撥發料物尚不敷用飭令就地購買復由運庫籌發銀一萬二千兩以資工作事竣將用項造報並派副將黃金得督率部勇先築磨盤埽抵禦水勢一俟料物取齊卽行進占計三月中旬當可合龍十七日經過蒲臺利津兩處縣城亦如濟陽齊東同臨水畔深慮冲塌十八日抵利津之南北嶺該處决口寬至百餘丈且坐灣兜溜當水頂衝故屢築屢决場竈已漫淹大半幸村庄無多如能由此直鬧入海較爲便捷然百姓仍竭力堵築前撫臣任道鎔在任時據報需銀二萬兩當發一萬一千兩臣雖明知工鉅地險難保無虞亦不能不俯

順輿情如數發給其上流之左家庄迤下之韓家垣兩處漫口情形較輕現亦均準津貼催令趕築合龍十八日與臣百川會晤由鐵門關同至二河蓋查看入海之路新河口已經淤塞均由舊河口入海出路倍窄河底倍淺計非藉資人力相助疏濬不克奏效擬用舢板拖帶鐵篦子混江龍等具上下輪刷以便暢消臣等由陸路同行復查濱州之南門河青城之草廟暨歷城之北灤口均已堵禦斷流並同至惠民之白龍灣查看附近徒駭河地勢旋即渡河沿途履勘災區飭令印委各員將賑銀散放以仰副

聖主軫念災黎至意所過之處紳民老幼均感戴

皇仁歡呼踊躍臣等隨於二十四日回濟南省城連日途中商
辦堵築各口及賑卹事宜意見均屬相同除上游河道及統籌
全局辦理之方由臣百川另行具
奏外所有臣等同勘下游分别籌辦並回省日期緣由謹合詞
專摺具陳伏乞
皇太后
皇上聖鑒再此摺係臣士杰主稿合並陳明謹
奏
遵旨會商東省河工辦法據實覆陳摺三月十七日會銜
奏爲遵

旨會商東省河工辦法據實覆陳仰祈
聖鑒事竊臣等於三月十二日接准軍機大臣字寄三月初九
日奉
上諭以臣百川前摺所陳疏通河道分減黃流亟築縷隄各條
尚須切實籌議未可遽見施行等因欽此仰見
聖謨宏遠訓示周詳下懷莫名悚感臣維黃流汗漫遷徙靡常
當其南行入淮係故道也豫省河面寬處二三十里窄處亦十
餘里山東大清河河面不及豫省十之一二加以淤澱日高水
勢稍大便不能容是以泛決之患年甚一年臣等自查看下游
鐵門關至牡蠣嘴各處訪悉黃流當消落之時水行歸槽便與

岸平及至盛漲則一片汪洋瀰漫百餘里入海之路迄無定所此而欲加疏濬水中挖沙人難立足實屬力無所施援古證今祇有多用船隻攜帶鐵箆子混江龍等具往來疏刷使河底逐漸刮深然猶慮隨刷隨淤僅能使新沙不致停蓄河身不致再高收效遲緩泛溢仍所難免因議亟築縷隄藉資保障以安民心查北岸民隄本有者十之六七南岸則僅十之一二當委員分段查明就其原隄加高培厚凡不接續之處一律補築間有臨河太近及頂衝險要處所並飭令加築重隄以資穩固如遇盛漲地方官即會同營弁督率民兵協力搶護以免衝刷伏查黃河首重隄防今就民間原有之隄津貼而加倍之尚覺易於

奏功且爲民情所願但使順民之心隨處自爲保固可免沖決漫溢則億萬生靈受益良非淺鮮以視既決之後籌堵籌賑動費鉅萬相去何啻倍蓰此臣等籌畫再三所爲議築縷隄之實在情形也至論黃河水勢之大則實有難於臆度者方今各處受災人人言因海口沙淤不能暢消所致然臣等詳細體察即使入海之處一律通暢而巨浪洪濤亦仍恐宣洩不及查上年桃園決口洩出之水已漫衍數縣而遙溝及南北岸韓家垣左家庄等處仍相繼鬧決水大莫容是其明驗計惟擇古河之河身稍大者築壩建閘以分洩之庶免溢槽之虞其徒駭馬頰入海之處前摺已俱陳明徒駭距黃河最近惟河身不甚寬深馬

頗較遠而隄岸大段整齊河亦深通寬廣纔淤淺之處尚須人力挑濬然河岸河身規模具在開挖尚不至十分費力其入海處在海豐霑化二縣皆武定府屬雖與直隸邊界接壤而以形勢論之二縣皆近海濱於

畿輔之地實無妨礙惟鬲津雖亦由海豐縣入海而經行之處間近南皮慶雲地界且距黄河頗遠現除鬲津不計外擬由惠民縣白龍灣地方就近開一支河引入徒駭猶恐所分無多再於上游長清縣之黄斗崖順窪開通入趙牛河接由葦河引至德平縣屬之范家橋入馬頰河中間損壓民田應計畝給價以

廣

皇仁其導引之處各堅築閘壩視黃水分數以爲量減但求洩盛漲之水不致有奪溜之虞卽使水過後不無沙淤而水退猶可以人力挑濬蓋黃流湍悍得兩河以分洩之其勢自當稍減且水由地中行似可爲久遠之計舍此亦乏良圖此臣等所爲議開徒駭馬頰以分水勢之實在情形也以上三條臣等徧詢地方耆碩及留心河務之士均以爲宜故敢據實直陳是否有當倘祈

聖裁鑒定如蒙

俞允臣等當再行請

旨飭部籌欵以便及時興辦並出示曉諭宣廣

聖澤告以保衛生民之意冀免愚氓驚疑阻撓俾得速行蕆工所有遵
旨籌畫會同熟商詳議各緣由謹合詞恭摺具陳伏乞
皇太后
皇上聖鑒訓示謹
奏

利津縣屬南北嶺等處搶築決口工程及派員確查小清河大概情形片 九年三月十七日

再利津縣屬南北嶺地方據土人指稱距海不過四五十里由此入海較現在由二河蓋下之舊河口固屬便捷然黃河自入

東境綿亘千有餘里卽使近海多一洩水之處當黃水盛漲正不待趨至下游而上游頂衝洄溜奔放不及已不免冲决之虞臣等揆度情形於入海雖少迂回於全局實無大益且該處居民現正施工極力搶築未便飭其停止又冲出之水漫衍四流尚無河渠祇好將來查看如實在不能堵築中溜刷有河槽形勢已成然後方可定議其餘凌汛決口處所除潑溝九龍口趙奉垳草廟等處業已趕築完竣外惟淸江鎭及左家庄韓家垣三處雖早經備料集夫而桃汛方至辦理尚未得手目下水勢稍平已飭尅期進占趕緊合龍藉以仰慰
宸廑至東境之小淸河源本濼水出歷城與章邱之埠河獺河

合自堉灤二水俱歸大清河惟獺河發源於長白山麓東趨經許山泊白雲湖由支脈溝樂安縣等處入海康熙年間前撫臣張鵬翮一律疏濬民享其利至今將其原議刊在省志嗣因年久失修小清河節節淤塞山泉諸水始橫趨歷城之巨治河章邱之繡江河北流併入大清河現時大清河淤高頂托不但巨治繡江之水不能入大清河而黃水且倒灌巨治繡江加以九龍口等處衝漫以致積水毫無洩路歷章鄒齊長高博樂八縣俱被水患計惟有開濬小清河使積水有路暢消被淹田畝得以涸出亦不復使巨治繡江仍趨大清河庶黃水並可藉以少減現復派委員分段確查容俟查覆再行專摺具

奏所有南北嶺等處决口及小清河大概情形謹附片陳明伏

乞

聖鑒謹

奏

南北岸遥隄實有窒碍作爲緩圖就民埝加高培厚片九年

三月十七日

再遥隄之説離水愈遠則水力愈弱防守亦易爲力若河身漸次淤高則遥隄亦逐年可以漸次增加如照原擬章程改爲底寬六丈頂寬一丈二尺高一丈以南北兩岸各長八九百里計之約需二百四五十萬金亦可蕆事此策有利無害甚爲平穩

現主此議者亦不乏人循此行之臣等亦易於覆
命惟臣百川生長東省紳民情意尤易相通一聞修築遥隄人
情萬分驚懼十百成羣在隄外者以爲同係
朝廷赤子何以置我於不顧在隄內者非恐壓其田畝卽慮損
其墓廬或攔輿遞呈或遮道哭訴事尚未行民情已遂如此若
一旦丈地興築節節阻撓更不待言且城郭市鎮多傍河邊遷
徙良非易易愚民無知無從開導此臣等所以長慮卻顧不能
不作爲緩圖第就民埝爲之加高培厚也所有遥隄穩重可行
而實有窒碍難行之處謹再附片陳明伏乞
聖裁謹

奏

清河鎮等處決口堵辦合龍摺 九年三月十二日會銜

奏爲清河鎮等處決口現已堵築合龍恭摺仰祈
聖鑒事竊惠民縣屬之清河鎮地方於正月間凌汛冲決民隄
閭閻被災甚重臣等當卽工撫兼施將籌辦情形先後
奏報在案查該處口門計寬四十餘丈水深一丈七八尺及四
五尺不等時值桃汛辦理頗爲棘手臣等嚴飭印委各員設法
經營工需甚緊其由運庫先後提銀四萬兩發交武定府知府
奎瑞惠民縣知縣沈世銓等採辦椿料並添募民夫通力合作
以期早堵一日民生卽早安一日茲據該員等稟報先築挑水

壩拓濬開行隨後節節進占晝夜趲辦幸於本月二十一日搶堵合龍現復追壓大土塡築後戧土櫃力求堅穏又利津縣之韓家垣左家庄二處缺口較小亦於十三四日先後堵築完竣韓家垣附近險要之區應再一律加厢以免冲刷亦經臣等札飭趕辦綜計月餘來堵合大小決口已其七處在事官紳不無微勞足錄臣等不敢遽請獎敘擬擇尤存記容俟將來彙案酌保以昭核實至淸河鎭一帶災黎現均按戸放賑並酌給塌房修費因春賑同時散放祇用銀六千兩前提萬金尙餘銀四千兩仍還運庫現在口門已堵當不致流離失所洵堪仰慰宸廑除核明各項用欵細數另行

奏報外所有清河鎮等處決口現均堵築合龍緣由謹恭摺具

陳伏乞

皇太后

皇上聖鑒謹

奏

查明利津縣南北嶺決口未便開挑導使入海片四月二十日會銜

再部臣片奏覆核禮部郎中吳峋奏疏濬黃河敬陳管見一摺抄稿一並移知除與部議相同已於正摺詳陳外原稿以利津南北嶺決口距海較近臣等前奏既稱便捷又謂無益議涉游

移應就此導使入海等語查南北嶺決口民間現猶未能堵合惟改移海口亦須用勢利導難以人力強爲前因牡礪嘴海口不甚通暢而南北嶺決口距海濱約五十餘里道里較近故謂其便捷惟鐵門關之正河深處尚二丈數尺而南北嶺僅口門有溜深約丈餘十里外卽漫散並無河槽水中挑挖無從措手必須俟經歷大汛能否刷成河槽始可酌定且臣等體察形勢近海卽多一洩水之處而上游水勢浩蕩正不待趨至下游已不免潰決之處故謂於全局實無大益初非兩歧之詞所有南北嶺決口現尚未便開挖導使入海緣由謹附片覆陳伏乞

聖鑒謹

奏

籌河工事宜並工需飭部籌欵一摺 四月二十日

奏爲覆籌河工事宜遵照部議詳核應用工需確數籲懇
飭部豫爲籌撥以資舉辦恭摺具陳仰祈
聖鑒事竊臣等接准戶部工部來咨會同核議臣等先後會奏
察看黃河酌擬辦法各摺片於四月初七日具
奏奉
旨依議欽此欽遵抄摺咨行前來查部臣原奏以臣等所議三
條將疏濬河道亟築縷隄議准照辦其分洩黃流一條應測量
地勢再行籌議並經戶部以議准二條先爲籌撥銀四十萬兩

迅速解東俾濟要工等因竊以山東河患年甚一年其故在河面本窄河身日淤日高黄水勢大萬不能容非盡關入海之未能通暢也方今籌辦河防考之成法參以時宜祇有從長補救之方實無一勞永逸之計臣等前陳築堵分三策係周歷上下游詳細審度就形勢之所宜竭思慮之所及務求穩慎原不敢謂悉合機宜且深知籌欵維艱所擬之條必力求用項稍省以期撙節經費且就部議各節復行會商有不得不再爲審度者謹詳細籌議以

聞查部議以疏通河道用鐵篦子等具原係成法自屬可行除添造船隻修置器具並水手口糧外將來所需歲修各項費用

亦須通盤籌畫等語查造船製器等款臣百川前奏約估需銀二萬餘兩現在船隻甫擬排造器具正在製備應俟齊全後駕駛拖試計算工費及水手口糧確數始能核准並將來歲修需費若干由臣士杰隨時核實酌定再行

奏報又部議添築縷隄均准照辦其丈尺做法亦必以底寬八丈頂寬二丈高一丈二尺爲率津貼銀兩當以近案爲權衡將來歲修經費是否借資民力抑須仍動帑項並能否由官經理妥爲籌議並令剋期趕辦於伏汛前告竣等語臣百川前奏上自長清下抵利津先築縷隄一道兩岸約千餘里每土一方就辦過成案酌給津貼需銀四五十萬兩原擬兩岸本有民埝牽

計可得十之四五且就民埝培修無須給與地價是以減之又減從少約計惟其時擬築縷隄之議原與設壩減水相輔而行竊意水勢既減就民埝加培或可藉資保護今分洩既防流弊則黃水仍歸一壑民埝逼近河壖與水爭地實難深恃臣等細心商酌自以一律普築重隄爲立民埝亦准稍爲津貼以保沿河村鎮而順輿情夫築隄之法愈厚愈堅照部議高寬丈尺洵爲穩固可靠按底寬八丈頂寬二丈高一丈二尺每丈計土六十方每里一萬八百方自長清起至利津止計六百七十餘里兩岸共計一千三百四十餘里總共需土一千四百五六十萬方其塡平溝凹應需土方尚不能懸估在內津貼銀兩以近案

爲權衡查最近之案莫如桃園新修官隄據報每土一方除成平外津貼銀一錢五分八釐七毫三絲零每里用土一萬八百方需銀一千八百十四兩二錢八分五釐零一千三百四十餘里除成平外約共需銀二百三十餘萬兩尚有委員紳董薪水及各項雜支不在此數堤基壓佔地畝既非加修民埝自宜給予地價查光緒二年賈莊舊案每畝係給制錢五千文今以底寬八丈計之每里應壓民田二十四畝一千三百四十餘里共計壓地三萬二千數百餘畝需制錢十六萬數千串文約扣銀十一萬餘兩查賈莊所餘之地半屬瘠區今由長淸至利津膏腴居多每畝似宜酌加銀數錢以示體卹又須加銀一二萬兩

除成平外統共約需銀一百四五十萬兩此照部定高寬丈尺核計之確數也查桃園上年新築之官隄係底寬六丈頂寬一丈高一丈若此時仿照丈尺興辦以後逐年增加每里計土六千三百方扣銀一千兩一千三百四十餘里總計約需銀一百三十餘萬兩加隄基所壓民田照六丈寬折減一千三百四十餘里每里十八畝應壓民地二萬四千餘畝約計地價銀九萬餘兩除成平外統共需銀一百四五十萬兩此現擬仿照桃園工高寬丈尺核計之確數也應否仍遵部定章程抑或如臣等所擬辦理伏候

命下遵行其將來歲修經費如悉動帑項未免歲糜鉅款既未

設立廳汛難以責成亦無如許營勇可資分布應仿照濮范壽陽北成案即令各州縣民夫就近防守按里發給津貼其需用椿料之處於春初官為儲備督修大汛時遇有險工抽調附近營勇協同民夫搶護以免疏虞至如期辦竣臣等初意亦思如是惟現奉部文業已四月中旬距伏汛僅止月餘若必按期舉辦每日需用民夫五十餘萬正屆農忙無從招集徒使百姓驚擾揆度情勢萬趕不及如部議謂分洩黃流恐滋流弊令臣等再為籌議等語查分水一策亦是舊法挑濬引河量水為減洩前河臣靳輔治河方略屢屢言之臣等竊用其說本於萬難之中勉求援拯之計固未敢意在試行亦實難確有把握況築堤

之費所需已鉅挑河之費兼顧尤難應照部議暫從緩圖至築隄工需部臣不待臣等請撥先撥銀四十萬具見部臣先事圖功顧全大局然臣等尙有不能不瀆請者查隄一千三百四十餘里照部議原定丈尺除成平外約需銀二百四五十萬兩現

奉

旨撥四十萬兩照部定款項僅六成之一照臣等所擬亦僅得四成之一且各省雖奉指撥而解到尙屬無期即俟秋後興工撥款亦恐難全到必須於本省先行設法籌墊東省近年庫款本已支絀加以上年秋冬至本年春間辦工辦賑共計用銀七十餘萬兩之多實已觔疲力盡今籌本省河工自應責無旁貸

縱於藩運各庫竭力羅掘亦不過能籌三四十萬兩即照臣等現擬辦法計所短尚在八九十萬兩照部定丈尺所欠尤鉅籌撥既極艱難解到更須時日若開辦後停工待款關係甚重耗費益多臣等再四籌思實未敢輕於一舉惟部議有工程應用確數應即詳核具奏如有不敷由部陸續籌撥用敢通盤籌畫詳細具陳仰懇

聖慈飭部覆核豫爲指撥有著之款與前撥之數一並勒限迅解來東以濟工需地方幸甚臣等現以伏汛將至不敢不先事籌防業將調到舢板等船先行拖帶製成器具沿河上下梭刷臣士杰於藩糧兩庫各提銀八萬兩會同臣百川派飭印委各

員督率勇夫先擇緊要之處趕緊修築俾資捍禦以仰副
朝廷保衛民生之至意至前請疏通小淸河係宣洩南岸之淸
水減入黄之支流與治河相爲表裏現據派出委員禀覆查勘
形勢南岸各州縣非設法開通不足以消弭水患惟估計工費
亦復不少恐難兼營應俟查明能否稍給津貼借資民力再行
覆
奏所有覆籌河工事宜並確查工需細數籲懇
飭部豫爲籌撥緣由謹合恭摺具陳是否有當伏乞
皇太后
皇上聖鑒訓示再土方按照例價爲數甚鉅此次估計係照外

聞津貼核實確數以期撙節合併聲明謹

奏

臨關短收七年稅銀並非經征不力懇　恩寬免處分並

減成着賠摺光緒九年四月二十日

奏爲光緒七年臨關短收稅額銀兩實非經征不力懇

恩寬免處分並予減成着賠恭摺仰祈

聖鑒事竊照臨清關光緒七年征收稅銀部臣以較之定額所短甚鉅議令賠繳九成並將該管知州王其愼降五級調用等

因奏奉

諭旨依議欽此欽遵由前撫臣轉飭在案臣現已將該員撤任

另委候補直隸州彭虞孫前往署理惟查該關稅務自黃水穿運以來歷年均形短絀多寡不等揆之今昔情形實有霄壤之殊敬爲我
聖主陳之查臨關居汶衛兩河之中從前運道通暢南來商販無不由此經過貨物充盈稅額自足乃因黃流改道衝斷運河舟楫不通前數年伏秋大汛之時尚有零星小船乘時北上今則籌備南漕築壩蓄水漕船至則暫時啟放過則仍行合龍片帆不能飛渡此河道今昔之不同也商人以運河既難行走而輪船便捷且能保險大率航海北上南省絲茶雜貨爲該關稅課之大宗近來竟至絕跡所賴衛河一路只收自豫赴直之米

麥稅並鐵貨等物爲數本不及半況糧食非此豐彼歉貴賤懸殊商人不能販運每年征收多寡以致把握毫無此稅源今昔之不同也溯自河道變遷之後惟同治十年十一年收數溢額其時因直隸被災豫東兩省豐收糧販較多所改經征之員即該州王其愼當於奏銷案內聲明幸而獲此未可執以爲常不敢仰邀議敘此外前後二十餘年之久均有缺額歷准免其議處並減成着賠光緒六年部臣籌備餉需摺內亦謂該關征不足額事屬有因人所共聞共見等語是一切情形久在

聖明洞鑒之中今光緒七年短收銀兩實因運道阻塞商販裹足糧貨均少流通稅源因而愈滯委非經征不力據濟東泰武

臨道王作孚詳請具
奏前來臣確加體察均屬實情在部臣從嚴定議原爲整頓稅
額起見卽臣表率攸關亦應力加警飭期有起色但事有非人
力所能爲者若不據實籲請匪特該州王其愼此次議處着賠
不能援減未免向隅誠恐後此正任委署各員均將視爲畏途
於公事轉多窒礙且或因賠繳稅項致挪虧錢糧等款亦不可
不爲預防合無仰懇
天恩俯念該關收稅短絀委因河道不通所致寬免王其愼處
分並
勅部另議將短少銀兩減成着賠以示體卹出自

逾格鴻慈臣仍隨時督率以後經征之員認眞征收不得恃有
援減之案稍形懈弛仰副
朝廷愼重關務之意所有七年分臨關短收稅額銀兩實非經
征不力緣由謹恭摺具陳伏乞
皇太后
皇上聖鑒訓示謹
奏

製造鎗子機器陳明立案片光緒九年四月二十日

再東省機器局歷年製造後鏜洋炮及林明敦馬的尼等鎗尙
屬適用嗣經添造鎗子機器亦有規模上年因庫款支絀暫行

停辦但做洋火葯銅帽鉛丸以資操防惟查鎗子機器共十三部前已造成七部僅短六部棄之未免可惜現在各防營用後鏜鎗炮者居多而鎗子不能自造仍須購自外洋價值昂貴於庫款亦覺糜費據總辦局務候補道劉時霖稟請製造齊全以免有廢前功核計用款無多自應准其辦理以後鎗子即無須仰給於人亦屬事半功倍除飭配造妥協以資備用其餘不急器具仍照舊停止緩辦外理合附片陳明伏乞

聖鑒勅部查照立案謹

奏

查勘大清河南北兩岸高低情形片光緒九年五月二十七日

再臣等查大清河十年以前兩岸高者約計兩丈內外低者亦一丈五六尺不等沿岸居民水災罕見此河槽尚深堪以容納之故也今春臣等先後查勘河形水落時高者僅露岸八九尺低者只五六尺偶遇盛漲便爾漫溢爲災此河身淤淺不能容納難以人力相爭之故也方今時值仲夏水勢業已如此以後伏汛秋汛尤難逆料竊以目前河患修隄固爲急務而長隄未能驟成就使已成新築之土未經雨雪難期結實足恃卽令可恃而上游河面寬不及二里年淤一年不數年河岸變爲河身長隄又須加築矣臣等再四思維修隄與減水二事仍宜相輔而行非敢固執前言也歷考古人成法博採通儒議論欲爲地

方除目前黃水之患實覺舍此別無長策查歷年以來黃水南溢則趨小清河北潰則入徒駭河而南高北低故北岸一決於白龍灣再決於譚馬哨張家墳以及桃源清河鎮等處並此次距桃源下二十餘里之范家鋪又復衝決其水均奔徒駭河入海水性就下勢所固然以臣等愚見與其待決於後日百姓多被其災何如利導於目前挑濬以防其害譬之以盂盛水多注則溢器小故不能容也若以他物分盛自無慮此至於吸動大溜亦所宜防惟水性避高就下分河減埧若低於正河固應防其吸動若正河低而引河高水未有舍低而趨高者計黃水穿運以來每歲借黃濟運均在盛漲之時迄今二十八年北運河

從未聞有奪溜之害此其明証也若水過沙淤誠所難免然每年冬春挑挖一次計分河兩道費多不過四五萬金窮民亦得沾其惠以視一處決口堵築賑撫多至數十萬金少亦七八萬金百姓得不償失固有間矣或謂分流則力弱不能束水刷沙固也然查淤墊之由來多緣風狂浪急奔騰拍岸岸塌屋傾積壓入水而成如借徒駭馬頰以分水勢則水不拍岸添淤既少且水已歸漕其力仍可衝刷兼之水在中流仿用鐵篦子混江龍等具拖刷亦可事半功倍總之河淺水大堵分疏三事須並行庶幾有濟此臣等就目前形勢思慮所及而言若夫天道或十年一變或數十年一變意外之防寔非臣等所能逆度臣等

知識迂庸仰蒙
朝廷委任不敢不據實直陳以備
聖主採擇不勝惶恐待
命之至再堵分疏三事倘蒙
俞允亦當次第施行若一時並舉財力民力均有所不及合並
陳明是否有當伏候
聖裁謹
奏

桃園護壩等工修築完竣摺　四月二十八日

奏爲桃園護壩等工現已修築完竣恭摺仰祈

聖鑒事竊照上年堵築桃園決口尚有善後工程經前撫臣估定銀兩於今春委員接辦當將興工日期附片奏報在案臣到任後飭令該委員候補道張上達等認眞修築旋據稟報護壩斜隄短壩等工均於三月二十五日一律完竣並加修兩岸隄工二百餘丈磨盤埽挑水壩各一個使大壩與護壩相連以期格外得力當經臣委員驗收高寬丈尺均與原估相符層土層料尙屬堅實所需經費亦無浮冒情事至桃園上下游應築長隄委員分段監催亦已將次工竣現距伏汛不遠水勢有長無消除飭在事員弁隨時認眞防護外所有桃園善後工程修築完竣緣由謹恭摺具陳伏乞

皇太后
皇上聖鑒謹
奏
爲黄汛盛漲漫溢歷城等處隄工現在設法堵辦並查勘
災區急籌撫卹摺九年五月二十七日
奏爲黄汛盛漲漫溢歷城等處隄工現設法堵辦並查勘災區
急籌撫卹恭摺仰祈
聖鑒事竊東省黄河前經臣等遵照部議覆陳辦法因時值農
忙汛期將至先將險要各處派員督同紳民趕緊修築已於前
摺

奏明在案臣百川於前月底復親詣沿河一帶查看形勢責成印委官紳晝夜趲辦兹查濟陽青城濱州章邱等處已培築將次完竣其餘險要處所或得十之六七或僅十之二三正在督集夫勇趕辦間不料黄水驟漲本月初十日以後疊次增長至一丈二三尺拍岸盈隄較往歲伏秋大汛尤爲洶湧各屬新舊隄工節節生險臣等據報當飭印委各員加緊修防並派弁勇分投星夜搶護乃連日南風大作鼓浪澎湃湍激異常十八日齊東縣之船家道口漫過民埝立成決口數十丈利津縣之雀家庄亦於是日晚間沖決民壩頃刻刷寬至二百餘丈其鹽窩之十四戸庄亦復隨同漫溢又歷城縣於二十一日夜間刷開

北岸張家庄等民埝直注今春前撫臣所修之新隄形勢已形岌岌其附近之范家鋪地面較高向無水患乃同時由此間及周家庄一帶漫溢而過繞出隄後以致内外被冲將新隄將成尾段連決數處臣等先期聞報出險情形即派撫標城守各營連夜前往搶救無如來源過猛此堵彼決防不勝防實非人力能施其南岸小魯家庄等處民埝亦被冲刷水勢直逼省城北關外數里地面又齊河縣之顧家溝亦於二十三日漫溢過埝此外如濟陽縣之直河庄惠民縣家窩潘家庄利津縣之宋家庄閆家庄等處或隄身冲陷或拍岸盈槽均屬萬分危殆雖經調派文武各員竭力搶箱能否保全尚難逆料臣等親赴歷城

南北兩岸查勘情形目擊災黎遍野一片汪洋實堪憫惻此皆
由臣奉職無狀撫躬自問寢饋難安現已委員解銀分赴受災
各縣辦餱糧散放急賑並委員遍詣災區用船拯救搭蓋棚廠
按口放給粥米俾稍資安集一面飭查戶口再行籌款撫卹至
各決口雖寬至二三百丈及數十丈不等幸已收割而口係漫
決衝刷尚不甚深將來堵築當不至十分費手然必俟黃水稍
落方能取土施工臣等自當相機設法辦理苟能早堵一日萬
萬不敢稍事遷延以冀仰副
聖主軫念民依之至意所有黃汛盛漲漫溢歷城等處隄工現
籌賑撫緣由謹合詞恭摺具陳伏乞

皇太后
皇上聖鑒謹
奏

小清河年久失修現擬開濬以奠生民一摺九年六月初八日

奏爲小清河年久失修瀦水爲患擬開濬以奠生民恭摺仰祈
聖鑒事竊臣等前議疏通小清河以洩南岸之清水減入黄之支流與治河爲表裏並復委員履勘的確再行籌辦業於覆陳
摺内附片
奏明在案茲據各委員先後禀覆及紳民聯名具禀前來僉稱自小清河淤塞以來每遇夏秋大雨時行山泉暴發水無所洩

漫淹田廬數百村業已不堪其苦加以大清河淤墊年甚一年從前眾水悉入黃河藉以宣洩今則黃水頂托且時有倒灌之虞歷城之巨野河章邱齊東交界之繡江河兩岸水潦蓄瀦半成澤國現仍一片汪洋下至鄒平長山高苑博興安諸縣悉被其害小民築堰各顧其私南搶北掘械鬬不已舍開通小清河別無救災息爭之方臣等詳加考查該河上下兩游年久未濬多成平陸村廬蹤居所在間有仍循故道實屬爲難臣等現擬就上下游分兩路辦理下游如孝婦烏河漢溱諸河導經錦秋麻大石村三湖分入小清故道及預備富民三河再由劉王庄之八里河滙流入海是爲南股雖節節間有阻滞而河身尚在

稍加疏導便可順流無須十分費手其上游諸水擬由歷城華山之南引濼水巨水經鴨旺口史公閘東入繡江再由繡江之新開口經趙奉站南就漫水現行低窪之區會獺水黨溪豬龍河沙河諸水由陶唐口樊家林等處透穿高隄堰以達支脈溝再由支脈溝下段之馬家樓取近開通亦滙溜入海是爲北股此股道途較遠上段淤墊尤多然就屢次漫水經行之處改道分疏以順水性尙覺事半功倍也統計上自歷城下至樂安出海約四百八十餘里工段既長爲費自巨雖借資民力酌給津貼多須用銀二十三四萬兩少亦不下二十萬兩未免籌畫爲艱臣等再四思維凡興作工役當俯順輿情今各縣紳民紛紛

請求疏濬呼籲情殷旦夕難緩若及此時分別疏導俾水有所
歸既免沈溺之害涸出地畝復增耕種之區且從此數百里舟
楫可通民間日用所需販運尤便而南岸諸水自行入海並免
助黃為虐其所以為民興利除害者多而且溝查開通該河一
節四川督臣丁寶楨前撫山東時屢欲舉行未果至今往來緘
牘猶時時以小清河黃河為念川省年來整頓鹽務存款綦多
應請
旨飭丁寶楨協撥銀十二萬兩又川省前欠解賈庄工程指撥
銀四萬兩合銀十六萬兩一並迅速滙解來東備用丁寶楨公
忠體

國不分畛域必能仰承
朝廷拯救民生之意如數協助俾得早日竣工此外不敷銀兩
由臣士杰督同司道籌款接濟以紓
宸廑如蒙
俞允臣等擬先開通下游再開上游節次督修計擇時興工明
春正二月當可蕆事所有臣等會商開通小清河藉資民力並
籌撥款緣由謹繪圖帖說合詞專摺具
奏是否有當伏乞
皇太后
皇上聖鑒訓示祗遵謹

奏

沿河民埝擇要修培已竣未竣各工摺 九年七月初二日

奏爲沿河各民埝擇要分別修培已竣未竣各工摺仰祈

聖鑒事竊臣等二月間查勘黄河下游回省後細心體察情形修築長隄固爲要著惟時值農忙勢難舉辦而兩岸城市民居偪處河干又不能不設法保護當經分飭員紳將弁會同地方官先行擇險要處所督率民夫分別辦理或增高培厚或加修套隄或添築埽壩以禦大汛或補齊殘缺以期穩固按工程之大小酌發料物津貼銀兩所有籌辦大概情形業於四月二十日

奏報並聲明在藩糧二庫各提銀八萬兩以資應用大石魚鱗銜接左右壩步步收縮圓如龜背以避水鋒東西護隄作雁翅形口門寬以四十丈爲度口内坦石數十丈逐漸收窄既免奪溜又可藉以刷沙至新刷河身廣狹淺深不一狹者當開之使廣淺者當挖之使深所挖之土卽以築隄丈尺總以容水爲度溝港塡塞俾令合流而免泛濫所有分河地段錢漕應請邀
恩豁免以廣
皇仁而示體卹此籌辦分水入徒駭河之大概情形也其會合徒駭河以下由濟陽境至霑化出海約三百餘里沿河亦須挑挖一律深通兩岸民埝應如何加高培厚俟水落相度形勢分

別估工辦理其馬頰河亦續經派員逐段細查並函商署直隸督臣李鴻章會同籌度俟有定議另行奏陳又欽奉諭旨堵分疏三事同時並舉財力民力均有不及應如何次第興辦之處並著酌議具奏等因臣等查修築長隄兩岸需用民夫在十萬以外若同時疏通海口分挑支河需夫尤多民間不赴工者各有專業未能應募遠處招工又恐人地不宜臣等慮民力之不及者以此至於動工則需餉長隄指撥既盈百萬分疏二者又需巨款部臣籌畫一時亦頗爲艱率行奏請轉勞宸廑臣等再四思維惟有次第施行庶民力物力稍資周轉現

遵

旨先辦兩岸長隄以杜漫淹已分飭沿河州縣趕造築隄應用器具可以取土之處飭令先行動工其秋禾未收地段交八月再委員丈量節屆霜清卽行大舉至分疏一事擬俟長隄辦有頭緒查看各省協餉解到能否足額隄工能否節省本省能再籌若干再行請

旨飭部添撥協餉一律舉辦此又臣等所擬次第施行之大概情形也伏念臣等智識迂拘仰蒙

朝廷不棄菲材委以河工重任淸夜思維恒覺惴惴惟有殫竭愚忱廣爲諮訪實事求是倘勢有稍礙不敢以業經奏定而憚

於變更若事在必行亦不敢略避怨嫌而勉爲遷就以冀稍副
高厚鴻慈於萬一所有遵
旨酌議覆陳籌辦各緣由謹合詞恭摺具陳伏乞
皇太后
皇上聖鑒訓示遵行謹
奏

遵旨覆陳普築重隄情形摺 光緒九年七月初二日

奏爲遵
旨覆陳仰祈
聖鑒事竊臣等承准軍機大臣字寄六月十九日奉

上諭據翰林院侍讀學士何如璋奏東省普築重隄請展築遥隄一摺據稱重隄必不可築約有五端應將現行河道細加測量方可定議等語是否可行著游百川陳士杰酌度辦理原摺著抄給閱看等因欽此伏讀之下仰見

朝廷慎重河防詳加考求之至意欽感莫名臣等當將何如璋原摺細心察看所陳五不可反覆辦論意在專築遥隄洵非無見查水力愈遠則愈弱遥隄之有益盡人皆知惟前人遥隄遠則去水十餘里近亦七八里兩岸千餘里之長未免棄地過多於民情甚有不順是以照部議改修重隄重隄離水丈尺向無定則近可數十丈遠亦可數百丈臣等現定地基遠則四百丈

近以三百丈爲率相地勢爲之查黃河正身寬窄牽算約四百丈今議南北兩岸各展開三四百丈比較河身展加幾及兩倍計可藉以容納而棄地略少百姓當亦樂從此臣等主修重隄之意也核與何如璋所稱測量河道寬窄然後定規之議似屬相同至於混江龍鐵篦子據稱隨刷隨淤洵若無功然如南岸漲沙稍爲疏刷則北岸不至受水太重北岸漲沙亦如之譬之農夫去草旋去旋生雖若無益然終愈於不去也且需費無多將來分水口門尤當藉此以疏河身而免壅滯總之河隄遠則易守而防護仍不可無人辦理尤須核實臣等謹當詳慎以圖冀以稍紓

宵旰憂勞所有臣等現在籌定隄基遠近與何如璋所陳大略相同情形謹專摺覆陳伏乞

皇太后

皇上聖鑒訓示謹

奏

秋汛盛漲災區間有漫溢情形摺九年八月初三日會銜

奏爲秋汛盛漲各災區間有復被漫溢情形恭摺仰祈

聖鑒事竊省城地面自七月望間起節次大雨傾盆連宵達旦附近各州縣亦屬相同黃溜浩瀚山泉並漲較伏汛大至時尤長水一尺七八寸河身難以容納拍岸盈隄處處生險臣等嚴

飭印委各員晝夜竭力防護凡前次伏汛漫溢處所以及臨河各庄幸未續遭水患惟歷城縣南岸之魯家庄徐家庄齊河縣之五里堡顧家溝等處口門正在堵築尚未追壓堅實經此盛漲勢難抵禦兼之山水自上游奔騰而下直灌隄内以致復行被淹幸閭閻早經遷徙尚無損傷人口其在本庄者甫經放賑目下亦堪自給現仍陰晴不定水勢消長靡常臣等分飭在事各員并赶緊設法堵禦又長清縣因玉符河山水暴漲一時宣洩不及淹没紀家店等十五庄亦已飭令查勘戶口妥爲撫卹此前月二十三四五等日秋汛各該縣民埝被黄水山水之情形也又查章邱縣繡江河西岸居民因衆流滙注積水難以疏

濬時思毀齊東趙奉站一帶之民隄以洩水勢齊東鄉民防之已久今因汛漲章邱民糾衆持械潛赴上流竟扒開張家林隄岸水流東趨一片汪洋齊東縣城身亦坍塌數十丈城内水深二三尺臣等接據禀報當即調派文武各員星馳前往彈壓並令疏消堵禦先保城池查該處居民因小清河未能開通無從宣洩迫於水災冀毀隄以救萬一其情原屬可憫惟所決之口不特齊東城鄉多處受水下游高苑博興樂安等縣亦不無漫溢之災念此愚民出於萬不獲已又未便繩之以法臣等五夜徬徨實深焦灼現飭府縣查拏倡首之人使知儆惕此又章邱民人毀隄洩水之情形也竊以本年雨水過多至今連綿不已

秋汛爲日尚長以後有無續出險工尚難逆料臣等惟有督飭
印委各員將漫溢處所趕緊堵築其餘工程竭力保護盡人事
以迓天庥仰副
聖主軫念地方之至意所有秋汛盛漲漫溢各處情形謹合詞
恭摺具
奏伏乞
皇太后
皇上聖鑒謹
奏

修築民埝已竣未竣各工片 會銜 九年八月初二日

再臣等前將擇要興修各屬民埝已竣未竣各工於七月初三
日恭摺
奏報在案茲查未竣工程除魯家庄顧家溝因現被秋汛漫溢尚在搶築外所有惠民縣之潘家口修成魚鱗跨籆埽各八段磨盤埽二座歸仁鎮孫家窩兩處各築跨籆埽五段並加厢譚馬哨清河鎮埽壩各工又濟陽縣徐家道口小街等處修成套隄二段長七百餘丈歷城縣張于二莊堵合漫口兩處添修隄工一百餘丈利津縣西灘庄修挑水壩三座蕭孟庄郭家庄八里庄各築挑水壩一座鹽窩庄築護壩一道東門外閆家庄等處並修埽工百餘丈至三四百丈不等又加厢韓家垣辛庄

宋家庄民埝埽壩等工均於七月間先後據報完竣閭閻藉資保衛此次盛漲幸無水患現距霜清尚有月餘仍當嚴飭加意防守至齊東縣之船家道口現在堵築因雨多未能竣工其餘應行加修之工亦均派委官紳協力辦理除隨時再行奏報外所有續完擇要興修各工情形謹附片具陳伏乞

聖鑒謹

奏

覆奏王開運河議各條摺九年八月十二日

奏爲遵

旨酌度王開運所奏各條分別覆陳仰祈

聖鑒事竊臣等承准軍機大臣字寄光緒九年七月二十日奉
上諭都察院奏代遞教習王開運奏東省疊被水災敬陳管見並繪圖呈覽一摺山東河務緊要疊經諭令游百川等妥籌疏濬該教習所陳調集營勇興工挑挖河內泥沙仍就民埝加隄建閘開溝蓄洩險要用磚堵砌沿河植柳護隄各條是否可行著游百川陳士杰酌度情形奏明辦理原摺著抄給閱看圖二件並發將此各諭令知之欽此伏讀之下仰見
朝廷慎重河防不厭再三求詳之至意臣等當會同將原奏逐條細心考究謹就所見爲我
皇太后

皇上陳之查原奏一爲調集各省營勇修築長隄臣等竊思秋後動工爲期已近客勇遠來頗需時日且鄰省各有防務恐一時未能分撥現定招集民夫挑土於工作之中仍寓賑卹之意幷調拖帶混江龍鐵篦子原爲疏淤起見近查山東舊購有挖泥船規模略小亦可備用已飭機器局修整尚未成功茲於月前商署直隸督臣李鴻章分撥挖泥船一號來東試用該教習所議正與此間布置相同惟機船挖泥須另備船隻接土用夫由船中分挑至岸上人力究不能省且堆土若近水漲仍行刷至河中現擬用厚木板釘鐵路數十丈用機輪轉車運土似較省工祗以未經試用未敢遽行奏陳一爲仍就民埝加築該教

習所陳亦係俯順輿情之意與臣等初奏略同惟與水爭地恐不可恃衆口一詞考築隄之法離水愈遠則水力愈弱自是定理臣等是以遵照部議改修重隄然猶慮臨河百姓未免向隅故又奏請津貼先爲擇要興築以安民心如民埝可守則守萬一衝決後有重隄則猶可保全性命搬運什物也一爲建閘開溝藉灌田畝臣等查此條雖見之成書但可施於南方不可行之北地緣南方素種水稻溝洫本多易於宣洩北方種植雜糧無需浸灌且開溝必先籌水之出路如數里外仍入大清河則開如不開若徑導之入海一溝須開至數百里少開則無濟於事多開則爲費不貲況民溝無人看守潰決每由於此開溝之

說似可無庸置議一爲險要之處改用磚堵該教習謂稭料易
腐不如磚質堅而可靠不爲無見惟拋磚以護隄根固爲良法
但搶築合龍抵禦盛漲則不如稭料之便宜以柔能克剛故也
且南方民屋多半磚造碎瓦零磚所在拋棄北方則一磚之價
貴於南方幾三四倍購運較難只可相度地形分別兼用不必
拘泥一端也至於沿隄栽柳種葦以資保護治河諸書言之甚
詳且賈庄侯林亦已辦有成效自應遵照辦理將來如何分段
防守之處臣等擬俟隄成後另行條陳奏請
聖裁伏念河防事體重大臣等早暮籌思惟恐有失該教習所
陳各條如其可行臣等固不敢稍存成見苟有窒礙亦不敢遷

就曲從所有會同酌度六條中有可行不可行之處謹據管見
專摺覆陳並將河圖恭繳伏乞
皇太后
皇上聖鑒謹
奏

次第籌辦河工及小清河大概情形一摺九年九月二十五日

奏為黃河各工急切難以全舉將次第籌辦情形恭摺仰祈
聖鑒事竊臣前因倉場侍郎臣游百川奉
旨回任供職河務關繫重大臣恐弗克勝任懇請另行
簡派大臣來東督辦一摺茲於九月二十日欽奉

批旨仍著陳士杰懍遵前旨督飭各員認眞辦理以專責成毋
庸另派大員前往督辦等因欽此跪聆之下悚感莫名竊維從
前河工每次動帑或千餘萬或數百萬有遙隄格隄縷隄重隄
等項層層捍衛又有重臣專辦其事數年方克奏功如臣才庸
力弱即山東巡撫一職已懼弗克勝任茲復仰蒙
聖恩委以河工重務夙夜自思殊深惴惴惟有兼諮博訪竭力
經營冀大工早竣一日民生即早安一日藉以上紓
宵旰憂勤之至意臣伏查東省黃河現在兩岸高者離水不滿
四尺低者僅二三尺臣前任臬司於光緒元年到東之時河身
去水尚高二丈及一丈四五尺不等今不及十年而情形變遷

至此稍遇盛漲便行出槽以故伏秋兩汛此防彼决被災彌甚蓋河身實難容納也以前例後不出四五年河水必將平岸再經數年河岸恐變爲河身一交伏秋危險更不可問且南高北低水勢偏趨於北北岸長隄即極力搶護亦恐難以保恃其形其勢智愚皆知此留心河防之士皆以爲極難極重辦理殊無把握者也臣忝膺疆寄固不敢畏難而苟安而民命攸關尤不敢私心以自用數月以來再三體察情形証以治河諸書及歷代河務原委古今異勢難以强同而遠法不如近宗當以前河臣靳輔爲則綜計靳輔生平辦法不外築隄以障其狂減水以分其勢疏濬以速其宣三語臣反覆攷求舍此亦别無良策而

堵分疏三事工大費繁難以並舉爲今之計當以修築長隄俾免泛濫爲災開通小清河俾免黄水爲虐二者爲當務之急而長隄兩岸千四百里亦難同時興工現經派委員弁分築長清齊河惠民濱州各北岸歷城齊東章邱各南岸限來歲正月杪告竣再行接辦長清之南岸歷城濟陽之北岸濱州青城蒲台之南岸其利津一縣則先擬將十四戶口門收小修築磨盤埽挑水壩數座以免淤塞鐵門關舊河再行接築該兩岸隄工統限來年四月內告竣此臣現擬次第籌辦大清河長隄之情形也小清河現派員弁先開馬樓入海之二十餘里及高隄埝張家壩以上之百餘里由下而上先將難處開通再行津貼各縣

民夫一律挑挖約三月前後亦可竣事此籌辦小清河之情形也至長隄丈尺前議底寬六丈頂寬一丈高一丈以後逐年加修本爲節省經費起見現在馬頰河分水既作罷論徒駭河一片汪洋一時亦難以動工且估計挑河築壩工費至少需銀數十萬兩前奉部撥之款在隄工已屬不敷難再辦徒駭祇可恃長隄工竣察看財力民力再行設法辦理惟將來伏秋大汛專恃長隄爲保障工程尤宜格外堅固以昭慎重自應遵照部議丈尺籌辦然經費過多急切亦難以籌畫擬請照部議底寬八丈以厚基址而頂高則改爲八尺頂寬改爲二丈計每丈只多土五方增費尙屬無多而頂面略寬以後加增施工較便似此

稍爲變通仍覺有益無損此臣不敢固執前議而略爲更動之情形也查每土一方前議照桃園新修官隄成案除成平外津貼實銀一錢五分八釐七毫三絲零臣謂山東例價各縣多寡不等通共牽計爲數較浮等語惟取土有難易之不同現在各屬被淹到處水漫沙淤均應遠道挖取臣定價如此百姓尚不樂從謹按則例隔水取土數亦加增至四五錢不等東河歷辦成案並有幫價等項是定例各州縣銀數雖有多寡之別而通盤核算尚不止一錢五分八釐零臣因庫款艱難與各官紳再三計議力求撙節初非援長清一縣之例也應請仍照前議每土一方無論如何爲難以一錢五分八釐七毫三絲爲斷以照

劃一而免掣肘統計兩岸長隄一千三百四十餘里照現定高寬丈尺需土九百六十四萬數千方合銀一百五十三萬餘兩而塡平溝凹加箱埽段與夫雜支一切尚不能懸估在內又隄省八丈隄內應再展寬二丈以備栽梛鑲護隨時加修之用每里共估壓民田三十畝從前賈庄係每畝發給制錢五千文該處半屬瘠區今由長清至利津膏腴居多百姓購價有二三十千者似應酌量從寬以示體䘏今擬每畝均給制錢八千文此項用款約計亦在十餘萬兩部臣兩次共撥百萬不敷尚鉅東省大工告成臣再奏請

簡派大臣來東驗收如辦理不實將臣嚴加議處以爲疆吏不

肯實力從公者戒臣勞怨在所不避而思慮恐有未周尚祈

聖謨隨時頒示不勝感激屏營之至所有現在次第籌辦黃河

各工及小清河大概情形理合恭摺具陳伏乞

皇太后

皇上聖鑒訓示謹

奏

十四戶口門情形一片 九年九月二十五日

再下游淤塞水流不暢則下上游低窪之處必有潰決之處疏

通海口當與修築長隄相輔而行查鐵門關以下節節生淤阻

滯已非一日今夏十四戶決口水從旁洩利津幸得無恙惟十

四戶口門愈刷愈寬幾及四里已奪大溜十之六七舊河日見淤高若不及早設法則半年已後舊河必至淤塞不通黃流浩渺恐亦非十四戶一口所能宣洩臣現擬派長龍舢板十號並新造濬河船三十號購到小輪船一號各帶混江龍鐵篦子前往鐵門關一帶逐段試刷猶恐水勢偏趨並派員弁於十四戶口門處所築磨盤埽挑水壩數座俾水勢平分兩路各得宣洩至十四戶決口過大水無所束口門以內支流四分漫衍無際目下何處水勢較深將來能否兩岸築隄用束水刷沙之法使其順流入海尙難審定應將十四戶口門收小後察勘的確再行

奏請籌款辦理合附片陳明伏乞

聖鑒謹

奏

霜清以後下游黃水復漲漫溢利津等處一摺光緒九年十月十六日

奏爲霜清後下游黃水復漲漫溢齊東利津等處恭摺仰祈

聖鑒事竊臣前將興築長隄挑挖小清河等工次第籌辦情形

於九月二十五日具

奏後卽督飭印委各員趕緊逐段布置並剋期將齊河縣之頭

家溝歷城縣之魯家庄劉七溝徐家庄齊東縣之船家道口等

處伏秋兩汛期內漫決民埝未竟工段一律修築完竣俾災區小民得以及時布種節逾霜降長隄小清河各工正好并力遵辦不料九月二十八九三十及十月初一等日連日狂風大雨河已消復漲拍岸盈槽無異伏秋大汛據濟陽縣稟報境內曹家庄民埝被沖十餘丈又據齊東縣稟壩河西岸馬家庄隄身殘缺正在設法修理亦被沖刷二十餘丈口門溜勢甚深又查蒲臺縣地勢較高向無水患此次據報四圖趙庄許家溝庄等處亦漫溢數十丈幸工程均不甚大亦無淹斃人口其濟陽決口已據續報於初八日堵合齊東蒲臺二處臣 均派委員弁分投前往搶堵統限半月內告竣被淹村庄飭查戶口妥爲撫䘏

以免流離失所其餘歷城等處雖據報稱險工林立尚無漫決之患惟利津近海之樊家寨等庄三十初一兩日異常大風波浪沖激兼之海潮頂托水勢彌猛據印委各員稟稱被淹不下數十庄死傷居民甚眾有一家全斃者有淹斃僅存數口者有房屋側塌因而壓斃者慘苦情形不堪言狀適臣委員管帶舢板船數十號前往十四戶濬河築壩該員等當即分投拯救並以所帶薪糧購辦饃餅先行放給船之所至無不爭先欲登現已救出數千口惟無安身之處大半露宿荒郊管帶濬河水師候選訓導范世欽暨候選知縣孫叔謙鄧爻淵等現仍用船拯救賑濟並廣捐集貲購買席片爲災黎搭蓋棚廠利津紳士石

如山首先倡捐銀四百兩臣接閱之餘隨即撥銀五千兩委員星馳前往會同設法安撫並嚴飭地方官查明戶口趕緊放賑伏查往歲霜清後水勢即消今乃甫落數尺即復大漲加以風潮鼓盪漫溢爲災實出意計之外此次利津被災情形實深憫惻臣惟有督飭各該員工賑兼施盡力籌辦以仰副
聖主軫念災黎之至意現在歷城齊河章邱長清惠民濱州等處長隄均已分別興工惟齊東因水勢續漲尚未消退其馬家庄決口及蒲臺縣四圖趙庄之漫水均匯流入小清河以致樂安一帶水不能涸察看情形齊河及小清河入海之處勳工尚須稍緩至上游賈庄工程近日亦據曹州府等稟報水漲異常

雙合嶺堤埽蟄陷賈庄孫樓亦復險要卩已嚴飭認眞搶護並因賈庄對岸新生淤灘逼溜南趨以故南岸十分喫重遴委副將歐陽高拔游擊李仁黨前往查勘設法挑挖除將辦理情形隨時另行

奏報外所有霜清以後黃水復漲漫淹各處及派員弁搶堵賑撫緣由謹恭摺具陳伏乞

皇太后

皇上聖鑒謹

奏

齊東蒲臺等處漫口均已堵合並出身查勘海口日期一

片　光緒九年十一月初十日

再齊東蒲臺利津等處前因霜降後水勢盛漲漫溢爲患當將派委員弁搶築賑撫各緣由恭摺

奏報欽奉

上諭着將冲決隄岸趕緊堵築工賑兼施等因欽此仰見

聖主軫念災黎之至意跪聆之下欽感莫名伏查黃河水勢自前次盛漲後幸天氣漸寒卽行稍退其齊東馬家庄決口雖祇三十餘丈惟冲刷甚深該縣疊遭水患稭料難覓經　臣　札飭章邱濟陽兩縣代爲採辦運送並節次嚴催設法進占晝夜搶築旋據稟報於十一月初一日堵合至蒲臺縣之四圖趙庄許家

溝庄漫口情形不重民間自備料物印委各員督同辦理卽於十月二十日工竣利津縣被水災黎經官紳用船拯救購買蓆片搭蓋棚廠並由臣委員攜銀前往查戶放賑目下亦均安堵惟查十四戶決口處所奪大溜十之七八正河水勢淤淺究應如何開通入海亟應設法籌辦臣擬於本月十五日出省由濼口乘船前往詳細查勘情形妥議舉辦並順道查驗各州縣新修長隄臣出省後所有署中日行事件照例飭委藩司代行緊要公事仍包封送臣行次核辦除將一切情形俟回省後再行縷晰具

奏外所有齊東蒲台等處漫口均已堵合並出省查勘海口日

期緣由謹附片具陳伏乞
聖鑒謹
奏
覆陳謝御史所奏保固隄埝一摺九年十一月初十日
奏爲黃河非運河比保固難以如限請
旨仍照舊例辦理恭摺具陳仰祈
聖鑒事竊臣於十月二十八日准工部咨稱御史謝謙亨引運
河例奏請將黃河民埝官隄一律保固部臣議以津貼民埝保
固一年新築重隄保固三年隄內如有冲決均着前承修之員
全行賠修等因奉

旨依議欽此咨臣欽遵查照前來伏思工部所議與御史謝謙亨所奏皆為慎重帑項實事求是起見臣有督修重隄民埝之責自應轉飭遵照辦理力求堅結如限保固用以下奠民居而

上紓

廑念惟黃河水勢與運河比較大小緩急不啻天壤若強以萬不能行之事官吏勢必規避不前否則輾轉設法流弊滋甚臣謹就民埝重隄兩事為我

皇太后

皇上分晰陳之以民埝而論地既臨河工尤單薄卽不惜重帑為之加高增厚與水爭地勢必不支況上下游兩岸各千餘里

非貧民力不能集事卽加以津貼亦屬甚微如今年擇要興修各工及堵築各處漫口若照從前估算工價非數百萬金不能濟事今用不過十七八萬其津貼無多已可概見若責以保固一年官吏誰肯以二三十金之新水爲民受此重累且勒令賠償計無所出必將苛派百姓擾害尤深以後遇有衝決等事官吏鑒於已往必至諱匿不報聽其漫衍不復過問是欲保民轉以病民此民埝之萬不能責以保固年限者也卽新修重隄撥帑至百數十萬動欵不爲不多惟查河南老隄寬至十餘丈高亦二三丈今重隄只議底寬八丈頂寬二丈高八尺臣非不知愈高厚則愈堅穩也第以庫欵支絀承部指撥協餉一百萬金

捘羅已半天下迄今解到不及三分之二籌餉如此之艱是以未敢請撥過多只好量力而行先顧目前隨後再議加增也又查早歲河南大工及近年山東侯林賈莊桃園各工多則奏請數百萬金少亦數十萬計其所辦皆一隅之工多則百數十里少僅二三十里耳今以百五六十萬金築千數百里之重隄而猶欲加增保固至三年之久是否能行其理易見況隄必經雨雪而後坐實舊則堅新則虛卽今修築至堅至實仍視防守之得力與否譬如人家溝洫墻垣無人經理卽便損壞事有大小其理則一所以河南每段分設河官河兵以資保護侯林賈庄桃園亦均撥二三營隨時防守然猶險工時出搶護不易誠以

黄流變遷靡常難以人力控制也今臣大工方作將來善後事宜或仿照河南廳汛分防或添雇工勇分守尚未奏請
聖訓若遽行責令保固賠修承修員弁各慮賠償誰敢擔此重咎勢必紛紛辭差非規避也勢所難行力所不逮也且定限過嚴賠修無措以後遇有工程勢必從長估計如需一萬金便估二萬金以爲保固賠修地步其平日廉潔自好者所餘之項或仍歸公用若不肖之吏且將捲入私囊其弊尤不可不防此臣所爲不能不據實直陳者也大抵黄河水勢剽捷湍悍非尋常他河可同而又夾沙帶泥河身年淤一年則防守日難一日非久歷其境目擊三汛之危險不能知搶護之艱難臣查

欽定河工則例修築黃河隄岸定限保固一年如半年內冲決者將經修防守等官均行革職如已過保固年限衝決者經修官免議將管河防守各官俱革職戴罪修築修完開復等語我
朝二百餘年臣工上下守此而行未敢變更者非不知保固年限愈多則承修官吏愈無所逃責第恐法愈嚴則弊愈生與其更新不如仍舊耳臣受
恩深重義不避難然勢有窒礙難行轉滋流弊者仍不敢安於緘默合無仰懇
天恩俯准民埝免於保固新修重隄仍照舊例保固一年出自
逾格鴻施臣仍隨時查看如有辦工不實者立即分別參撤以

示懲儆除照常督飭在工員弁趕緊築修外所有黃河保固難與運河同例仍請援照舊例辦理緣由謹專摺具奏伏乞

皇太后

皇上聖鑒訓示祇遵不勝惶恐戰慄之至謹

奏

查看十四戶決口擬挑引河以便堵築一摺（九年十二月初四日）

奏為察看利津縣十四戶決口擬先挑引河以便堵築及鐵門關以下擬逢灣取直以速宣洩恭摺仰祈

聖鑒事竊臣 十月十六日馳抵十四戶察看該處決口現今水落寬尚一二百餘丈水深自四五尺至二丈數尺不等大溜向決

口西趨者幾及十之八九正河溜勢雖經疏刷不滿二分遠望決口以下百餘里一片汪洋河西鹽灘横壩均被冲缺而水勢漫衍乘小舟順口門徑行四五里便行淺阻一由慶定溝出海一由澤河出海卽徒駭河尾閭若不亟行堵塞不惟被水災民無從生活而鹽灘衝刷全省均有淡食之虞惟水勢過大自來決口奪溜不過二三分多至五六分今則已逾八分約略估計工料需銀五六十萬兩施工固屬不易需欵亦復過多且所用蘆葦秫稭約五六千萬觔苧蔴木椿爲費尤鉅地近海濱卽加價採辦不能如許之多由上游購辦道途甚遠運價亦昂就使不惜鉅費而迎溜堵築辦理亦難確有把握臣竟日往返河干再

四思維其弊由東岸挺出沙洲年長一年故水勢直沖十四戶而正河轉爲旁行擬仿古法先從迎水之處開引河一道長六里面寬四十丈底寬二十丈深一丈對岸築挑水壩數座河頭築迎水壩一座引水直入正河水勢既殺再行堵築口門則用力較易而省費亦多以臣核實估計開挖引河並堵築口門用費不過三十萬金便可蒇事俟堵合後被淹地面全行涸出再行查看何處沖刷較深可就勢開一小河分水入海俾令暢消因勢開挖所費亦不過十二三萬金如勢不順即作罷論此臣察看十四戶口門現在籌辦之實在情形也至海口不能宣洩之故臣細心體察採訪海濱父老固由海潮頂托口門淤墊亦

由河道灣曲過多水緩沙停所致臣擬自鐵門關以下逢灣曲過大之處悉爲取直至新河口止凡應行取直處約長二千六百丈擬開面寬四十丈底寬二十五丈深一丈海濱夫少均須從上游招募而又開深至三丈卽行見水水中挑挖爲力數倍撙節估計約需銀十二萬兩以臣愚見逢灣取直水勢直瀉衝刷較爲有力係古今不易之法洵屬有益無損似可舉行所有臣察看十四戶口門擬先開引河再行堵築及於海口逢灣取直緣由謹專摺具陳是否有當伏乞

皇太后

皇上聖鑒訓示祇遵如蒙

俞允兩項工程共計需銀四十餘萬兩可否即於山東十年應解京協各餉內改撥他省四十萬兩以資辦工抑或由戶部籌發之處出自

聖裁謹

奏

分水入徒駭河以減溜勢而保重隄摺九年十二月初四日

再臣前與倉場侍郎臣游百川會議仿古人成法就歷城北岸新決口門開通分水入徒駭河以減溜勢而保重隄曾經會同

奏明奉

旨俞允在案比因水勢未落無從估計工需茲據各委員先後

查勘稟稱由歷城北岸之杜家溝開至濟陽縣境之垛石橋入徒駭河約六十里再由垛石橋至商河界之南河頭止計長六十里由南河頭起至周家庄惠民界止計長七十六里由周家庄起至濱州之丁家道口止計長九十里自丁家道口起至霑化之流鐘交界止計長五十五里由流鐘口至入海口止約一百二十里除流鐘口以下一律深通不計外合計河身應挑之處共長三百四十餘里據候補道張上達稟稱歷年泛溢爲災其故有三一因阻塞過多一因灣曲太甚一因黃水浩大難以容納若格外挑寬不惟無此巨款且於田廬不無妨礙茲擬灣處取直再將河身窄者挑寬淺者挖深使歸一律並築減水大

石壩寬三十五丈厚八尺前後雁翅各五丈撙節估計約需銀五十萬兩仍須稍資民力方能就緒臣細加察考該道才具明練所估尚屬核實交春似可委員分段辦理所需五十萬金可否一並於山東十年應解京協各餉內改撥他省代解五十萬兩抑或仍由戶部籌撥出自

聖裁謹附片奏陳伏乞

聖鑒訓示謹

奏

覆陳籌辦海防摺 光緒九年十一月初八日

奏爲遵

旨籌備海防恭摺覆陳仰祈
聖鑒事竊臣承准軍機大臣密寄光緒九年十月二十一日奉
上諭法人逼脅越南立約越幾無以自立等因欽此伏讀之下
仰見
聖謨廣運於懷柔之中仍寓威懾之意下懷欽佩莫可名言竊維預備不虞古之善教東省宜防之區煙臺爲最登州次之煙臺居南北洋之中一旦法人尋釁敗約必分屯此溝買糧米以接濟前途防之之法當先斷其接濟再言戰守其接濟有二一爲糧店貪利購賣一爲漁戶零買偷送臣現委布政使銜前濟東泰武臨道李宗岱出馳往會督地方官先察煙市及榮成縣之

俚島石島膠州之塔埠頭等處糧店若干家分簿存記有警即令搬入小港以斷大宗接濟又飭委員編查漁戶每船大小若干名各給船牌每五十船立一船長有警則按號調入內港給以口食以斷其零星接濟兼免其暗地勾通此古人堅壁清野之法臣仿而行之於水路也至於守禦之方登萊兩府半鄰海濱小口紛雜防不勝防計惟擇要地以屯重兵餘則相機分兵策應查煙臺爲通商口岸各國雜處要地久爲洋商所佔修築礮臺多所窒礙且巨礮須購自外洋一時勢難趕到兵法避長攻短似宜扼守陸地候其上岸相與搏擊其次則登萊兩郡萊郡雖有海口而距郡略遠彼族不敢深入登州則距海較近不

可不防該郡水城頗得地勢礮位雖不及洋礮之精巧尚屬可用惟歷年既久墻垣不無傾圮應行修整並當於城西田橫砦等處添築礮臺數座相爲犄角擬彷照洋人新式而變通之其費既省且適於用李宗岱精明穩練曾在煙臺管帶登榮水師頗爲得力煙登形勢尤爲熟悉現並委其察看各處要隘有無可建礮臺之處先行稟報辦理惟東省海防近年來專恃廣東水師提督臣吳長慶淮勇六營駐守本省勇丁因餉糈不繼七八兩年先後裁撤九營現淮軍全赴高麗留守煙臺僅存本省三營練軍一營未免過單登州則並無一營駐紮尤覺空虛至水師經署直隸督臣李鴻章調去蚊子船二隻艇船十隻防守

旅順口現存只有四艇僅備廵緝內盜之用竊以有無變動雖不可知而防守總宜預備臣已派得力將弁赴兗曹一帶招募三營候到省時操練月餘開正卽便飭令出紮登州與駐煙各營相爲策應煙臺亦於內地河防各營抽撥兩營前往同紮以厚兵力而資防守此臣現在籌備海防之大概情形也臣日內赴利津察看海口並各縣隄工回省清理公事開正卽親赴登州煙臺等處布置一切計海邊有無緩急當在來年三四月之交如有警報臣卽親駐登煙督率各營相機戰守固不敢略涉疏懈亦不敢稍事張皇以冀仰副

朝廷愼重海疆之意至於陸路所用後膛各鎗尚堪應敵所有

遵
旨派員先行察看濱海險要及添募三營布置大略情形謹專
摺密陳伏乞
皇太后
皇上聖鑒訓示再威海一口已由署直隸督臣李鴻章派員修
築礮臺以資防守合並陳明謹
奏
覆陳知府何湘植籌議河防摺光緒九年十一月初十日
奏爲遵
旨將知府何湘植所擬河防事宜分條覆陳恭摺仰祈

聖鑒事竊臣於十月二十二日承准軍機大臣字寄光緒九年
十月十八日奉
上諭據都察院代遞知府何湘植奏請慎重河防等語山東黃
河工程關繫緊要疊經諭令陳士杰認眞籌辦茲據該員所陳
疏通海口厚築隄岸多開引河築減水壩等事宜是否堪資採
擇著該撫體察情形悉心酌度據實具奏原摺著摘抄給與閱
看將此諭令知之欽此仰見
聖慮深遠事關民瘼不厭詳求下懷欽佩莫可名言臣細繹知
府何湘植所奏各節深中河防肯要非平昔留心河務者不能
如此之切實詳明惟其中臣有已行者有難一時並行者有事

所宜行而限於地勢經費者謹就原摺所陳分條爲我
皇太后
皇上言之查該知府所陳其一爲疏濬海口下流不暢上游必然潰決疏通誠不可緩查由利津之十四戶至海口一百六七十里節節生淤若一律開挖不獨爲費過鉅水中挖沙亦屬用力多而成功少就令上段可以挖通而近海下段二三十里黃水爲海潮頂托泥沙下沈鹽滷凝結堅如鐵板人力既無可施試以挖泥機船亦屬無濟此事屬可行而實則限於地勢者也竊維海口此塞則彼開此開則彼塞自十四戶開口後下游宣洩勢甚散漫該處口門已分大溜十分之八臣派將弁築壩挑

水以冀引歸正河俾免淤塞並屢次委員查勘均以一片汪洋辦理殊難著手臣擬本月十五日乘小舟直至該處審度情形應如何籌辦再行據實

奏陳其一爲厚築隄岸查隄身愈厚則愈堅惟限於經費目下未能倣照河南隄工丈尺是以臣前摺奏明隄成後再當逐年加修實因籌欵爲艱不能不變通辦理也其一爲多開引河築減水壩以分水勢而保重隄查東省可開引河之地莫如馬頰徒駭兩河馬頰工費過鉅且爲民情所不願已作罷論惟徒駭距大清河較近可就歷城北岸新決之處因勢利導較易開通臣已派員購樁伐石預備明春開工曾經奏明在案此時河水

漸落當再派員會同府縣估計工程壩式旁高中低視水漲之多少量爲分減統俟臣回省後再行詳細具

奏至於減水壩若能多築事誠有益然須擇可以消水而於田廬無礙之處方好修築此甞擇地爲難應請從緩辦理其一爲設河兵建堡房添設河道尤屬必不可少之舉臣以北方凍早年內隄工即趕緊督辦亦不過十分之三四所有善後事宜擬統俟辦有規模再行專摺分

奏恭請

聖裁其一爲保舉宜優查在工員弁勞苦實與軍營無異臣已於九月二十五日次第籌辦各工摺內懇求

天恩俯准照異常勞績保奬奉
旨該部議奏欽此應候部臣議覆奉
旨後遵照辦理細閲該守全措慮事甚爲周到亦復平易近情
而所稱黄河隄工與他處隄工不同不宜惜經費而但顧目前
以貽後日之患不宜因人言而遽求速救當爲久遠之謀數語
所見尤爲遠大臣當隨時省察以仰副
朝廷慎重河防博採兼諮之至意所有遵
旨覆陳並將已行未能即行各緣由恭摺具
奏伏乞
皇太后

皇上聖鑒訓示謹

奏

本年豆收歉薄請將各屬應征漕豆援案改征粟米摺 光緒九年十一月二十九日

奏爲本年豆收歉薄請將各屬應征漕豆援案改征粟米兌運

恭摺仰祈

聖鑒事竊東省漕糧項下例有應征黑豆如遇歉收之年向准改征粟米歷經籌辦在案查民間種豆遲於種穀本年夏秋之間各州縣黃水雨水漫淹爲患收成均極減色豆禾刈穫較遲尤屬歉收顆粒細小不堪兌運除被災較重之處已議請蠲緩

外其餘應征漕豆之齊河濟陽臨邑長淸陵縣德州德平平原泰安萊蕪肥城東平東阿平陰惠民青城陽信樂陵商河甯陽汶上陽穀荷澤鄆城單縣觀城朝城聊城堂邑博平茌平清平莘縣冠縣館陶高唐恩縣濟甯金鄉臨淸邱縣夏津武城等四十三州縣先後稟報豆收歉薄請將應征豆石及抵額一五耗豆一律改征粟米兌運等情由藩司督糧道會詳請

奏前來臣覆查無異相應仰懇

天恩俯准將齊河等四十三州縣應征本年黑豆及抵額一五耗豆改征粟米兌運以順輿情出自

逾格鴻慈除咨部查照外謹恭摺具陳伏乞

皇太后
皇上聖鑒訓示謹
奏
撥營分紮煙登並添募楚勇及出防東勇加口糧片光緒九年十二月初九日
奏爲遵
旨撥營分紮煙登並添募楚勇及出防東勇擬懇
天恩加增口糧以資策勵恭摺仰祈
聖鑒事竊臣於十一月二十二日在工次接奉軍機大臣密寄
光緒九年十一月十八日奉

上諭總理各國事務衙門奏海防緊要宜毖近患而豫遠謀一摺覽奏均悉法人侵佔越南外患日亟沿海設防必應綜覽形勢統籌全局爲未雨綢繆之計南北洋防務經李鴻章左宗棠專力經營而登萊之防未嚴蘇太之防尚闕山東要隘以煙臺爲最等因欽此仰見

聖慮周詳先事預防之至意凡屬臣工敢不竭力圖維各抒所見以期共濟時艱竊以法人尋衅偪脅越南若使得志則氣燄彌張侵擾之患必無已時以臣管見與其圖犯內地始行擊之則沿海數千里防不勝防不如趁越南未定

飭令廣西雲南兩路進兵就越地與劉團合擊之越南既復則

法氣已餒彼不能取勝於越南豈敢再行窺伺中華而我中國將士之氣亦爲之一振若稍涉游移則士氣懈怠彼轉得以乘隙思逞似亦不可不慮也至於慎重海防自是疆臣分內之事查煙臺一口爲南北洋要衝法人必藉此購運糧米以接濟前途若登岸陸行山道迂迴似尚未敢深入故防守當以斷其接濟爲先臣前奏已詳言之至清查糧行漁戶兩節臣前派道員李宗岱馳往辦理據稟已會同地方官次第舉行其煙臺舊防四營未免尚單臣已先行添派一營如得直隸督臣李鴻章遵
旨調派數營來煙與沽塘旅順相爲犄角尤爲周密登州亦係要地臣已派撥三營前往駐紮均於日內先後起行其新募三

營將次到齊應俟操練月餘臣親至煙登時再行相機分派查
山東疆域半鄰海濱煙登固屬要隘他處如萊州膠州海豐利
津亦不得不預爲防範而法兵精悍尤未可以平常寇賊相看
臣擬派員赴楚邊再行招募千人計二月初旬亦可趕到到後
再將東省內地防勇酌量裁派計餉糈出入亦復無多惟楚軍
到此數千里當水災之後日食又昂自應照楚勇章程發給口
糧庶幾士馬飽騰堪資得力卽東省勇糧每名月給三兩以之
防汛築隄聊備工作尚不爲少若以之臨敵苟有退怯卽行加
以軍法糧輕法重受法者情所甘行法者心亦不忍且楚勇口
糧獨優同在防所臨陣彼亦得以藉口臣與司道再四思維明

知餉項維艱能節一分便是一分然爲大局起見在防各營似
宜一律加增以昭平允合無仰懇
天恩楚勇准照楚軍章程發給口糧出防東勇每名月加銀六
錢俟海疆安靖再行改復東省舊章俾令一體感激圖報出自
逾格鴻施所有臣管見所及添派各營分紮煙登並請分別加給
口糧緣由謹專摺具陳伏乞
皇太后
皇上聖鑒訓示遵行謹
奏
查明北路運河淤淺工段酌擬籌欵挑辦以利漕行摺光

緒九年十二月初九日

奏爲查明北路運河淤淺工段酌擬籌欵挑辦以利漕行恭摺仰祈

聖鑒事竊照東省運河自陶城埠至臨清州二百餘里伏秋兩汛期內黄水灌注最易淤塞每年均須挑挖方足以浮送南漕來歲江北糧船仍行河運自應先期籌辦以免臨時貽悮當經臣飭委東昌府知府程繩武周歴履勘擇要估計工需銀兩兹據稟稱本年黄汛盛漲口門以內積淤至一丈有奇口門外溜勢因上游史家橋冲刷河岸塌去村庄街道以致日見北滚陶城埠埽壩各工緊逼大溜河形已有入袖之勢該府悉心體察

必須於口門迤西竪築大磨盤埽一座並將裏頭護簷埽等工一律修培再於兩岸加廂堤身口門以内挑挖新淤仍照舊章築攔黄大壩一道庶漕船未到以前不致先受黄淤之害至運河淤淺工程東阿縣應挑六段共長一千三百餘丈陽穀縣應挑十四段共長七千八百餘丈聊城縣應挑九段共長五千四百餘丈堂邑博平二處掛淤較少亦須各挑一段配平河身惟清平臨清境内因本年衛水倒灌過甚新淤較往年加厚計清平縣應挑三段共長三千二十餘丈臨清州塘長兩河應挑五段共長一千五百餘丈並照舊修築箝口壩等工以上各項切實估計共需銀二萬六千八百四兩三錢五分二厘開具土方

工價細數懇請核辦前來臣逐加覆核該府所估工段銀兩尙

屬核實節省應即由司籌發飭令督同各該州縣趕緊如式挑

修以備來年漕運臣仍當隨時嚴飭核實辦理勿任草率偷減

以仰副

聖主慎重漕河之至意除咨部查照外謹恭摺具陳伏乞

皇太后

皇上聖鑒謹

奏

謝 賞福字恩片光緒九年十二月二十日

奏爲恭謝

天恩仰祈
聖鑒事竊臣於光緒九年十二月二十六日齎摺差弁回東奉
到
御賜福字一方當卽恭設香案望
闕叩頭祗領欽惟
皇太后
皇上曁纘九重
璣衡七政
宮廷垂訓
運筌宰以揆幾

黼座延洪

溥芸生而綏祉鳳韶應律

鴻翰褒題

羲畫同文儼星雲之糺縵

箕疇不忒協騐風雨之休徵播

昇平至治之聲

蘿閣啟瑞

錫黎庶無疆之福蔀屋騰歡臣忝綰疆符欣傳歲籥移撫齊邦

魯甸報之涓埃仰蒙

堯藻

舜章來從胥漢
恩榮逾分循省滋慚惟竭岱宗蚊負之情勉期弗懈益廑小雅
龍光之見敬詠攸同所有微臣感激下忱謹恭摺叩謝
天恩伏乞
皇太后
皇上聖鑒謹
奏

男桂森 兆葵 兆奎
兆璜 兆棠 兆熊
兆棻 兆蘭 兆琁 恭校

陳侍郎奏稿

卷之三

南北兩岸長隄及小清河各工交春一律舉辦並擬俟長隄就緒再行兼顧民埝摺 光緒十年正月十五日

奏爲南北兩岸長隄及小清河各工交春一律舉辦並擬俟長隄就緒再行兼顧民埝恭摺仰祈

聖鑒事竊上年九月修築兩岸各段隄工經臣親行履勘將築成分數

奏明在案嗣於上年十二月先後據各縣稟報長清之北岸章邱之南岸皆已告成其餘各處亦加高二三尺不等現屆春融

當飭印委各員仍行督率民夫一律動工以期迅速蕆事此外上年丈量地基未經動工之處如長清之南岸歷城濟陽之北岸齊東青城蒲台濱州各南岸利津之南北兩岸亦應及時興修臣已分飭印委員弁紳士人等均行尅期動工限於端節前後告竣其上游未經估入之肥城北岸地段不及二十里亦飭令從長清接修以資防範小清河現分十段派員一律挑挖察看民情尚知仰體

朝廷保衛生靈之意各自踴躍從公惟頃據濱州印委各員禀稱去冬辦理北岸長隄該州民情尚無異言刻下忽有傳說應將長隄停工改築縷隄聞者不無觀望臣當飭該州傳集紳士

剴切勸諭仍令照常修築該州不乏明理之人當不至再生疑慮臣查現在所築長隄離水自二百丈起至三四百丈止其間低窪之處擇立隄基亦間有在四百丈以外者皆相度地勢爲之各省官紳過東者僉以爲視河南大隄離水丈尺不過四五分之一未免太近而山東士民則亦有以爲離水太遠者蓋一則爲大局計久遠一則爲沿河惜廢地也竊以水面愈寬則水力愈弱長隄之難防不過意外之變而縷隄與水爭地其危險實在意中有縷隄而無長隄一經決口被害動輒數百里有長隄而無縷隄遇有漫決被害不過一隅臣反覆思維自以先築長隄保固大局爲要沿河居民莫非

朝廷赤子苟可設法仍當盡力以圖保全以臣計之上年擇要興修於民間纓隄險要處所業經加築不少一俟長隄告成即當再爲分別添修以仰副我
皇太后
皇上不令一夫失所之意所有兩岸長隄及小清河各工一律舉辦並擬俟長隄就緒再行兼顧民埝各緣由謹專摺具奏伏乞
皇太后
皇上聖鑒訓示謹
奏

緩辦徒駭河工程片 光緒十年正月十五日

再徒駭河工程臣於上年十二月初四日約略估計
奏明在案現已交春自應飭令地方印委各員督率民夫趕緊辦理茲據武定府知府奎瑞轉稟據惠民陽信兩屬紳士高錫麟等聯名稟稱開挖徒駭河分消黃流盛漲係爲保全地方起見紳等本應督率民夫遵照辦理惟現在修築長隄惠民僅得十分之五陽信尚不及十分之三卽竭力趕辦完工當在四五月之交辦理已屬竭蹶且時當春令農事方興加以涸出田畝均應及時耕種以資事畜各村丁壯未便盡行驅令赴工仰懇轉稟緩至秋冬之際再行將徒駭河挑挖以舒民力等情轉稟

前來臣查各屬隄工未竟又復責令挑河兩事一時並舉民力不及亦屬實情竊計該兩屬長隄若能於端節前後一律修成仰仗

朝廷鴻福本年三汛當無泛濫之虞自應暫如所請以順輿情所有徒駭河現據紳民稟求緩至秋後開辦緣由謹附片陳明伏乞

聖鑒訓示謹

奏

卞家莊等處因正河冰結決口片 光緒十年正月十五日

再上年十二月二十一日接據利津縣稟報十月十五十六等

日大雪大風鐵門關正河及十四戶決口均凍結成冰堅厚數尺水不能通上流陡漲四五尺正河東岸卞家莊民埝漫決一處西岸小李家莊民埝亦漫決一處等情具報前來臣當即飭賑撫局發銀二千兩委員星夜解赴該縣賑撫災民並飭查被水村莊有無損傷人口及東西兩岸決口若干丈尺水歸何處入海速行稟復去後茲據該縣稟稱查得東岸卞家莊漫口約三十餘丈水由小甯海莊迤東入海距永阜場十四五里鹽灘尚無妨礙損壞民房約十餘家人口並無傷害西岸小李家莊漫口三十餘丈迤下或二三丈或四五丈參差不齊漫缺民埝約長四五里其水與十四戶連成一片由洚河慶定溝分道入

海上年曾經被水民房此次倒塌約二三十間亦未損傷人口隨經該縣會同在工員弁拯救賑撫民情雖苦既得賙恤又值春融可自營生惟目下堅冰未解應如何設法堵築尚難預定臣一面飭令趕辦椿料存儲工次俟臣察看登煙完竣後乘坐輪舟由太平灣進口計期當在二月驚蟄以後時已開凍臣當親行察看各口情形與前奏辦法應否變通之處再行據實奏聞所有此次利津東西兩岸因正河冰結漫決卞家莊小李家莊兩處民埝隨經發銀撫恤並俟臣親行察看後再定辦法各緣由謹先附片陳明伏乞

聖鑒謹

奏

續派營勇分防海岸並出巡登煙日期片光緒十年正月十五日

奏爲續派營勇分防海岸並微臣出巡登煙日期恭摺仰祈

聖鑒事竊臣上年十二月奏請分撥三營駐紮登州並於煙台添派一營同資防守業經奉

旨允准在案復查黄縣萊州爲登煙後路濱海各口亦須防範臣前奏就曹州添募三營均於十二月先後到省成軍旗幟軍械製備亦已齊全現編爲廣武軍左右中三營其左右兩營應即派赴登州駐紮中營應派赴萊州駐紮以爲煙登策應之師均於日内拔隊前往其海豐一口現札飭駐濱督築隄工之精

健正營就近防守利津鐵門關一口現亦札飭督築利津十四戶口門之精健後營就地防守所有新招楚軍二營俟到東後再行布置臣於二十一日開印後即行由陸路赴登煙一帶察看地勢添築礮臺嚴飭各營操演挖溝避礮之法編查漁戶地方官是否認眞辦理亦當親行察驗以期實事求是諸凡安排妥貼後擬坐輪船由利津海口之太平灣進口就便看明十四戶新舊決口並將沿河隄工一律督催計往返程途約需一月之久所有臣衙門尋常事件應委藩司崇保代拆代行其緊要公事由臣衙門包封送至行轅辦理沿河兩岸長隄工程應委前臬司潘駿文隨時察看認眞督率以昭愼重而免遲延所有

添派防營及微臣出巡登煙日期謹專摺具陳伏乞

皇太后

皇上聖鑒謹

奏

赴煙登察看海口擬與兗州鎮同往片光緒十年正月十五日

再查兗州鎮總兵全祖凱久歷戎行明白防守事務光緒七年籌辦海防曾管帶勇隊駐紮萊州情形尤爲熟悉現在兗州地方安靜臣擬咨請同往察看各口要隘煙登事畢卽行隨赴利津等處該處係該鎮所轄地面現同親加察閱將來遇有緩急防守較有把握理合附片陳明伏乞

聖鑒謹
奏
覆陳內閣學士周德潤具奏河工摺光緒十年正月十五日
奏爲欽奉
諭旨恭摺覆陳仰祈
鑒謹事竊臣准軍機大臣字寄光緒九年十二月二十七日奉
上諭內閣學士周德潤奏治河當去其病請飭挑浚河身疏通
海口以順水勢並籌常年疏浚之方俾行久遠縷隄宜力求穩
固遙隄宜陸續緩辦等語著陳士杰按照所奏各節酌度情形
通盤籌畫妥議具奏等因欽此臣查該學士原奏所稱各節如

挑浚河身以資消納一層似屬可行惟大清河地段綿長兩岸廬舍過多若節節開挑引河不特河邊開挖二三尺卽行見水水中撈沙既屬不易兼恐穿越村莊民多不便其十四戸以下東岸地段較寬尚可相地施行查分水當於上游似以開通馬頰徒駭爲正辦惟馬頰是否不致另有窒礙現經遵照部議與直省委員會勘並由　臣咨請直隸督臣李鴻章妥議具奏徒駭河本擬今春挑挖以現辦長隄紳民籲請暫緩業經另片詳陳又如疏通海口一節原奏擬在太平灣兩岸之内左右各挑引河一道以待大溜衝刷用意非不甚善但太平灣以上二三十里灞水來往淤沙不能站足人力實無所施屢經　臣查

勘體察情形惟有將新河口迤上灣曲之處取直挑深使溜行通暢上游無壅滯之處則海口雖有積沙地面較寬當不難於宣洩又如常年疏濬一節查陳世綰之大鐵軸與混龍江鐵篦子約略相似臣於上年業經製備船隻招募水師仿而行之會同侍郎臣游百川

奏明在案現在試用尚能捲起泥沙惟收效不能迅速若行之日久逐年疏刷使中流停淤較少則爲益已非淺鮮攷治河方略築隄以禦狂瀾分消以減水勢疏浚以速宣洩三者相輔而行該學士所稱疏濬一事洵未可以偏廢也至兩岸長隄上年已經動工刻下多有修成之處大局攸關似難遽行中輟縷隄

一項自當就各屬原有之民埝再爲加高培厚以保近河村莊
臣已另摺具
奏俟大隄告竣即爲逐段辦理細查該學士所陳各條皆本之
成書爲救時防患起見惟河防當因地制宜非親歷其境在工
日久難以盡悉情形臣忝膺疆寄河工責無旁貸萬不敢固執
已見致負
朝廷慎重修防之至意所有欽奉
諭旨酌度籌辦緣由謹恭摺據實覆陳伏乞
皇太后
皇上聖鑒謹

奏

覆陳御史趙爾巽具奏河工摺 光緒十年正月十五日

奏爲遵
旨查明機船可以試用兩岸縷隄應行隨時加築上游民埝業
經催飭趕辦恭摺覆陳仰祈
鑒謹事竊臣於上年十二月二十六日承准軍機大臣字寄光
緒九年十二月二十二日奉
上諭御史趙爾巽奏酌擬山東河工辦法各摺片山東黃河工
程關係緊要亟應將隄防疏濬事宜妥籌辦法該御史所請飭
撥機船開挖口門是否可行著李鴻章左宗棠陳士杰會同酌

議具奏至所稱築隄宜酌中辦理預防漲漫長清以上至曹州各縣或先築縷隄或鑲埽防護宜合上下游統籌兼備等語著陳士杰體察情形妥爲籌辦原摺片均著抄給閱看將此各諭令知之欽此遵

旨寄信前來臣謹細心察閱御史趙爾巽原摺一稱十四戶以下正河淤塞必須仿照靳輔治海口之法從河身兩旁各挑引河一道並就正河逢灣取直臣查十四戶以下西岸民居多近河濱且沿岸均有民埝計開引河遠須穿越民房近亦須將已成之民埝概行拆毀始能挑挖於民情甚爲不順臣與司道商量該處一帶河身較寬且擬就上流卞家莊漫口作減水壩以

分水勢河身當可容納不如就民埝加高培厚以資捍衛其東岸則民居略遠擬卽如該御史所奏以開引河之土築爲長隄至鐵門關以下河面漸窄除小灣不計外大灣兩處長三十七八里河流迂迴消洩固難迅速臣前奏逢灣取直開挖引河以順水勢與該御史用意略同惟取直則引河祗開一道河面寬當至四十丈內外而傍海民夫難招故估開之處祗至新河口爲止其由新河口至舊河口數十里應俟伏秋大汛過後能否暢消再行籌辦一稱入海口門板沙壅積人力難施不惟鐵篦子混江龍非濟急之物卽王開運造船僅用牛力亦恐未能合用莫如用西洋挖泥機船由海口逆挖而入若能日濬日深則

海口有建瓴之勢上游沙隨水去亦不濬自暢臣查此種挖泥機船用之於海口以外必能得力惟海口以內河身窄小竊慮轉動維艱然能挖去海口以外板沙爲益已屬不少臣已咨請兩江督臣左宗棠借吳淞口現在挖泥之船駛至太平灣試挖數月並咨詢直隸督臣李鴻章是否合用如能挖入口門卽行籌款赴外洋定購俟各該省咨覆再行奏

聞一稱遙隄縷隄不可偏廢籌辦縷隄亦須與重隄相仿去水不可太近須留數十丈爲水性游弋之地並當逢灣取直庶幾足資防禦臣查縷隄卽是民埝民埝固不可偏廢然當先築重隄以保固大局俟工竣再行兼顧民埝則民力不至竭蹶惟築

隄不能不藉資民力既藉其力責令隄基必去水數十丈棄舊從新民間必不樂從當隨時勸導相地辦理又稱興築長隄長清以下各州縣固足資抵禦竊恐此後河患不在下游而在上游長清以上沿河無隄之處應先一律趕築縷隄俟下游工竣上游即一律接辦重隄 臣查上游如東阿平陰肥城地勢略高防禦較易 臣先其所急故辦理重隄自長清起惟河身年淤一年該數縣亦難保無泛溢之虞 臣於去冬業已兩次札催飭令各該縣督率民夫趁冬春之交沿岸加修茲查肥城北岸與長清接壤地段不長亦派員由長清接修而上其東阿平陰兩縣地段較遠應俟長隄告成後再行

奏請籌款分別辦理所有遵
旨查明該御史所奏各節機船業已咨請試辦兩岸縷隄俟長
隄告成後再行兼顧並上游民埝業已催令加培各緣由謹專
摺覆陳伏乞
皇太后
皇上聖鑒謹
奏

河工仍請保固一年摺光緒十年正月二十日

奏爲黄河非運河可比懇請仍照舊例保固一年恭摺仰祈
聖鑒事竊臣於光緒九年十二月二十一日接准工部咨開黄

河隄工原係保固一年今議以三年者蓋舊例所載皆係臨河之隄該省新築乃是重隄詳繹重字之義如城郭之有重門營壘之有重壁其險且難者固有第一層當其衝矣所謂第一層者民埝是也民埝偶破水力漸緩重隄尚可從容搶護故三年保固比較臨河之隄已屬從寬查成案臨黃隄岸所以保固一年者皆因稭料草束浸入水中淘刷經年易於霉朽該省重隄置之乾地不得援黃河埽工成案爲比應請將重隄一項仍責以保固三年以昭慎重等因於光緒九年十二月十二日具奏本日奉

旨依議欽此咨照前來臣忝任封疆有督率之責自應通飭在

工員弁遵照部議辦理惟事有窒礙難行者仍未敢緘默不言查歴來辦隄水落時離水皆四五六里不等一遇盛漲水便臨隄故凡坐灣頂衝之處均用稭料鑲護以防衝刷名爲鑲埽非於正隄外另有臨河之隄也又查工部則例運河隄工保固三年黄河隄工保固一年定例並無遥隄重隄格隄之分且須先有正隄從後加築一隄方爲重隄此次所修尚係正隄重隄之名實承部議而言未便以稍爲津貼參差不齊之民埝遽指爲正隄作爲第一重門戸其險且難者已足當之也在部臣之意嚴定保固例限無非爲實事求是豫防辦公草率起見惟黄河剽悍難測以河南江南兩省長隄離水一二十里之遥堅築二

十餘丈之厚猶且疊出險工今以離水三四百丈底寬八丈之長隄驟更舊例飭令保固三年在工員紳聞之未免人人自危且慮以後遇有大工必且張皇浮報以豫爲保固之地種種流弊臣前摺已切言之且承修之責過重將來承守之員此三年中必視保固爲他人之事防守愈難望其得力至於辦工不力員弁臣已隨時察明分别參撤在案臣於在工員紳不敢意存見好預爲規避地步也臣責無旁貸無論保固限内限外均當認眞督防不敢置身事外竊以欲更當年之定例必先防後日之弊端故不揣冒昧一再披瀝上陳可否仰乞天恩俯准黄河長隄仍照舊例保固一年以杜流弊而垂久遠

之處出自
聖裁謹專摺具
奏伏乞
皇太后
皇上聖鑒訓示祇遵不勝戰慄悚惶之至謹
奏
巡視海防由煙臺轉至利津工次日期片光緒十年二月二十一日
奏爲巡視海防由煙臺轉至利津工次日期恭摺仰祈
聖鑒事竊臣 於正月二十一日開篆後卽行起程赴煙臺一帶
察看海口業經

奏明在案臣沿途經過察看萊縣膠縣黃縣等處海汊紛歧而萊縣之海廟膠縣之淮子口兩處口門較大二三號輪船尚可通行然距大洋頗遠似亦未敢深入現派駐一營足資扼守二月初二日到臺縣校閱臺榮水師洋鎗陣及陸營大陣步伐頗稱齊整該郡城樓俯瞰大洋鐵甲船雖不能徑駛而如中國兵輪乘潮可以直抵水門所幸水底暗籠礁石即駛至不能久停所難防者處處可乘小舟上岸臣竊以防守該郡以先守海岸爲要城東一面海岸前人曾築沙隄數里以資保障年久殘缺過半臣現飭臺縣鎮蔡國祥前濟東道李宗岱協同府縣趕緊修補將水陸各營分紮隄內以資防守其城西一面海岸稍爲

陡峻然亦可攀援而上並飭鎮府於田横寨築小礮臺一座俯岸亦應得二營駐守方不空虚有警當調現駐黄縣兩營進紮以期周密此臣布置臺縣之大概情形也初五日乘泰安輪船行抵煙臺先看練軍及振字四營洋陣亦漸嫺熟察看該處形勢海面遼闊鐵甲船可直抵距該市鎮四五里地面且華洋襍處要地已爲洋人所占旣無城郭又無礮位再三思索總以俟其上岸擊之爲妥臣現飭煙臺練軍仍紮煙鎮其原紮崗嵛四營飭令移紮煙臺山後該處可以前顧煙臺後扼福山黄縣各路兵力尚嫌略單約計新招楚軍不日可到當派令合紮一路相機戰守此臣布置煙臺之大概情形也現在煙臺各營應責

令前濟東泰武臨道李宗岱督率操練遇有要事隨時與登萊青道方汝翼會商辦理其兗州鎮全祖凱督令回鎮料理公事如有緊急臣即飭令挑選標兵精壯數百名出駐煙臺與李宗岱分路督率各專責成臣亦親赴黃縣駐紮煙臺之交居中策應以仰副

朝廷慎重邊防之至意臣隨於初九日展輪至威海試放水雷尚爲得力回輪由太平灣撥小舟入口口門以內水深四五尺八九尺不等訪察海豐口門略深入內漸淺各有一營扼守當可無慮臣業於十四日行抵利津十四戶工次沿途經過地方麥苗漸形青葱可望有秋堪紓

宸廑所有臣巡視海口布置大略情形及臣到工日期謹專摺
密陳是否有當伏乞
皇太后
皇上聖鑒訓示祇遵謹
奏
遵
旨查明長隄有益民夫無苦民埝宜修摺光緒十年三月初九
奏爲遵
旨查明與辦長隄實於大局有益民夫尚無所苦民埝亟宜接
修恭摺覆陳仰祈
聖鑒事竊臣於二月二十八日在利津工次接准軍機大臣字

寄光緒十年二月二十日奉

上諭都察院奏山東惠民等縣民人王雪堂等以興修重隄廢地棄民等詞赴該衙門呈訴東省黄水爲灾屢次潰決建議築隄無非爲保衛民生起見前據陳士杰奏興辦長隄濱州民人頗多觀望兹據惠民濱州齊東濟陽各州縣民人所訴强令赴工苦上加苦各節建築隄工固不可惑於浮議亦宜體察民情究竟所築長隄是否有利無害著陳士杰再行妥籌詳愼辦理原摺原呈均著抄給閲看將此諭令知之欽此遵

旨寄信前來跪讀之下仰見我

皇上於保衛民生之中仍寓體恤民隱之至意下懷欽佩莫可

名言遵查遥隄之説潘季馴主之靳輔主之臣所築長隄斟酌基址視民埝爲稍遠視遥隄爲稍近臣係督修之官不敢自謂有利無害然證之河南之遥隄山東濮范之金隄數百年來循守無恙賈莊南岸長隄自光緒元年興築後各屬藉免於患此其爲利爲害可不辨而自明也至於民人王雪堂等所控苦上加苦一節查沿河各州縣經管地段兩岸遠則百數十里近亦數十里工程既大需夫孔多外省招募既恐主客不和且當此重災此項價值給與附近居民兼可以工代賑臣巡視隄工備詢各處民夫均由紳董自行商定無論長隄民埝通力合作以期迅速蕆事且挑土一方即得一方價值亦無所謂苦如該民

人果有苦累何不赴臣衙門及司道本府投遞呈詞而乃徑行赴京越訴此等民人非挾私逞忿即藉端斂錢無疑也惟臣雖經出示曉諭俟長隄告成即爲接修民埝究未能將民埝同時並舉實因工大費繁臣才力不及亦所自知竊以人情莫不好逸而惡勞而鄉愚無知但顧目前尤乏遠慮如予以津貼聽其自行加修無官吏督率勢必隨意堆土塞責徒費

國帑於事無裨臣欲做一事便收一事之實效是以明知其急而不能不次第以圖也伏查都察院之意無非欲臣急修民埝保衛沿河居民臣亦以民埝早成一日則民生早安一日是以臣上年擇沿河險處亟爲修築今正未出省以前復分飭各州

縣於民埝低窪之處先行培修以備大汛如東阿肥城歷城濟陽長清齊河章邱齊東各縣均經禀報修補低窪處所先後就緒其惠民濱州蒲臺青城等處或因積水未涸興工稍遲或因地段太長難以兼顧雖經札飭尚未據禀復前來茲已三月長隄大半將次告成所有民埝自應如都察院所稱趕緊一律修理除將津貼辦理情形另行擬議具奏外所有遵查長隄實於大局有益民夫尚無所苦民埝亟宜接修各緣由謹專摺覆陳伏乞

皇太后

皇上聖鑒訓示祇遵謹

奏

接修民埝飭部籌款津貼摺 光緒十年三月初九日

奏爲長隄將次告竣懇

恩接修民埝飭部籌款津貼恭摺仰祈

聖鑒事竊維黄流剽悍非離水數百丈建築長隄不足以資捍

禦而沿海兩岸百姓亦當力籌兼顧以仰副

朝廷不使一夫失所之意惟工程過大用夫過多一時難以並

籌擬俟大隄告成卽行趕修民埝前經

奏明在案茲查各州縣修築長隄上年動工者大半將次告成

今年二月興辦者約計端節前後亦可就緒自應分飭印委各

員及時督修民埝將長隄以內居民一體保護查民埝沿河灣曲上自東阿平陰起下至利津鐵門關止兩岸計長一千五百八十里除去利津城池以下改修民埝二百三十五里尚有一千三百四十五里雖上年擇要興修之處業已不少而各段丈尺究屬單薄仍應一律加修築成底寬四丈頂寬一丈高八尺以資捍禦臣與司道會商擬每里津貼銀四百兩共需銀五十三萬八千兩加以坐灣頂衝各處應廂埽壩津貼工料約需銀十萬內外計共需銀六十三萬八千兩如蒙

俞允此項工需銀兩可否

飭部於山東光緒十年藩運兩庫應解京協各餉內如數截留

俾得及時動工抑或由戶部頒發之處出自
聖裁所有籌議接修民埝津貼懇
恩飭部迅行籌給以資興辦緣由謹專摺具
奏伏乞
皇太后
皇上聖鑒訓示祇遵謹
奏

調軍防煙台片光緒十年三月初九日

再據報北甯已失法酸彌張海防布置尤宜周密查煙台只有
東軍四營練軍一營新募楚軍二營臣擬知照兗州鎮全祖凱

自招楚軍一營煙台各營均歸節制登州棨有東軍四營榮成水師一營兵力較單擬調記名提督王衍慶浙江候補副將李世祥各招楚軍一營駐紮登州城西以資周密計招集到東迅須兩月餘應飭令招募尅期到防以仰副
朝廷慎重邊防之意所有添募楚軍分防煙登緣由謹附片陳
明伏乞
聖鑒訓示謹
奏

利津十四戶辦理大概情形摺 光緒十年三月十四日

奏為堵築利津十四戶口門現在辦理大概情形恭摺仰祈

聖鑒事竊臣於二月十四日由煙台行抵利津當以十四戶口
門工程緊要必須臣親自駐工督辦具摺
奏明於三月十一日奉
旨知道了欽此欽遵在案惟十四戶僻在海濱所需一切正雜
等料須從上游採辦運送既需時日本地民夫又少當從外縣
雇來以備工作臣到工後分投督僱工料甫據陸續解到民夫
將次聚齊前飭挑小引河二道亦已挖通東西兩岸壩基均先
後築成並於上流築挑水大壩二座壩前各築隄腦大壩一座
以拓水勢遂於三月初一日督飭員弁進占兩壩同時並舉每
進一層即將土櫃後戧塡壓堅實俾臻穩固而桃汛驟至河水

陡漲數尺加以初六七八等日東北風大作風激浪湧溜勢益悍沿岸岌岌可危幸均搶護平穩三日後風亦小息比卽逐層疊進則溜愈急稍停片刻淘刷愈深尤當不分晝夜通力合作以期迅速合龍仰紓

宸廑臣早暮往還兩壩親立工次督催查看在工員弁尙知奮勉仰賴

朝廷鴻福但得兼旬以內天氣晴朗雖工程浩大辦理較易就緒所有堵築利津十四戶口門現在辦理情形謹專摺具

奏伏乞

皇太后

皇上聖鑒謹

奏

男 桂森 兆璜 兆棻
兆葵 兆棠 兆蘭
兆奎 兆熊 兆璇 恭校

陳侍郎奏稿

卷之四

利津十四户李家莊決口一並合龍摺光緒十年四月初三日

奏爲利津十四户及小李家莊決口一並堵築合龍追壓穩固恭摺馳陳仰懇

聖懷事竊臣到工後催辦料物連日進占業將大概情形奏明在案拜摺後連日天氣晴朗臣督催兩壩晝夜兼營一面進占一面將土櫃後戧追壓堅實旋於二十二三兩日西北風大作巨浪猛撲西岸邊壩及挑水壩蟄陷四五尺勇丁土夫奔走不及落水者六名死傷各一名當經撫恤餘皆救護蟄陷之

處亦隨經填廂完好趕緊搶進而金門愈窄溜勢愈急測量水痕深至二丈七八尺及二丈一二尺不等幸文武員弁努力和衷不辭況瘁已於四月初二日辰時合龍百萬土包一齊墜壓土車土筐雲屯蜂擁直至酉刻始行閉氣大溜已全歸正河小李家莊未堵口門二處亦先後堵合追壓告竣再臣前調分防萊州之都司陳厚受三哨勇丁並留派赴駐防煙台一帶訓導范世欽全營在工幫築茲十四戶口門既已堵合該都司等自應飭令各回防所勤加操練以期有備無患其下家莊決口四處前次合計僅七十餘丈今因桃汛衝刷併成三處丈量寬至百丈有奇深處約一丈四五尺不等所幸五六尺至七八尺拋

段較多工料早經籌備辦理當不至十分費手現分飭在工員弁督率勇夫前往堵築務須尅期竣工並令將十四戶小李家莊各工隨時加修俾臻穩固臣拜摺後卽起程由樂安博興高苑長山鄒平齊東等處沿途察看小清河工程回省清理積件謹附片陳明伏乞

聖鑒謹

奏

籌款前赴津滬購製軍火片 光緒十年五月初四日

再籌辦海防首須講求利器東省從前雖有購存外洋鎗礮尚不敷用臣已於藩庫籌撥銀一萬八千兩運庫籌撥銀八千兩

遴委准補萊蕪縣知縣丁兆德等赴滬購買哈乞克斯洋鎗一千桿帶子三十萬顆來復鎗二千五百桿並後膛鋼炮炸子及各項軍火現已陸續運送回東又咨商北洋大臣李鴻章就近由津分撥士乃得後膛步鎗一千桿帶鎗子三十萬粒實須價值湘平銀七千八百二十兩亦另飭藩司如數籌發委員解津歸款除統歸機器局覈實報銷並先行咨部外所有籌款前赴津滬購製軍火緣由理合附片陳明伏乞

聖鑒謹

奏

精健振字等營添設礮隊片　光緒十年五月初四日

再近來行軍全以火器爲先東省曾購有外洋克虜伯後膛鋼礮穿以鐵桿走輪駕用馬匹名曰礮車馳驟致遠洵爲戰陣中第一勁旅臣上年發交管帶精健前營副將景天榜督率勇丁逐日演試並調登榮水師營熟諳鎗礮之弁兵勤加教練已有成效該營前調防登州即添設礮車六輛隨帶子藥車三輛振字先鋒中營亦添設礮車四輛隨帶子藥車二輛每礮車一輛配用馬六匹礮勇十四名車夫二名子藥車一輛配用馬二匹礮勇四名車夫一名並各營添派哨官一員其勇丁夫馬口糧乾銀悉按東勇出防章程支發均於本年二月初一日起支統歸海防各營彙案報銷除咨部立案外所有各營添設礮隊緣

由理合附片陳明伏乞
聖鑒訓示謹
奏
查明四女寺哨馬營減河牐口情形摺光緒十年四月初六日
奏爲遵
旨查明四女寺哨馬營兩處減河牐口情形恭摺仰祈
聖鑒事竊臣承准軍機大臣字寄光緒九年十二月十五日奉
上諭御史劉恩溥奏畿南州縣連年被水請飭將山東恩縣境
內之四女寺及德州境內之哨馬營兩處減河牐口修濬並於
兩減河下流挑挖深通更令宣惠河上接德州哨馬營減河其

下游直隸東光南皮滄州等處一律疏濬庶運河水有分消不至潰決至開濬宣惠河祇須於近河隄旁官地向南挑挖勿任阻撓德州小楊莊老君堂兩處隄工應令實力修防各等語山東德州一帶毘連直境該處河隄各工於畿南民生利害殊有關繫著李鴻章陳士杰體察情形將所奏各節會同詳細酌度妥議具奏等因欽此遵經飭委候補知州許祺身前往查勘並咨直隸督臣李鴻章一併委員勘辦去後茲據許祺身稟稱四女寺減河東省僅轄五十里河頭屬恩縣下接德州歷吳橋東光而至海豐縣入海其在東境者共長九千二百八十八丈面寬十餘丈至二十丈深一丈七八尺不等道光四年前撫臣琦

善曾經大加疏濬並指撥款項作爲歲修積數年挑挖一次軍興以來庫款支絀兼以黃流改道漕運無多遂致暫行停辦而口門石閘猶存河身雖有積淤隄岸均屬可辦間有淤高之處爲附近居民墾成田地並無墳墓村莊挑修尚易爲力至哨馬營減河在德州城北十里乾隆初年卽已廢業河身全行淤塞減水石閘亦均坍卸該處與四女寺減河相距不遠同一分殺水勢故自乾隆以後凡講求水利者卽專注於四女寺一河今若開挑四女寺工段正不必再辦哨馬營致糜巨帑等情臣詳加察核參稽案牘均屬相符伏查運河水勢每年大小無定如値來源盛漲則須啟放支河以便宣洩其哨馬營減河久成平

陸當軍興以前南糧河運之時卽僅藉四女寺一河爲分洩盛漲之路現在籌議興挑自應照舊辦理不必二者並行至四女寺減河亦經年久失挑近來伏秋大汛異常漲滿德州小楊莊等處每有潰隄之患不惟直境被淹東民亦苦水災誠如該御史原奏亟應大加修濬惟查此工從前有歲修專款歸運河道經理自軍興停辦以後歷年如何收存臣衙門無從知悉應請

旨飭下河東河道總督轉飭運河道詳細查明並再委員覆勘估計工需核實籌辦臣仍一面飭查督同設法興修以舒民困至德州小楊莊上年決口時經臣節次嚴催堵築祗以水勢未退辦理稍有遲延當經

奏明在案昨據該州稟報恐冬工壓土未堅現又捐資集夫培
築一律穩固臣已飭令督率附近居民隨時認眞防守並查勘
其餘殘缺隄岸逐段修培不准再有疏虞除東光等處河道應
如何挑挖疏通由直隸督臣李鴻章勘明具
奏外所有遵
旨查明山東境內四女寺哨馬營兩處減河牐口情形謹恭摺
覆
奏伏乞
皇太后
皇上聖鑒訓示謹

奏

謝頒　聖訓恩摺　光緒十年四月初六日

奏爲恭謝
天恩仰祈
聖鑒事竊臣差弁到京由
武英殿頒到
恩賞
穆宗毅皇帝聖訓全書一百六十卷業已敬謹賫回臣當即恭
設香案望
闕叩頭謝

恩祇領伏念虞書著典籀文但詔於上庠周紀編年柱下僅傳之内史是以大方小策祕如玉冊金泥不入石渠莫窺丹鐐兹者

宫篨垂訓集億萬年昭示之規

黼扆承

先溯十三載

平成之業既

尊藏以貽之永世復

眷賚以逮於庶官矇眛如臣

寵頒亦預蹏承

寶貺如覩
廟謨宵旰之年仰戴
編摩聿欽
聖主覲揚之美惟有虔循職守力戒愆忘北拱
天門幸識
球圖於兩序東臨日觀勝披函檢於千秋所有微臣感激下忱
理合恭摺叩謝
天恩伏乞
皇太后
皇上聖鑒謹

奏

遵旨覆陳海防情形摺 光緒十年四月十二日

奏爲遵

旨覆陳恭摺仰祈

聖鑒事竊臣於四月十一日接到軍機大臣密寄奉

上諭署都察院左副都御史張佩綸奏請飭邊海各軍嚴防備戰以杜要盟之計一摺前據總理各國事務衙門接到李鴻章電報法國水師總兵福祿諾令税司德璀琳面呈信函請准從中講解等語朝廷念出師護越以來越不知感法又爲仇兵連禍結殊非萬全之策既據該國先來講解因勢利導保境息民

未始非計當經諭知李鴻章許其講解並令該大臣酌定辦法即行具奏嗣據李鴻章遵旨覆陳已諭令廷臣僉議俟覆奏時再降諭旨俟將來該國所議果否可行殊難逆料原不得稍弛戰備也茲據張佩綸奏請以講解責成李鴻章仍以備禦責成各路疆臣統帥使講解者以有備禦而辯論可施備禦者不得以有講解而軍心頓懈等語自來能戰而後能和所陳尙爲切要疊據李鴻章等電報該國兵船先後來華沿海各口岸防務喫重著李鴻章曾國荃彭玉麟穆圖善何璟張樹聲衛榮光劉秉璋張兆棟陳士杰倪文蔚懔遵疊次　諭旨整頓防軍嚴申儆備務臻周密仍宜持以鎮靜不得稍涉張皇等因欽此伏讀

之下仰見
朝廷於息事安民之中仍寓有備無患之意下懷欽佩莫可名
言臣才識庸愚罔知遠大幸際
聖明之世苟有一知半解自當據實直陳以備
采擇竊維控制外事必先審其虛實然後議戰議和方有把握查法人所恃者有三船堅礮利軍令嚴肅是也而其不可恃者有四法本窮國今用師越南衆至萬六千人餉項支絀難以持久一也其大臣不和興兵結怨勢多疑阻二也勞師涉遠國内空虛人將有乘其隙者三也四國定約不許擾亂通商口岸該國入踞越南得不償失如欲移師内犯既恐各國牽制尤慮華

軍襲取越南前功盡棄四也以臣揣之此次法人呈信講和必因餉力不支其兵船先後來華不過希圖恫喝以遂其計非敢逕行內犯也我若稍爲示弱彼必要求無已卽令和成以後隱憂彌大臣愚竊以爲我雖志在息民當飭南北洋大臣多備後膛鎗礮資助滇粵將領及劉永福各軍催令規復北甯等處幸而獲勝則和議較爲易成卽使不能取勝但與相持數月法軍餉糈必愈奇絀求和必益眞切因與講解其欲易償和議亦可持久似亦以進作退之方卽

諭旨能戰而後能和之意臣特就所聞申明敵情虛實耳至於煙臺一口爲各國輪船往來必由之地如法人肆行內犯煙台

糧行前已查明登註當即飭令搬徙斷其接濟並曉諭各國居煙官商使知釁由法開該官商去留聽其自便彼亦當無異詞如法船來煙僅云議和自應照常通商未便罷市致滋藉口惟有將各港漁戶嚴密稽查以杜奸細責成將領多作地營相機戰守固不敢稍涉張皇亦不敢偶形鬆懈所有駐煙六營前已奏派兗州鎮總兵全祖凱統帶以一事權將來應否再派統領鈐轄當俟北洋大臣李鴻章電商前來斟酌辦理所有遵旨敬攄管見及辦理煙台防務情形謹專摺密陳伏乞

皇太后

皇上聖鑒訓示謹

奏

覆奏預備兵船來華籌辦防守情形片光緒十年四月十二日

再臣於三月二十九日在工次接奉軍機大臣密寄光緒十年三月二十六日奉

上諭總理各國事務衙門昨據道員邵友濂電報德國施緍譯官云洋行接廈門電報法國提督帶兵船八隻過廈門向北開駛等語法人連陷越南北寧等省其勢甚張彼以兵船來華恫喝要求自在意中沿海各處亟應妥籌備豫等因欽此查法人既經得志於越乘勝要求勢所不免沿海要隘誠如

聖訓當力求守禦以備不虞而備禦之法不外避其所長擊其

所短該國鎗礮之精迥非中國所能及無論爲戰爲守總以開挖地溝先行避其鎗礮爲要臣現飭煙登防守各營如法辦理與御史趙爾巽所奏大略相同至於以散擊整以暗擊明出奇制勝仍在將領臨時相機爲之總之今日戰守萬不可狃於從前擊粤匪撚擊回之成法臣惟有嚴飭將領勤加訓練使技藝漸臻純熟庶幾緩急稍有足恃耳所有欽遵諭旨妥籌備禦大概情形謹據管見覆陳伏乞

聖鑒訓示謹

奏

新募東楚各營成軍及起支口糧日期片光緒十年四月十二日

再上年冬間東省籌辦海防經臣先後
奏明在曹縣兖縣一帶添募東勇三營又派員赴楚邊招募楚勇千人並因東勇口糧每名月給銀三兩不敷食用請將新募及出防各營東勇每名月加銀六錢楚勇准照楚軍章程發給口糧仰蒙
俞允在案所有新募東勇廣武三營左營於光緒九年十二月初一日成軍右營於十二月二十一日成軍中營於十年正月十一日成軍其新募楚勇廣武兩營後營於十年正月二十四日到東成軍前營於二月初二日到東成軍均已一律抵防此次招募楚勇遠道而來計程三千餘里沿途每名連長夫傔日

給銀一錢以三十日爲率不再另開盤費俾示撙節到東後楚勇口糧仿照楚省章程每月給銀四兩二錢同新募東勇悉按新章各以成軍之日起支其舊營出防東勇加增口糧自本年正月初一日爲始凡新募東楚各勇並出防各營一切用款統應作爲海防軍需另案報銷以清界限至本年三月間臣又奏明續募楚軍三營容俟成軍後再行馳報除咨戶兵二部查照並飭取勇丁花名清冊分送外所有新募東楚各營成軍及起支口糧日期理合附片陳明伏乞

聖鑒謹

奏

報明檄委已革提督李榮春管帶廣武前營片光緒十年四月十二

再臣上年新招楚勇二營東勇三營編爲廣武前後左右中派員分别管帶前營管帶已革提督前雲南武定營參將李榮春係前雲貴總督臣劉長佑所薦臣察該革員人尚樸勇核其從前獲咎原案因輕聽旁言干預耿馬土族罕恩慶爭襲之事並失察差弁黄福源受託尚屬被人罣誤且本爲劉長佑參革今仍由其薦來必係曾經出力之員臣因海防需才派令管帶廣武前營一併駐紮煙台歸兖州鎮總兵全祖凱節制理合附片陳明伏乞

聖鑒謹

奏

煙台泊法船一隻據報大概情形片光緒十年四月十八日

奏爲煙台口岸現到法船一隻停泊據報大概情形恭摺仰祈
聖鑒事竊臣於本月十七日據海防營務處候補道李宗岱稟稱初四日有稅務司德國人德璀琳自天津來煙傳說係直隸督臣李鴻章派委等候法國兵船商令該兵船在煙停泊止帶其將官乘坐招商局輪船赴津面議該道當即留心查探至初九日辰刻見有兵船一隻進口查自上海而來船名趴勒塔有炮六尊并兵一百六十一名管駕官參將傅年初十日偕德璀琳附搭豐順輪船赴津其兵船即在煙台海口停泊等語並據

登萊青道方汝翼稟同前由臣維法人狡黠和議是否能成尚難定奪煙台自應嚴加防範臣已密飭該道等會督各營將弁不動聲色妥爲備禦除仍飭隨時探明飛報外所有法國兵船一隻停泊煙台據報大概情形謹繕摺由驛密陳伏乞

皇太后

皇上聖鑒謹

奏

遵　旨查明黃河南岸夾隄擬議分別辦理情形摺 光緒十年五月初二日

奏爲遵

旨查明黃河南岸夾隄擬請將未竣工段酌發津貼興修每年
仍由民間防護恭摺覆陳仰祈
聖鑒事竊臣於三月十六日在利津十四戶工次接准軍機大
臣字寄光緒十年三月初十日奉
上諭都察院奏山東職員李道凝等以築隄防河工久民疲等
詞赴該衙門呈訴據稱自黃河北徙堵合賈莊創修南岸大隄
河面寬百餘里前經李心谿等倡約七州縣紳民興修南岸夾
隄工大力微數年未竣上年被水坍塌甚多懇發津貼以工代
賑等語著陳士杰體察情形奏明辦理等因欽此臣當以此項
夾隄該職員李道凝等創築已久控案纍纍必須查明修起若

干及坍塌未竣工段究有若干里方能酌量核辦隨經飭委兖沂曹濟道李嘉樂就近前往查勘去後茲據該道稟稱遵即親詣黃河南岸詳細確查沿途與各州縣及遞呈之李道凝等專行隄上自直隸東明縣王盛屯莊起歷開州濮州范縣至壽張縣之趙家堌堆止堤身約長一百五六十里鄆城工即在范縣境内陽谷工即在壽張境内均已一律修成惟末段五里未修至丈尺高卑雖屬不等而規模尚大足禦黃流間有卑薄之處盛漲恐遭漫淹不過十分中之一二經營補築所費無多原呈請發津貼一節該道面詢李道凝等據稱隄雖將成而防守爲日方長七州縣紳民心志不齊職等欲借津貼名目俾民隄戀

爲官事庶幾派費一切呼應較靈等語稟覆核辦前來臣查此項夾隄該職等創議於光緒元年當前升撫臣丁寶楨堵築賈莊口門建立南岸長隄之後李道凝之父李心谿因舊河受水較少長隄迤西濮州民埝迤東兩間相距約五六十里數百村莊夾處其間呈請堵築箕山河口就民埝加培築成夾隄藉資抵禦丁寶楨當以逼水太近恐難足恃且河口既塞河隄一築則北面金隄及濮州范縣必致更形吃重所害尤不止數百莊而大局亦不可問節次委勘批飭未准迨光緒三年前署撫臣李元華增修北岸隄工距河甚近於是李心谿等修築南岸夾隄之意益堅旋即私行動工糾集民夫籌辦四年春間前撫臣

文格查明自賈莊堵合以後河溜遷徙於形勢尚無大礙既經該職等興修未便再行禁止當飭加意防守勿致有礙官隄此李心谿等修築夾隄之原委也厥後連歲據呈尚未竣工懇請津貼李心谿物故李道凝繼之歷任撫臣均以庫款支絀官工修守尚覺維艱未准照辦伏查全工一百五六十里現祗五里未修其坍塌卑薄之處亦屬無幾該職等功虧一簣不難趕緊修成本無須再給津貼惟念民情困苦且延袤七州縣人心不一原呈所稱各節亦係實在情形臣擬飭各該州縣一面勘明應修丈尺段落即於賑款項下酌撥銀二三千兩發給李道凝等集夫辦理以工代賑用示體卹至此工究係民埝每歲防汛

公家勢難兼顧自應各歸各縣由紳民自爲修守以節糜費所

有遵旨查明黄河南岸夾隄擬議分别辦理緣由是否有當謹

恭摺覆陳伏乞

皇太后

皇上聖鑒訓示謹

奏

總兵全祖凱招募楚勇成軍前赴烟台駐防片光緒十年五月初二日

再臣於本年三月間

奏明添募楚軍兩營並照會兖州鎮總兵全祖凱自募親軍一

營駐防煙台各營均歸節制茲全祖凱一營已於四月十五日到省成軍臣點驗後與該鎮面商機宜飭令即日帶隊起程星夜馳赴煙台擇要扼紮督率在防各營勤加操練嚴密籌防不得稍涉疏懈以期仰副

聖主慎重海疆之至意所有成軍日期除咨部查照外理合附片陳明伏乞

聖鑒訓示謹

奏

請事權歸一摺光緒十年五月初五日

奏爲事權宜一

欽派會辦海疆大臣似應再加詳審恭摺密陳仰祈
聖鑒事竊臣於閏四月十五日邸報
上諭通政使司通政使吳大澂著會辦北洋事宜內閣學士陳
寶琛著會辦南洋事宜翰林院侍講學士張佩綸著會辦福建
海疆事宜均准其專摺奏事欽此竊維
朝廷簡派大臣之意實因洋防緊要各疆臣智慮或有未周主
持或有未定得重臣相與咨商辦理較爲妥慎
聖謨深遠欽佩莫名惟臣歷觀古今得失之故每以委用專一
而致成功否則如唐九節度之師明監軍之設雖有名將輒以
事權不一遂爾挫師損威其明證也我

朝咸豐同治年間鑒於前代之失以前大學士臣曾國藩經略五省規復金陵以平定江蘇責成今直隸總督臣李鴻章以平定浙江陝甘責成今大學士臣左宗棠均先後奏功此後經營口外八城調回

欽差大臣景廉袁保恒等專用左宗棠始克戡定此又委用專一之明效也今

簡派會辦之吴大澂陳寶琛張佩綸臣均未與謀面既爲

朝廷選用必其方略素優堪膺艱鉅之才然臣竊以爲專任一方各辦一事則可若與疆臣會辦一處即使和衷相商而君子與君子意見亦時有不合者小人又從而播弄之遂致門戶各

分處懷疑忌事之不集大都由此如遇一事疆臣則曰如此會
辦大臣則曰如彼將吏將何所適從乎以臣考古證今徒使號
令紛歧而於海疆事宜誠未見其有益也臣智識短淺罔知遠
大然既有所見不敢不據實直陳冀補
高深於萬一是否有當恭候
聖裁所有事權貴於專一會辦宜加詳慎緣由謹專摺由驛密
奏伏乞
皇太后
皇上聖鑒訓示謹
奏

報十四戶各工一律告成摺 光緒十年五月二十一日

奏爲卞家莊決口業已堵塞所有十四戶各工一律告成恭摺

仰祈

聖鑒事竊臣准工部咨開光緒十年四月初七日内閣奉

上諭陳士杰奏河工合龍日期一摺山東利津縣十四戶決口經陳士杰親駐工所督率員弁實力堵築於四月初二日合龍其小李家莊口門二處亦先後堵合辦理尚爲妥速即著將未竣各工加築堅固並將卞家莊決口趕緊修築剋日蕆事在工出力官紳著照所請俟卞家莊合龍後一併核實保奬毋許冒濫該部知道欽此仰見

朝廷軫念灾黎因之微勞必錄凡在工員弁敢不激發天良奮
勉從公以冀剋期蕆事上紓
廑懷臣啟程囘省時查看卞家莊決口五處經風水激射合為
三口當派在工員弁分投辦理並隨時委員前往察看冀決口
早合一日則民生早安一日茲先後據工次各員稟報南頭決
口一十四丈水深八九尺至一丈不等於四月十六日卽行堵
塞其北頭一口寬三十餘丈水深七八尺至一丈八九尺該員
弁等依次進占遂於四月三十日合口閉氣中間一口寬八十
餘丈盤砌壩基兩頭兼進初尚平穩至五月初二初三兩日颶
風大作河流湍悍激洗舢板船三隻溺斃勇丁一名其餘弁勇

撈救得活當即分別撫卹初四日風定後測量口門業已刷深三丈及四丈不等溜勢益急進占愈難該員弁等一面將各占後戧力壓堅實一面多籌料物加寬占面於初八九等日仍行趕進併力經營南北兩頭每占加料至十四層之厚適値連宵風雨隨壓隨墊兩占均塌陷丈餘該員弁等趕緊搶厢閱七晝夜直至十五日始得合龍十七日午刻方行閉氣隨催飭勇夫星夜添築後戧現已一律堅穏其十四戶李家莊善後各工亦均次第報竣查此次決口奪溜幾逾八分正河已成溝瀆而十四戶正當其衝大溜奔注勢尤悍急卞家莊雖屬旁決而口門過寬愈收則淘刷愈深遂至奇險疊出堵塞若此其難仰仗

聖主如天之福大功以時告成河流全行順軌臣統核工料一切祇用銀二十八萬九千兩實爲萬分節省數月以來在工員弁竭力殫精備嘗艱苦冒險搶築頻蹈於危甚有積勞病故者實與軍營出力無異花翎道員用候補知府郝植恭請免補知府以道員用並

賞加按察使銜敎習候選知縣鄧文淵請免選知縣以知州不論雙單月儘先選用並

賞加四品銜藍翎知縣用候補縣丞曹和竣請免補縣丞以知縣補用提舉銜候補鹽大使吳觀敬請免補本班以知縣補用分發山西補用鹽經歷岳庭棟請免補本班以知縣仍留原省

補用候選州同王錫鏞請選缺後以知州儘先補用先換頂戴候選訓導范世欽請免選本班以州判儘先選用五品銜知州用候選州同石如山請免選本班以知州儘先選用署丞阜場大使吳承恩請免補本班以知縣用晉東試用知縣吳義培歸班試用知縣李維誠均請以知縣歸候補班補用指分河南試用通判沈傳義請免補本班以知州仍歸原省補用同知銜儘先補用知州試用知縣趙昉熙請以知縣歸候補班補用六品銜知縣用儘先補用縣丞陳漢章請免補縣丞以知縣用總兵銜補用副將黃金得請以總兵

記名簡放並

賞加提督銜總兵用臨清營副將萬年清總兵用借補青州營參將黃兆昇均請以總兵遇缺簡放副將銜副將用留東儘先參將張永洪請以副將儘先補用並

賞加總兵銜游擊用補用都司周建發劉長材均請免補都司以游擊儘先補用並

賞加副將銜都司銜儘先守備沙明亮請免補守備以都司儘先補用副將銜副將用儘先參將宋國元請免補參將以副將儘先補用參將銜儘先游擊戴守禮請免補游擊以參將儘先補用游擊銜補用都司常炳勝請免補都司以游擊儘先補用

花翎補用都司陳厚受陳文富請免補都司以游擊儘先補用並
賞加副將銜游擊趙得華請以總兵
簡放衛守備季榮甲請以衛守備不論雙單月選用都司用候
補守備馬崇阿請免補守備以都司儘先補用補守備後儘先
補用游擊候補守備陳雍剛請免補守備以游擊儘先補用以
示鼓勵其餘出力人員應再由臣分別勞績等次續行奏請
恩施至武弁千把以下另行咨部辦理所有十四戶各工一律
告成遵
旨從優保獎緣由恭摺由驛五百里馳陳伏乞

皇太后
皇上聖鑒訓示謹
奏

李副將王提督駐防登州片光緒十年五月二十一日

再前派副將李世祥招募楚軍五百人已於五月十五日到東成軍提督王衍慶楚軍五百人據報日內亦可到東臣查法國雖暫就範圍而詳細條約尚俟再議此時海防未可遽鬆該二營應仍派赴登州駐紥以資防守一俟和局大定再將東楚各營分別裁留以節經費所有新到楚軍仍令駐防登州緣由謹
附片具

奏伏乞

聖鑒訓示謹

奏

長隄告成請派大員驗收摺光緒十年五月二十九日

奏爲山東新築黄河兩岸長隄一律告竣恭懇

欽派大員驗收事竊維黄流剽悍當先修築長隄以資保障而

顧大局曾經倉場侍郎臣游百川會同臣妥商具

奏疊承

聖訓周詳並敕部籌款飭臣督修所有遵辦情形先後均經

奏報在案伏查長隄爲億萬生靈休戚所關臣材力短絀艱鉅

縣膺蚤莫兢兢深懼弗克勝任開辦以來諮詢地方耆舊悉心規畫仍恐形勢或有不宜工作或有不力三次親行踏勘並不時派員督催仰仗

朝廷信任專一部臣籌撥鉅款各省督撫不分畛域以時接濟在工文武員紳同心協力逾九月之久始得全功告成隄分南北兩岸南岸東阿平陰肥城依傍山麓地勢較高無庸修築現由長淸起築至利津交界三里莊止計長三百三十餘里均底寬八丈頂寬二丈高八尺北岸地勢較窪上接濮范金隄自東阿界接築起合平陰縣共長九十五里餘該二縣北岸低於南岸較之他縣地勢界高定以底寬五丈頂寬一丈高八尺其下

爲肥城地界逐漸窪下由該縣北岸起至利津民埝第一段止計長四百零三里餘均底寬八丈頂寬二丈高八尺又齊河齊東濟陽蒲台等縣近城添築護隄長清歷城惠民等縣加築格隄月隄約四十餘里其利津城以下

奏明改修民埝沿河地段長一百六十餘里定以底寬五丈頂寬一丈二尺高八尺鐵門關以下添修黿壩長五十餘里頂寬三丈頂寬一丈高八尺統計南北兩岸由東阿至利津黿場止其長一千零八十餘里緣逢灣取直核實丈量是以與上年原估里數節省較多其長清齊河歷城齊東惠民濱州蒲台利津各州縣低窪處所照原定丈尺加高至一丈二三尺展寬至十

丈及十二三丈不等因地制宜以期穩固據印委各員節次禀報臣復委道府大員分投驗收高寬如式逐段錐試均屬夯硪堅實委無偷減草率情弊並送冊結前來臣覆查無異兹謹將南北兩岸長隄繪成全圖恭呈御覽惟此次工程至千有餘里之遠用款至百數十萬之多國帑民生關係非小應請簡派大臣前來東省沿隄查驗以昭慎重所有出力員弁容俟驗收後再行分別奏請獎敍藉資激勸除用過土方填築溝窪遇險廂埽及估壓民田按畝給價由臣核實另行造冊報銷外所有長隄告竣懇

派大員驗收緣由謹專摺具
奏伏乞
皇太后
皇上聖鑒訓示祇遵謹
奏

鐵門關以下與太平灣鐵板沙無庸逢灣取直及設法開挖片光緒十年五月二十九日

再臣因鐵門關以下水流不暢曾附片
奏請俟十四戶工竣後將該處河身逢灣開直以資宣洩在案
茲查自李家莊十四戶卞家莊各口次第堵築水勢既合所有

鐵門關以下各灣逐漸深通逢灣取直之說應請無庸置議又太平灣口門外之鐵板沙橫亘二十餘里從前黃流出口不無阻滯現在全河順軌口門漸次刷開鐵板沙距口門尚八九里直流雖少有窒礙而左右仍可分流且潮退時水蓋沙面尚有二三尺之深一遇盛漲儘可從沙面漫流入海所有裝運五六百石船隻業可溯流徑入口門以目下情形而論似可無庸設法開挖謹據管見所及附片具陳伏乞

聖鑒謹

奏

撥長隄餘款本年防汛片 光緒十年五月二十九日

再此次修長隄先後奉
旨指撥截留銀一百六十萬兩經臣督飭在工各員撙節動用現計逢灣取直里數既減土方自少合土價地價及塡築溝坑遇險廂埽各項約實用銀一百四十二萬兩尚餘銀十八萬兩臣查隄工雖經告竣尚須妥籌善後現擬逐段修建堡房添派勇夫多備料物以資防護應請將此項銀兩作爲本年防汛經費及籌辦一切之用除擬議章程另行具
奏外謹附片陳明伏乞
聖鑒謹
奏

遵旨查勘德州境內運河兩岸險要各工請籌款分別修培摺　光緒十年五月二十九日

奏爲遵旨查勘德州境內運河兩岸險要各工籌款分別修培恭摺覆陳仰祈聖鑒事竊臣准工部咨光緒十年四月初九日奉上諭李鴻章奏德州境內運河各工請飭山東撫臣籌款興修等語山東德州境內運河兩岸工程近年修守廢弛堤身卑薄迭出險工亟應設法興辦著陳士杰籌撥款項遴委妥員即將應修各工趕緊勘估擇要興修務期加高培厚於伏汛以前完

竣毋稍延緩其防汛事宜並著嚴定官督民守章程以免臨時
諉悞等因欽此欽遵知照前來 臣 查東省運河堤工上下游道
里綿長自黃水改道以後南漕由河運者不過江北一隅故凡
可緩之工程不容不暫行停辦以節經費遇有殘缺處所地方
官督同紳民修培迄今多年習爲故事德州境內運堤每歲非
不修補祇以上年水勢過大遂至多所被沖 臣 前因御史劉恩
溥奏請挑濬四女寺支河卽飭委員候補知州許禎身一併查
勘照章勸諭修築並據署德州知州宮本昂稟報捐資購辦料
物將最險之小楊莊工段加培穩固當於覆
奏四女寺等處支河情形摺內陳明在案欽奉前因遵卽復委

許祺身前往確勘估計工需茲據稟稱查得該州運河兩岸共長一百九十里其隄以逼近河流者爲險要直隸委員吳士湘原稟最險十段次險二十段係約略言之其中有遠年險工現在溜勢改移並不成險者亦有因險而居民業已加高培厚者該員周歷各處詳細確查計實在應修險工十七段內城南東岸水營迴龍廟盧家坟台子坡等處四段城北東西兩岸宋家道口黃泥灣程家莊八里屯八里灣燕窩小蠻林小楊莊豐樂屯第八屯吳橋口第三屯第四屯等處十三段或應加高培厚或須添築後戧並坐灣頂衝各處加修月堤以資捍衛按照丈尺估需土一萬三千餘方該員齊集紳民勸令出夫工作每土

一方酌給津貼京錢三百二十文核計連椿料穛支等項約共用銀一千七百兩直省委員吳士湘大致亦以築月隄加後戧爲主其建挑水埧一層於運河不甚相宜蓋運河中窄非黃河可比若此岸築埧挑溜則彼岸又將吃重臣察許祺身所擬辦法均屬妥協經費尤爲節省已飭趕緊興修剋期告竣民夫於硪工不能如法並撥給熟悉河務勇丁幫同辦理責成許祺身在工督率以昭慎重所需銀兩擬請在

奏撥修培黃河民埝津貼內動支事竣一併開報至吳橋口險工一段前准直隸督臣李鴻章咨會據景州稟請添修埽埧等工由該處紳民籌備料物幫修三成其餘七成歸東省承辦究

竟埽填應如何做法需費若干亦已由該委員會商估計應俟

稟覆再行酌發款項飭令上緊興修一律鞏固將來防汎事宜

照章由地方官督飭紳民認眞籌辦每屆春融親詣沿河一帶

查勘有無殘缺稟明修培不准稍涉懈弛所有遵

旨查明德州境內運河兩岸險要各工籌款分別辦理緣由謹

恭摺覆陳伏乞

皇太后

皇上聖鑒謹

奏

防守長隄事宜並籌撥歲修款項摺光緒十年閏五月十三日

奏爲山東黃河兩岸長隄既成謹擬防守事宜恭摺仰祈
聖鑒事竊維黃流東徙以來山東水患年甚一年臣奉
命到東時先後決口二十餘處搶修堵築蚤暮弗遑仰賴
聖主憫念災黎不惜重帑修築長隄用資保護官紳士民既感
且奮現已一律告成專摺
奏明在案惟黃流湍悍非常風激水搏轉盼夷險異形設非先事籌防必至臨時周章倉皇僨事譬如城市溝渠修理不時一遇暴雨必壅滯漫溢況黃流浩瀚飄蕩難測平查防汛之法不外廂埽築填栽柳抛石各事而尤在相度水勢隨時預防成法固可循守變通仍視一身總在長官親行察看委用得人遇事

核實節省便多稍有疏嬾則偷工減料浮用浮銷皆所不免臣督同司道妥籌善後之法謹擬十五條另單開呈是否有當恭候採擇至於逐年防守之款尤宜預籌臣查河南隄防兩岸六百餘里歲用銀六七十萬兩山東曹屬南岸二百餘里歷年派勇防汛除勇餉由善後局支銷外歲用銀十餘萬及七八萬兩不等當此餉源奇絀之時臣尤當力求撙節惟兩岸隄長千有餘里新築之土未經雨雪尤宜隨時派人守護又值海防未鬆并無營勇可調今歲防汛事宜臣當暫時雇募勇夫分段防守計自閏五月起至霜降後止業經臣
奏請將大隄餘銀十八萬兩撥作善後經費所有建造堡房及

勇夫口糧購辦樁料各項當可敷用此後每年防汛所需仍當
示以限制臣與司道悉心核議除有意外之變隨時另行
奏請外其工需銀兩每年不得逾三十二萬之數應支勇糧均
在其內所有此項銀兩擬於藩庫每年提銀十六萬兩運庫提
銀八萬兩糧道庫提銀四萬兩兖沂道庫提銀二萬兩又每年
應解直隸東明河工銀四萬兩現在東省增辦河防需款甚鉅
此項無力再解應請自來年起由直隸督臣李鴻章另行籌畫
至每年用過防汛經費若干自當照例據實報銷如有餘銀歸
入下年動用二三年後能否節省再由撫臣察看情形隨時具
奏總之築隄固宜力求堅實而防守尤不可稍涉疏懈賞罰嚴

明則款不虛糜而事皆就理倘有疏失承修員弁之責猶小而撫臣用人失當之愆尤屬咎無可辭也臣材力短淺不能爲黃河籌久遠之規而辦理長隄用款至如此之多報功乃如此之遲清夜自思彌切惶悚所有擬辦長隄防守善後各條及籌歲修款項各緣由謹專摺具

奏伏乞

皇太后

皇上聖鑒訓示此外臣思慮有所未周材力有所不逮並懇

敕部核議以昭詳慎合併陳明謹

奏

謹將善後事宜酌擬章程十五條恭呈

御覽

一擬設河防總局查隄長至千餘里工大事繁河督既稱未能兼防添設廳汛亦多糜費擬照曹屬賈莊辦法委員經理即於省城設立總局派道府一員總核銀錢出入並隨時察看沿河險要督同文武妥爲防守所有一切事宜仍詳請撫臣定奪以昭慎重

一擬修築堡房長隄地段綿長非平常有人駐守則風雨傷殘車馬殘踏在在堪虞應按三里建堡房一座設立房兵五名隨時修整隄基栽植柳樹十堡派一守備千把管轄有警飛

報防汛各員督率勇丁前往搶護如勇力較單再鳴鑼傳集近隄村莊民夫共相守衛

一擬招募防汛勇丁凡出險工多在風雨黑夜非分段駐防一時呼應不及通盤籌畫應募勇二千五百名方能稍敷分紮三汛期內仍需添雇土夫幫同搶護當先搶護民埝倘民埝無法搶救再行退保長隄目下伏汛已到水漸盈槽此項勇丁應一面就地募充俟海防稍鬆卽行遣散另調現駐煙登海口東軍各營改爲防汛勇營該各營歷辦河防於修守事宜均能諳習所有口糧卽在防汛銀內開支報銷以免混雜

一擬官民協防查民埝例應民守然民夫心志不齊緩急難恃

現擬平時由紳民各按段落自行防守有警則由官弁督率勇丁協力合搶至雇派民夫仍應責成地方官方能呼應靈通

一儲備料物凡青蔴秫稭柳樁等項均爲搶險必需之件應擇險要各處分別堆存以資備用每歲秋後由總局道府體察情形每處應存若干委員分投平價採辦以免臨時周章

一分堆土牛每歲於霜降後冬春無事時營官督率勇丁將長隄按段堆築土牛以備緩急並於低窪頂衝坐灣之處分別將隄基加培每歲如常辦理庶隄身漸次高厚民埝則官督民培使知分宜防守免致臨時觀望

一嚴定責成防汛事宜雖有營官督率勇夫承辦地方官仍應隨時照料遇有險工勇丁不敷兼顧即於隄內隄外村莊齊集民夫幫同搶辦如防護不力致有疏虞將地方官及帶勇員弁一併分明參處

一擬邀免民埝處分查長隄例應保固如有疏失地方印委員弁自當分別參辦惟民埝逼近河干與水爭地雖經修培究難深恃每值大汛往往有非人力所能搶護者如有漫溢應請免其處分責令趕緊搶修

一嚴禁掘隄偷料近河居民值大雨時行之際積水無從宣洩往往聚衆挖隄以鄰爲壑又沿岸所釘樁木奸民每有竊取

所關實非淺鮮應出示嚴禁嗣後如有偷挖長隄將爲首之人照軍法從事竊取椿木從嚴懲辦以儆效尤而重要工一酌擬委員薪水勇丁口糧查帶隊營官向按品級開支薪水公費等項並每勇一名東軍月給口糧銀三兩善後局均有奏定章程應仍一切照辦外所有總局委員道府每員擬月給薪水銀八十兩州縣每員擬月給薪水銀四十兩佐襍每員擬月給薪水銀二十四兩道府爲總辦祇須派一員其餘正佐須經理收支文案採辦料物稽查工程事務繁多應請以八員爲率藉資差遣又總局應需書差等項人役與夫油燭紙張一應襍用難以預計擬酌定每月准銷銀一百六十

兩以示限制看守長隄武弁每員擬月給薪糧銀十六兩准
雇夫役二名以備傳報
一濬河水師口糧查上年奏明製造船隻拖帶混江龍鐵篦子
疏濬河身先後造成大小船三十八隻合舊有長龍二隻共
計四十號雇募水勇派員管駕所需薪糧酌照水師利捷營
支發成案辦理計共設管帶官一員幫帶官二員文案官一
員哨弁十一員舵工四十名頭工四十名礮手二十名水勇
二百八名每月大建共支銀一千二百二十七兩四錢九分
四釐小建支銀一千一百九十兩七錢一分一釐六毫此項
船隻往來梭巡裝運料物實屬必不可少之件應請自本年

閏五月起派令平時拖帶混江龍鐵篦子沿河疏濬一遇盛
漲幫同防汛弁勇隨地搶護並運送料物所需餉銀即在防
汛項下開支應發各項細數另行咨部查攷
一擬定堡兵土夫口糧查長隄應設堡兵及三汛期內應添雇
土夫幫同搶護前條均已議及所有此項兵夫口糧酌中定
擬每名每月應給銀二兩四錢俾資餬口看守長隄武弁每
員准雇夫役二名其口糧亦照此發給
一每年搶護險工需用料物需清後按照丈尺報銷以符定例
其土方除零星小工由勇夫承辦不准開支工價外如廂築
較多雇募民夫辦理每土一方照長隄奏定數目給銀一錢

五分八釐七毫三絲

一擬料物按時定價查工程過長需用蓀蔴稭椿甚多而蓀蔴出自豫省秫稭柳椿就地雖可購買而年歲豐歉無常價值貴賤亦異若先定例價定數過少既恐藏匿不出有誤工需勒民出賣又恐地保差役藉端騷擾應請每年按時價採辦以免累民仍責令據實造報如有浮開卽行參劾追賠

一擬照章賞罰查承守各官遇有失事應得處分已詳河工則例倘能防護勤愼兩年安瀾應請援案保奬以昭激勸

以上各條係就現在情形酌擬辦理此後如有變通之處仍當隨時具

奏合併陳明

黃水盛漲各屬險工疊出情形摺光緒十年閏五月二十四日

奏爲黃水盛漲各州縣險工疊出現在設法搶堵情形恭摺仰祈

聖鑒事竊東省黃水兩岸新築長隄月前甫經告竣接修民埝有已報完工者有尚未竣事者正在督飭趕辦並委員布置防汛間乃於本月初九日黃水陡漲三尺餘初十十一十二十三等日接連增漲約一丈有奇十四以後消落尺許而十七八九等日又復大漲風雨交作拍岸盈槽異常洶湧較去歲大汛時水勢高二尺餘寸民埝大隄節節生險疊據各州縣印委官紳

稟報前來經臣嚴飭設法搶護並派員弁帶領勇夫分投前往會辦據報東阿平陰肥城齊河章邱長清濟陽惠民濱州青城蒲臺十一州縣均已先後搶護平穩惟齊東縣蕭家莊閻家莊民埝尚未竟工於十二日晚被水漫溢百姓各顧身家紛紛逃散印委各員搶護不及遂爾衝決成口水勢直趨縣城南城水深數尺居民無計將城東月隄掘開洩水因之大隄內外均被衝刷臣聞報當派前臬司潘駿文豫山馳往查勘該處民埝已刷寬至百數十丈大隄亦刷寬八十餘丈水勢較猛需料甚多一時無從採辦只好派弁先用稭料裹廂兩頭以免再行刷寬又據報歷城縣下游霍家溜河套圈等處民埝將次告竣突於

十九日被大風激浪漫決二口共寬百餘丈該處向有河溝故
地名曰㴬曰圈水勢從溝圈直撲大隄兩水夾衝其力倍猛比
經集料搶護業已漫決數十丈臣親往查勘該處形勢外高内
低漫決雖寬水勢較齊東稍緩施工似亦稍易其兩處漫水幸
小清河自一段至十段一律開通均由此入海而山泉與黄水
並注兩岸有無漫溢爲災已派員查明稟覆辦理又利津南岸
下游甯海莊於十一日漫決數十丈城南張家灘亦於是日漫
決數丈張家灘現已設法搶辦甯海莊因海邊葦料早經購盡
未能急切興工隨後查看情形再行辦理臣當卽飛飭各縣查
明被淹村莊有無損傷人口一面委員前往妥爲撫卹一面分

飭趕緊堵築需用料物爲數甚鉅工次現存無多近河州縣連
年遭水無可採辦臣已多派委員分赴上游濮州范縣及直隸
東明一帶加價購買一俟運到即飭將隄埝迅速次第堵合查
此次歷城齊東兩處漫決實因埝工未竣防汛章程甫經具
奏而大汛猝至一切堡房防勇尚未布置周密自屬咎無可辭
應照例由臣及承辦各員分別賠修並請
旨將臣交部嚴加議處其承修印委各員署歷城縣知縣程兆
祥候補知縣汪麗金署齊東縣知縣張鴻鈞候補知縣文琦均
請暫行革職分別留任留工責令督修俟各口合龍再行奏懇
恩施准予開復其餘監工佐襍各員由臣分別記過咨參外所

有黃水盛漲漫溢歷城等處隄埝分别相機設法搶辦緣由謹

恭摺據實具

奏伏乞

皇太后

皇上聖鑒訓示再上游賈莊南北兩岸此次水漲據報亦多險

工均經在事員弁搶護平穩合併陳明謹

奏

親赴黃縣籌防日期片 光緒十年閏五月二十四日

再承准軍機大臣密寄光緒十年閏五月初七日奉

上諭現據張樹聲轉達潘鼎新電報本月初一初二等日法兵

至北圻諒山觀音橋等處無故撲犯我營衅自彼開我軍已與之接仗獲勝法兵經此次懲創自可遏其兇鋒第恐其不得志於北圻勢必至中原沿海各口岸及臺灣瓊州等處肆擾洩忿亟應格外防範以備不虞著李鴻章曾國荃彭玉麟穆彰善何璟張樹聲張之洞衛榮光劉秉璋張兆棟陳士杰倪文蔚陳寶琛吳大澂張佩綸督飭各軍認眞操練並隨時嚴密偵探務期有備無患毋稍疏虞將此由六百里各密諭知之欽此臣遵

旨當卽飛飭統領煙臺各軍兖州鎮總兵全祖凱海防營務處前濟東泰武臨道李宗岱督率各營嚴密防範並派提督王衍慶一營馳赴登州與副將李世祥勇隊並紮城西以資周密二

十四日酉刻復接准直隸總督臣李鴻章電寄滬報二十二申正孤拔率大小鐵甲悉數離滬據云至煙台或到閩馬尾恐有奪地爲質之意等語似此情形無論赴閩赴煙其決意用兵要挾已屬無疑竊維山東河防海防均關緊要而權其大小緩急海防重於河防臣定於二十六日起行馳赴黃縣督率煙登各營相機防守所有河防事宜應交司道及前臬司潘駿文豫山妥商會辦臣衙門尋常事件委藩司代折代行緊要公事仍包封送至行次由臣辦理查煙台華洋襍處海面遼闊無法扼守曾飭各營駐紥煙台山後以顧福山黃縣登州各路如法船僅駐煙議約則市鎮仍應照常通商倘或敗盟當先設法斷其接

濟俟其上岸再行相與搏擊前經

奏明在案臣揣敵情叵測避實擊虛是其長技一旦背約勢必以數船牽制津沽大軍而以精兵駛出我後近而牛莊遠而太

平洋河口一帶應請

朝廷選派謀勇兼優之將扼守駐防以固根本重地然後議戰

議和較有把握臣管見所及是否有當謹候

聖裁所有微臣親赴黃縣督率煙登各營相機防守日期緣由

謹附片密陳伏乞

聖鑒訓示謹

奏

千年學府文庫

陳侍郎奏議

（下）

陳士杰 撰
謝孝明 整理

湖南大學出版社 · 長沙

陳侍郎奏稿

卷之五

遵旨激勵將士並分別布置緣由摺光緒十年六月十六日

奏爲微臣到防遵

旨激勵將士恭摺仰祈

聖鑒事竊臣於萊州行次接准總理衙門電寄前月二十四日

奉

旨法國巴使逗遛上海不卽來津議約並據各處電報孤拔有集兵船他駛佔據中國地方爲質索賠兵費之說無理要求萬難將就海疆防務喫緊著沿海各省將軍督撫統兵大臣等密

飭各軍嚴防以待一面廣爲偵探倘有法兵前來按兵不動我亦靜以待之如果撲犯我營或登岸肆擾務須併力迎擊並設法斷其接濟期於有戰必勝如有退縮不前者立即軍前正法

本日欽奉

懿旨各營士卒奮勇有功者除破格施恩外並發給內帑獎賞將士炎暑從軍已先賞江南福建廣東各營平安丹各十五匣其餘各省以次給賞著即傳知各軍知悉欽此由直隸督臣李

鴻章轉電前來伏讀之下仰見我

皇太后

皇上嚴定賞罰以期整飭戎行愼固邊防之至意下懷欽佩莫

可名言臣兼程前進於六月初六日行抵黄縣隨巡視各處營
壘恭宣
諭旨凡我將士際此時艱夙蒙
豢養之恩當效犬馬之力執戈禦侮分所宜然况
朝廷重以不次之賞嚴以退後之誅各將士自應敵愾同仇感
奮圖報臣查夾河各營地居福山煙台之間相去各十餘里東
軍四營傍河築隄掘地爲壘作連珠營中通溝道互相聯絡楚
軍三營駐紮西北以資策應而防後路各營壘均屬穩固此路
責成兖州鎮全祖凱督率操練認眞防範其登州郡城三面環
海登縣鎮蔡國祥督率標兵防守城垣臣以登榮水師一營防

守水城以東軍三營防守城東一面察看沿海舊隄修築尚稱完固掘地挖濠聲勢聯絡與夾河各軍同以楚軍三營駐防城西一面於老柏山就地築礮壘二座海岸低坦處飭令堆填土石高與身齊以資障蔽與城東相爲犄角中路棨礮隊一營臨時左右策應此路歸前濟東泰武臨道李宗岱統率以專責成黃縣爲登煙後路照舊棨東軍二營臣布置妥貼後擬仍親駐該縣有警分途援應兼顧龍口海汊據報前月二十九本月初一初三等日有法國兵船二隻在登煙洋面游弋隨卽開駛並未久停所有登煙一帶漁船經地方官均已清查編號某處糧行幾家亦按册可稽如和議不成該酋思圖東犯當卽傳令百

姓搬徙糧行禁止漁戸出入先行斷其接濟相機戰守固不敢畏怯不前亦不敢躁率輕進總期謀定後戰與各將士戮力同心以圖報稱除飭各營隨時勤加操練嚴密防守外所有微臣到防遵

旨激勵將士並分别布置各緣由謹專摺具陳伏乞

皇太后

皇上聖鑒訓示謹

奏

謝

賞海防各營平安丹摺光緒十年六月十六日

奏爲恭謝

天恩仰祈
聖鑒事竊臣於六月初五日在萊州行次接准軍機大臣字寄
奉
上諭朕奉
慈禧端佑康頤昭豫莊誠皇太后懿旨現交炎暑各省防軍荷戈從役廑念殊殷前經分賞江南等省各營御製平安丹著再賞給直隸各營二十匣山東浙江及奉天海口防營各十五匣交李鴻章陳士杰劉秉璋傳旨分賞該署督等務當仰體
慈恩加意拊循俾各知感奮以壯戎行將此由六百里各諭令知之欽此臣當即恭率將弁望

闕叩頭謝
恩分飭各營祗領伏念講武整軍原資疆圉折衝之用執兵擐
甲備沐
朝廷豢養之恩夙荷
撫綏已深淪浹迺復海邦
眷注
堂陛傳宣炎暑師興憫征車於六月平安
天賜爭羅拜於三軍感甚投醪志堅嘗膽潛消疹厲登山無虆
麴之呼
溫語拊循行道識葳蕤之樂臣惟有激勵戎行與同甘苦起營

旃之痼疾洗環島之腥聞

指授天山不忘外攘內安之略騷除海甸猶是歆和食德之年

所有感激下忱理合恭摺叩謝

天恩伏乞

皇太后

皇上聖鑒謹

奏

奉　旨查明福山駐紮兵勇並無騷擾片光緒十年六月十六日

再臣於六月初一日於濰縣行次承准軍機大臣字寄閏五月

二十四日奉

上諭有人奏近聞山東福山縣駐紮兵勇擅入民家任意橫行請飭嚴禁等語各省駐紮兵勇原以綏靖地方豈容肆意騷擾爲害閭閻況福山偪近煙臺所奏如果屬實設海上有警此軍如何足恃著陳士杰迅速查明該軍如有前項情弊嚴飭帶兵各員卽行禁止並將騷擾民間兵勇嚴行懲辦以申軍律而固民心將此由五百里諭令知之欽此遵

旨寄信前來臣跪聆之餘當卽沿途派員暗訪比至煙臺福山復密詢登萊青道方汝翼福山縣知縣唐肇午均稱各營勇丁駐紮該處數月以來尚稱安靜並無百姓控過勇丁滋事案件惟初到時修築營垣壓占地畝開挖濠溝與附近居民不無稍

有齟齬隨經福山縣丈勘地基按畝給價以後甚屬相安委無擅入横行等事與臣派員所訪大致相同臣巡視各營壘經過村莊亦無百姓攔輿控告除嚴飭各將領申明紀律如查有勇丁稍有滋擾即行從嚴究辦外所有遵

旨查明福山縣駐紮兵勇並無騷擾等情緣由謹附片具陳伏乞

聖鑒謹

奏

豫籌邊防片 光緒十年六月十六日

再據報法酋孤拔率帶兵輪停泊福建長門尚未登岸則其氣力尚弱不過虛聲恫喝可知

朝廷現派署兩江督臣曾國荃相與定約如果就我範圍言歸於好不戰而卻人之兵固免勞師動衆若其要求無厭犯我疆圉既成讐仇我當毁其租界焚其教堂檄滇桂三軍進規越南使彼進無所得退失所據則戰和之權操之自我法人既受懲創他國亦不敢從而生心似亦自强之一端謹就管見所及附片密陳是否有當伏候

聖裁謹

奏

遵查吴壽齡所奏與原奏不甚符合片光緒十年六月十九日

再臣於六月十六日在登州營次接准軍機大臣字寄光緒十

年六月十一日奉
上諭御史吳壽齡奏山東齊河縣黃水陡漲丈餘民埝漫決成口四五處寬者三百餘丈小者亦不下百餘丈大隄亦被冲決四五百丈不等被淹約有六七十餘村直至青城縣境傷斃人口千餘利津亦有決口延及武定城外近雒口鎮之桃園亦有衝決現濬小清河至樂安縣境該縣附近居民因不便已有與夫役械鬬並私決黃水倒灌小清河上游等語該御史所奏河決情形與該撫前奏不甚符合著陳士杰詳細查勘迅速具奏一面查明被淹村莊傷斃人口妥為撫䘏毋任一夫失所至樂安居民私決黃水並著確查辦理將此諭令知之欽此遵

旨寄信前來伏查齊河縣境居大清河北岸青城居大清河南岸齊河如有決口黃水無由灌至青城御史吳壽齡所奏疑是齊東誤爲齊河前聞五月十二日齊東民埝漫決數處寬窄不等大隄亦被衝掘曾經
奏明在案經前臬司潘駿文豫山察看民埝決口參差不齊比時牽算已寬至百數十丈大隄民掘一處衝決一處通計亦已八十餘丈此後有無刷寬尚未據報工歸賠修丈尺無所用其朦混又齊東距歷城僅百餘里得報後隨經分派官紳施放急賑往來絡繹先後據各委員及齊東縣稟報均無損傷人口詢之各放賑紳士據稱民埝開口之處附近村落傳聞不無溺傷

及詳細訪查殊無實據其隄外之水係由小清河下洩隄內之水漫及青城蒲台等縣仍入大清河續據各該縣稟報均經派員前往撫卹至利津張家灘決口本小水由洚河出海上距武定城二百數十里實無從倒灌決口隨即堵合亦經

奏明在案又該御史奏雒口鎮之桃園被決一節查桃園係屬北岸現濬小清河與樂安縣係屬南岸大約因南雒口下游三十餘里河套圈等處決口誤爲北雒口之桃園至樂安開挖海口所用土夫本地居多不惟未曾械鬬村民且多感激水至樂安業已入海無從灌至小清河上游細思該御史所稱居民私掘眞水當是齊東縣民埝外居民掘開大隄而大隄外居民復

掘開小清河隄將黃水洩入下游輾轉傳說之誤其掘隄首犯當批飭該縣嚴拏究辦凡有被淹村莊除比時散放饍䉶外均經派員馳往查明戶口接放普賑冀以仰副我
皇太后
皇上軫念民依之至意亦經
奏明在案所有遵
旨查明吳壽齡所奏與臣原奏不甚符合緣由謹附片具明伏乞
聖鑒謹
奏

修培德州運河隄工完竣並續發景州承修吳橋口工需銀兩摺光緒十年七月初二日

奏爲修培德州運河堤工一律完竣並續發景州承修吳橋口工需銀兩恭摺仰祈

聖鑒事竊照德州境内運河兩岸工程前因年久失修堤身卑薄欽奉

上諭飭令擇要修培當經臣委員勘估將辦理情形詳細覆

奏並聲明吳橋口一段准直隸督臣李鴻章咨會景州稟請添修埽壩各工由該處紳民籌備料物幫修三成東省承辦七成應需經費若干俟該員等會勘稟覆再行酌發在案旋據候補

知州許祺身稟稱會同景州官紳妥商辦法應在吳橋口險要處所築壩一道長五十五丈高寬各一丈兩頭廂龍尾埽十六丈又壩外築堤一道長六十丈底寬六丈頂寬三丈派景州在籍紳士山東候補直隸州劉景芬購料修築地方官就近督率辦理所需工料估計京錢五千八百餘串除景州認修三成外東省應攤七成合銀一千三百兩懇請籌發等情臣當即仍在奏提修培黄河民埝津貼內如數撥給並飭將各項工程趕緊一律興脩懔遵

諭旨伏汛以前告竣勿得遲緩兹查德州境內運隄共應脩十六段均於閏五月二十五日修築竣事計城南東岸水營盧家

墳台子坡三處各修月隄一道迴龍廟修後戧二段城北東西兩岸宋家道口程家莊八里屯八里灣豐樂屯第三屯第八屯等處各修月隄一道按照形勢分別高卑厚薄計自十餘丈起至一百四十餘丈不等小楊莊上年決口處所並加築後戧斜隄月隄各一道以資捍衛據該委員許祺身稟報所需土方工價及襍支等項共實用銀一千六百二十九兩二錢五分原領銀一千七百一兩四錢七分尚餘銀七十二兩二錢二分仍交還河工局歸入原動民埝津貼項下至防汛事宜該員等查明德州隄工三十段其險要者十七段現已會同景州一律修培人煙稠密之處百姓身家所繫自能協力防護惟小楊莊豐樂

屯吳橋口燕窩第八屯等處村落甚稀民皆貧乏而附近直隸各莊户大丁多彼此積不相能在直民以爲隄在東境奚事耘人之田在東民以爲彼既秦越視我我何必爲彼固藩籬以致互相觀望歷年決口皆在此數莊之内今明定章程於沿隄密栽柳樹修建堡房伏秋兩汛期内地方官派撥民夫駐棚看守有警則鳴鑼聚衆無論直東百姓一體出夫搶修每屆春融農隙並由地方官勘明殘缺卑薄各處分别派夫培築其守隄人夫口糧卽由官隨時發給刊立碑記以垂久遠臣詳加體察此後直東兩省但能協力脩防一洗從前嫌怨直民勿存畛域之見東民勿生觀望之心則彼此相維當不致再行衝決除咨直

隸督臣轉飭景州等處曉諭居民一體遵照外所有德州運河
隄工修培完竣並續發景州承修吳橋口工需銀兩緣由謹恭
摺具陳伏乞
皇太后
皇上聖鑒謹
奏
遵
旨加意嚴防覆陳摺　光緒十年七月初二日
奏爲遵
旨加意嚴防恭摺覆陳仰祈
聖鑒事竊臣於六月十八日在登州營次承准軍機大臣密寄

六月十二日奉

上諭現派曾國荃等在滬與法使議約該使無理要求婪索巨款萬難許允雖經美國照約出爲調處成否尚不可知亟須豫備戰守況法艦現聚閩口彼族詭計多端伺隙攻瑕尚未可定沿海各省防務喫緊該大臣將軍督撫等不得因有調處之說稍涉疏懈仍當振厲精神懔遵疊次諭旨極力籌備堅持必戰之心勿存游移之見庶不致因循貽誤致干咎戾將此由六百里各密諭知之欽此遵

旨寄信前來

聖訓周詳跪聆之下莫名欽感查法艦五艘於六月十五日至

台灣基隆登岸撲營經我軍擊敗該酋必思再舉以圖報復沿海各軍尤宜加意嚴防整軍以待但使我軍協力同心再獲大勝該國內外臣工不和孤拔必難自保彼時泰西各國必有從中調處者因而示以寬大不與深爲計較言明北甯等處仍應歸我或即派劉義駐軍防守當可固我邊陲此次再與該酋接仗關係甚非淺鮮旬日內外當有的音臣以登州三面環海防守尤難復調前紮萊州海廟一營塡紮城西以資周密另調省城巡防東勇一營馬隊一營塡紮萊州臣現駐登州督飭各營將士於海邊可以上岸之處概行掘濠以待俟布置妥貼再回黃縣其煙台地方既無城郭又無礮位復無巨商大賈聞警則

搬徙一空臣因飭令各營屯紮山後之夾河戰守較有把握曾

經

奏明在案臣復隨時派員查看操防尚屬認眞所有遵

旨加意嚴防大概情形謹專摺密陳伏乞

皇太后

皇上聖鑒謹

奏

遵　旨分別各國旗號以資保護片光緒十年七月初二日

再臣於六月二十二日在登州營次承准軍機大臣密寄六月

十八日奉

上諭都察院代遞候選知府徐承祖奏法人狡詞毀約挾兵要求請速定戰守並將應辦事宜敬擬八條開單呈覽一摺現在法越一事和議尚未定局萬一衅自彼開必須接戰該員所陳如令各國高挂旗號並將旗號樣色速行頒示沿海軍民及於各商所住門首大書某國商民字樣各條係爲保衛洋商以免別生枝節起見辦法尚屬切實等因欽此遵

旨寄信前來伏查法越肇衅兵端開自法人與他國無涉所有泰西通商各國自應謹遵

諭旨照常保護以免另生枝節現在台灣業經開仗煙台係通商碼頭輪船往來絡繹不絕臣現已札飭登萊青道方汝翼傳

知該駐煙領事暨各洋行大書某國字樣張貼門首各國商船進口高挂旗號並示以此舉係爲保護該洋商起見所有旗號樣色卽由該道照式頒示軍民以便臨時分别登州亦卽飭令登州府曾琪光及蓬萊縣鄭錫鴻一體遵照辦理所有遵旨分别各國旗號以資保護免生枝節各緣由謹附片具陳伏乞

聖鑒謹

奏

奉　旨留任謝恩摺光緒十年七月初三日

奏爲恭謝

天恩恭摺仰祈
聖鑒事竊臣於七月初三日在登州營次接准吏部咨開以山東黃水盛漲險工疊出齊東等縣相繼漫決雖民埝各工未竣究屬防護未周由部查照黃河隄岸半年內衝決總河降三級留任公罪例嚴議以革職留任奉
旨依議欽此伏念東省自黃流北徙河患頻仍臣奉
命撫東兼司河務材輇任重深懼弗勝早暮經營幾及半載長隄始克就緒而伏汛大至防範未先隄埝並決罪無可追乃荷
聖恩予以留任飭令督率員弁設法堵築既寬其前愆復觀其後效臣自顧何人邀斯

寵遇感激圖報莫知所云惟有督飭承修各員集料堵塞早慶
安瀾稍贖罪戾冀以上紓
宸廑而下奠民居謹專摺叩謝
天恩伏乞
皇太后
皇上聖鑒謹
奏
遵
旨添募勇丁摺　光緒十年七月初七日
奏爲遵
旨添募勇營恭摺仰祈

聖鑒事竊臣於七月初二日曾將登煙各處海防布置情形

奏明在案初五日接准軍機大臣字寄六月二十九日奉

上諭吳大澂奏山東防軍不過六千餘人膠州海口甚寬由膠州至省無險可扼法總兵福祿諾有膠州口岸易攻之説請飭籌備等語山東防營兵力尚單著陳士杰於該省腹地各郡酌商抽調練軍勇營或迅速增募即行妥籌辦理總須添足萬人期於戰守確有可恃膠州一帶應如何備豫不虞並著速籌布置毋稍大意原片著抄給閱看將此由六百里諭令知之欽此遵

旨寄信前來

聖謨宏遠飭臣增足萬人期於戰守可恃跪聆之下欽感莫名
伏念東省府縣半處海濱地面遼闊防守頗難統計海防各營
僅七千數百人兵力本屬過單惟臣初據各處探報法國兵輪
來華者大小共二十一艘以船計兵多不過五千內外水戰聚
於一處船堅礮利勢難遏其兇鋒若舍舟登岸彼當留守船之
兵留探辦煤米之船留各路偵報之卒計上岸與我軍接戰不
過二三千人主客勢殊奇正互用竊意激勵士卒當可一戰而
又河海兼防餉項奇絀是以未敢多招營壘稍涉張皇嗣據報
法國復添兵二千餘人計日航海前來則防守尤宜較嚴臣查
有浙江補用道李光久沈毅有謀現在金陵統帶恪靖各營南

洋大臣曾國荃素行關念大局當即函請飭該道率所部親兵二營攜帶軍械就近添募楚軍一營並求墊發一月口糧作爲山東民埝協餉迅速來東以資臂助一俟旂幟號衣製就即令成行茲復疊奉

寄諭該酋要挾無理萬難姑容臣謹遵

旨分飭各將領派弁赴清江揚州及兖曹一帶再行續募二千數百人分布各處以資周密而上紓

廑懷除俟各營到齊再行

奏報外所有遵

旨添募勇營緣由謹專摺密陳伏乞

皇太后
皇上聖鑒再東省內地無可調之營合併聲明謹
奏

遵辦團防片 光緒十年七月初七日

再臣於七月初一日在登州營次接准軍機大臣密寄六月二十七日奉
上諭現在法人肆意要挾無理已甚斷難曲予優容亟宜一意備戰業經密飭沿江沿海各省認眞防守山東煙台海口關繫緊要深恐兵力太單不敷防剿著陳士杰趕緊激勵紳民舉辦團練以輔兵力之不逮該撫惟當固結民心力籌戰備毋稍疏

虞將此由六百里諭令知之欽此遵
旨寄信前來伏念東省河防海防統籌兼顧財力既有所不及
防勇因之稍單荷蒙
天恩飭辦團練以備兵力之不逮臣謹當激勵紳民趕緊辦理
藉以上紓
宸廑查東省登萊青武四府均盼海濱而登萊二府逼近大洋
汊港紛歧兵勇只駐要地勢難處處分防臣於去冬今春先後
委員會同道府清查糧戶舉辦漁團每港立一船長給大旗一
面小船各給小旗一面各備器械船多之港設船長二三名均
編列字號以便稽查無事照常營生有警收入港內共相守衛

曾經
奏明在案惟陸路團防尚未舉行兹奉
諭旨當即檄令道府飭沿海各州縣趕緊勸辦大村則四五村
爲一團小村則十餘村爲一團各舉正團長一名副團長一名
由官彈壓酌發鎗礮朔望會操一次各團互相聯絡以期守望
相助如有查獲奸細及接濟敵人米糧船隻立予重賞團長船
長果能實力奉行並許給奬敘以資激勸山東地方瘠苦似此
斟酌辦理庶民不驚擾而於稽查奸細彈壓土匪洵足助兵力
之不逮其爲裨益良非淺鮮除時派員赴各府縣查明辦理是
否認眞外所有遵辦團防緣由謹附片密陳伏乞

聖鑒謹

奏

膠州淮子口布置情形片 光緒十年七月初七日

再查膠州至淮子口七十里由淮子口出大洋七十里此七十里中水深數丈前五六年曾有商輪探水至淮子口因下有礁石遇風不便停泊此後遂無輪船到此自淮子口以上水淺沙滯小船撥運牽纜已難稍大輪船向無上駛由膠州至省約八百餘里附近膠州前後數百里山道崎嶇該酋所恃者船堅礮利豈有舍船直入內地自取敗亡且淮子口祇有零星小店十三家並無囤糧大戶德璀琳所述福祿諾各語自是虛聲恫喝

聲東擊西之意臣前諭膠州知州平時但以編查漁戶稽查奸細爲要俟信息暫警再行撥營協同防守此次奉

旨飭臣於膠州一帶速籌布置無稍大意臣遵卽派弁招募一營前往並飭膠州卽墨整飭團練隨同官軍扼要防守冀以仰

副

朝廷愼重海防之至意謹附片陳明伏乞

聖鑒謹

奏

陳明通伸岡礮台及管見所及片 光緒十年七月十八日

再臣於七月十六日在煙台營次欽奉

批旨覽奏均悉卽著該撫督飭各營勤加操練如有法國兵輪駛入卽行合力攻擊毋稍疏虞所稱煙台地方既無城郭又無礮位是否該處本無礮台抑係有台無礮著陳士杰詳細覆奏一面酌量籌辦以期備禦有資所紮山後夾河是否足遏敵衝並著詳籌布置如軍火不敷卽著咨商李鴻章迅速調撥欽此伏查戰守營壘當因地制宜臣以登州城郭近逼海濱係屬府城不能棄城弗顧故於附城左右掘地爲營營壘不敢過遠以資保衞煙台海面一望無涯距長山島一百二十餘里距旅順二百二三十里敵船若由大洋北駛不惟礮位無從遠擊卽以千里鏡瞭望不能辦其旂幟相傳爲北洋門戶者以其赴北洋

必由煙台海面經過猶之至煙台必由上海經過也煙台本無巨礮通伸岡山頂於光緒元二年建築礮台一座地勢稍高非二三萬斤之礮不能擊其停泊之船且三面環海所造係中國前數十年台式於近日戰守不甚相宜臣以七營駐紮山後夾河係煙台及甯海各處由福山入省之道該處後距福山五六里前距煙台十五六里中隔山澗樹林便於設伏邀擊且可兼顧後路小口雖地勢似覺稍遠然較之十八年辦理海防駐兵崗嵛此次營壘已紮前二十餘里地有山谿夾抱俗名夾河借水爲勢兵力雖單戰守較有把握若進紮通伸岡一帶如兵力厚集分紮兩層亦屬可行應俟

欽差大臣吳元炳察看酌定施行所有不敷軍火謹遵
旨即行咨商北洋大臣李鴻章懇其一體接濟至大小礮位應
俟海氛稍定後再行商同司道設法籌款添購理合將通伸崗
礮台情形及管見所及據實覆陳伏乞
聖鑒謹
奏

東省辦理海防省東各屬酌添馬匹安設腰撥片　光緒十年八月初三日

再東省辦理海防臣駐紮登州距省不下千里往來軍報絡繹
驛遞最關緊要省東各屬均非通驛大道額設馬匹無幾實屬

不敷輪用據各州縣紛紛稟請援案添設腰撥以資馳遞伏查歷城縣地當省會往來文報尤多應酌添馬十六匹章邱長山益都昌樂濰縣昌邑平度掖縣黄縣蓬萊福山等十一州縣每處酌添馬十二匹均兩馬一夫自七月十五日爲始一律安設應支夫馬工料等項銀兩准予作正項開銷統歸海防軍需案內覈實造報一俟防務稍鬆卽行裁撤由臬司林述訓詳請奏咨立案前來理合附片具陳伏乞聖鑒勅部立案施行謹奏

伏汛衝決各口已有堵合並飭一律搶辦摺光緒十年八月初三日

奏爲伏汛期內衝決民埝各口已有堵合之處現飭印委各員
趁勢一律搶辦恭摺仰祈
聖鑒事竊照齊東歷城等處前因伏汛盛漲漫決民埝並將大
隄衝刷章邱齊河隄工又被奸民盜決經臣節次
奏報在案現據歷城印委各員禀稱該縣南岸霍家溜民埝口
門寬一百餘丈並有溜溝九道當經設法挂柳圈做土埝先從
淺處施工六月底七月初水勢稍退隨激勵勇夫人等晝夜進
占卽於七月初七日堵合又據利津印委各員禀報該縣北岸
張家灘民埝決口先經堵合其南岸張莊一口本與寗海莊毗
連嗣經大溜改移專注寗海一處察看張莊水不甚深購料堵

築亦已於七月初十日堵合至於齊河之李家岸齊東之蕭家莊歷城之河套圈近接省中稟報皆有淤出灘面如料物應手亦可乘時辦理臣查秋稼現已登場轉盼卽當種麥各決口既可設法堵築自應刻期趕辦臣已分飭司道及河工局提調官紳趕緊採辦物料責成印委各員竭力經營口門早堵一日民生卽早安一日至所需銀兩查民埝例無保固此次決口實因水勢浩瀚修培尚未竣工一綫卑隄逼近太溜萬難抵禦若令小民賠償既非所以示體䘏責成印委各員認賠亦覺事涉向隅應請照例寬免在於奉撥民埝項下動用由臣隨時稽核以期涓滴落實其長隄衝刷之處一俟民埝堵合水勢斷流卽可

補築臣辦理無狀負疚良深自當與承辦各員分別賠修遵照定例銷六賠四不敢稍涉混致負聖主曲予優容之至意所有民埝決口現已堵合三處並飭印委各員趁勢一律趕辦緣由謹摺具陳伏乞

皇太后

皇上聖鑒再據放賑委員稟稱歷城前次決口共淹斃四口齊東續行查出淹斃尚有二十七口均經撫卹合並附陳謹

奏

報菏澤東阿決口片光緒十年八月初三日

再臣於七月二十八日接據曹州府知府積慶稟報探得直隸

東明縣境黃河大隄本月十一日黃流盛漲衝刷數十丈水勢
東趨十六日已至菏澤縣之高家莊菏澤鉅野難免漫延等語
又據運河道穆特布禀稱據代理捕河通判陶文錦禀報十一
二等日水勢忽又大漲倒灌運河漫決兩處五里鋪一處水勢
平緩即可堵築其一處約二十丈溜勢稍急候設法辦理等語
同日又據東阿縣知縣張養德禀稱十一十二等日新舊運河
漫水直注卑境之郎家營地方新築長隄兩面受敵十四五日
狂風大作附近郎家營漫決二處寬二十餘丈等因前來查東
阿縣長隄中隔新舊運河雖值黃運並漲兩水夾攻究屬防範
不密應請

旨將承修之官候補知府李希杰東阿縣知縣張養德摘去頂戴仍分別罰工罰任照例責令賠修以贖前愆除咨直隸總督河道總督飭屬搶築並飭東阿縣菏澤縣趕緊堵築攔截查明被災輕重據實稟報外理合附片具陳伏乞

聖鑒謹

奏

查明山東廟島並無法船游弋摺 光緒十年八月十八日

奏爲遵

旨查明山東廟島並無法船游弋恭摺覆陳仰祈

聖鑒事竊臣於八月十六日在黃縣營次接准軍機大臣字寄

光緒十年八月十二日奉
上諭現據英國及日本使臣在總理各國事務衙門面稱法有五船在山東廟島地方游弋本日該衙門復接李鴻章函稱法有四船前往廟島等語法人詭計多端亟應預籌防範著陳士杰嚴飭各營勤加偵探遇有法國兵輪駛進即行實力轟擊勿爲所乘著李鴻章隨時策應以壯聲援將此由六百里諭令知之欽此遵
旨寄信前來伏念煙登爲海疆要地疊奉
諭旨嚴密防守臣親駐煙登自當督率將領隨時偵探先事預防以期有備無患本月十一十二十三等日臣尚在登州連日

接見廟島長山島猴磯島及大小黑山各島漁船團長均稱連日以來並無法船經過十二日山東泰安輪船管駕都司李田自津回煙亦稱並無路遇法船之事且廟島與登郡對岸如有法船亦卽一望了然惟初三日傍晚有美國兵船一號駛至登郡城外停泊當派弁前往詢問據該兵官柏禮格回稱因聞法國八日內有兵船到此特行前來保護該國教民等語渠亦令教民持片知照文武各衙門逾日該兵官拜謁登州府知府會琪光則稱該國教士在黃縣租一民房開設教堂縣令將租主嚴責殊屬不平窺其意似欲借法國虛聲以相恐嚇當經該府答以該教士並無租房契據亦未知會地方官所辦之人係丁

姓因其雇工不安本分送官懲辦該地方官辦理本地公事該國照例不得干涉該兵官回船查係實情遂無他語隨於初十日午後開赴大洋由廟島一帶經過想各處紛傳有法國兵船游弋廟島之謠卽由此而起連月以來長山島廟島均設有探船其餘各島該漁團等遇有法船亦卽約令飛報許予重賞當能偵探的確茲蒙

垂詢除嚴飭各營加意偵防外合將月來登煙海面並無法船游弋情事謹據實覆陳伏乞

皇太后

皇上聖鑒謹

奏

覆陳威海衛無庸設防片 光緒十年八月十八日

再臣於八月初一日在登州營次接准直隸督臣李鴻章咨稱七月二十二日准總理衙門來電內開本日奉
旨聞法因不得基隆煤將謀威海衛山東防務著陳士杰懍遵疊諭嚴密布置務期戰守足恃該撫責無旁貸不得稍有疏虞致干重咎並著李鴻章會同實力籌備以杜詭謀該省海防情形吳元炳即行確查具奏欽此密咨前來
聖訓周詳伏讀之下莫名欽感臣查威海衛本海濱一荒島距煙台一百八十里距登郡三百六十里距文登縣旱路九十餘

里沿海島嶼可以寄踪如此類者甚多前李鴻章以該島三面環山避風而水深用以演習水雷頗爲得地此時已將水雷移往他處備用則威海僅屬空島守與不守均於大局無關損益且處處設防轉不無兵分力單之慮臣與李鴻章往復函商意見相同理合將威海衞情形據實覆陳伏乞

聖鑒謹

奏

覆陳徐琪條陳海防片光緒十年八月十八日

再臣於七月二十七日在登州營次接准軍機大臣字寄光緒十年七月二十二日奉

上諭翰林院編修徐琪奏海疆多事條陳利弊一摺據稱近日各海口礮臺太露無土遮蔽敵船得視爲標準夷礮更易於轟裂間有堆土累隄用法或未能盡善必須高築土隄暗設地道多安礮洞再植樸木以至移動營房修造礮架均宜相度情形量爲更改等語各海口建立礮台最爲扼要制勝之計若製造不精擊敵而轉爲敵擊於戰守大有關係該編修所奏是否可行著該將軍督撫大臣等悉心察度實力講求以期有利無弊等因欽此遵

旨寄信前來伏讀之下仰見

朝廷慎重海防兼收博採謀出萬全之至意下懷欽佩莫可名

言竊維用兵之道當因地制宜與時變通法人性情堅忍器精令嚴迥非捻髮可比我若整軍排列法人鎗礮如雨雖有精鋭喪亡必多計惟有以散擊整以暗擊明之一法山戰則依險設伏平地則挖溝藏身兵法所謂先爲不可勝以待敵之可勝也至於沿海地面兵輪可往之處自創造二三萬斤巨礮以來守無堅城戰無堅壘雖有堅厚礮台施放未能靈動彼從海上遥擊可進可退可密可疏變動隨心指揮如意連環轟擊未有不被其攻燬者臣歷攷泰西諸國礮台新式均改石爲土改露爲藏改密爲疏改高爲低以臣細思仍不若就平地掘土安礮相礮之長短大小以定挖土之深淺前面略開尺許如八字形左

右均挖深五尺蔽身而止以資洗礮裝藥後寬五尺深六尺上覆土草以柔克剛礮力雖大施之平地便覺無功營勇既有躲身之處由暗擊明施放較爲有準既可避敵人巨礮又可省許多經費且一營勇夫小可一日成數座大可一日成一座用力少而成功速如或地勢較窪則掘土三尺築牆三尺以數里之遥擊二三尺之台稍高則過頂低則入土敵雖精於測量亦難命中似亦千慮一得之一端若夫平地爲壘臣於傍海之處均掘地爲營一前一後勢如連珠周圍開溝一遇有警彼此可從溝中互相策應離海較遠各營掘地稍淺外環長溝中間溝道彼此相通亦如之使我能窺敵所至先爲准備敵不能窺我虛

實此臣月來布置登煙各營之大概情形也查編修徐琪所奏與臣現在辦理規模尚屬約略相同惟東省既無巨礮添募營勇後膛鎗亦屬不敷前奉
旨飭臣請北洋大臣接濟軍火茲准覆稱直省亦因添募過多大小槍礮並無餘存可以分撥係屬實情臣前定購哈乞克司槍如出月可以解到尚可敷衍備用現復派員在上海定購以備將來續行添募勇丁之用除飭各營勤加操練外謹將遵
旨籌辦情形據實附陳伏乞
聖鑒訓示祗遵再臣於本月十五日移駐黃縣布置龍口一帶合併陳明謹

奏

歷城河套圈堵合片 光緒十年八月十八日

再臣連日接據河工局司道稟稱歷城河套圈民埝漫決之處計百餘丈經在工各員弁分別捆廂進占已於本月初一日堵合現在加修後戧接補長隄等語又據報齊東縣之蕭家莊民埝漫決二百餘丈經在工官紳先後築挑水壩西壩拓開溜勢連日捆廂堵築現剩口門約三十丈擇於十三日進占計月內可以合龍其章邱縣百姓偷掘大堤二十餘丈業經喬令有年督同百姓賠修完好等語臣查現在水勢甚落正好趕緊搶堵除批飭該司道等就近催督所用工費俟工竣另行核實

奏報外謹將歷城河套圈業經堵合並齊東縣蕭家莊業已進
占緣由先行附片陳明仰紓
宸廑再章邱縣知縣喬有年前因防守不密由臣
奏請摘去頂戴在案茲已賠修完工應否原案
賞還頂戴之處出自
天恩謹
奏

報新募各營到防並續募摺　光緒十年九月初五日

奏爲東省新募各營先後到防後路擬請續募數營以備策應
恭摺仰祈

聖鑒事竊臣前因登煙兵力過單遵
旨派弁分途招募業經
奏明在案玆李道光久帶領毅字三營於九月初三日到防該道係前安徽撫臣李續賓之子沈毅知兵深爲足恃臣現令駐紮登郡城西統領西路各營東路各營仍歸李道宗岱統領平時各專責成有警則互相策應查登州原紮東勇四營楚勇六營續調精健左營東勇一營李宗岱自募一營亦不日可到合計已有十二營兵力足資戰守其煙台山後原紮洳河六營已進紮諸記另派楚軍一營練軍一營駐紮距煙台四里之世回嶢約計提督李榮發新募楚軍七百名冬月亦可趕到擬令並

紮該處協同防守所有附煙各軍均歸全鎮祖凱統領以一事權又縣丞何鼎新募楚軍一營八月二十六日到防臣派令駐紮黃縣與李游擊仁黨東軍二營分防龍口黃河營兩處萬副將年清新募楚勇四百名八月十五日到防派令與東軍馬隊一營同紮萊州海廟副將歐陽高拔新募東軍一營駐紮膠州署即墨營參將陳光祿委募東勇二百名駐青島會同膠州協玉山督率兵團分扼要隘以資稽查捍衛而免意外之虞各營需用前膛後膛各鎗經上海陸續購備核計尚敷分給惟分防各口雖已布置安貼後路尚少策應之兵而內地各營先後調防省城亦未免空虛臣擬派弁再赴湖南內地招募二千餘人

計北洋有無戰事須在明春此時前往招募臘底當可趕到所有新募各營到防並擬續募二千餘人以備策應而資彈壓緣由謹專摺具陳伏乞
皇太后
皇上聖鑒訓示祇遵謹
奏

報齊東蕭家莊決口堵合片光緒十年九月初五日

再齊東蕭家莊民埝漫口經印委各員搶修僅餘三十丈已於八月十三日進占業經附片
奏明在案茲據司道稟稱在工員弁督率勇夫連日進占至十

六日口門僅寬五丈正擬卽日合龍而兼旬陰雨河水陡漲數尺金門深至二丈許西壩蟄陷數丈隨經署齊東縣知縣張洪鈞委員候補知縣文琦等晝夜搶築業於二十三日合龍隨卽追壓大土二十五日一律閉氣現在加修後戧工竣卽行接修長隄缺口兩處以贖前愆等語又據報歷城縣河套圈民埝漫口堵築完竣後隨經印委各員將馮家莊長隄決口之處自行督夫賠修於九月初二日完工夯硪堅實堪以仰紓

宸廑其齊河李家岸民埝決口據該縣印委各員稟報逐漸刷寬至三百餘丈水勢頗大堵築殊費周章臣查堵築口門不患水面之過寬而患衝刷之過深而水深之處又以頂衝旁決分

工程之難易李家岸究屬旁決辦理當不甚難現令一面催集工料於口門上游先築挑水壩一大座拓開溜勢兩頭圈出土塘一俟辦有頭緒卽行東西兩壩同時進築以期迅速藏事至利津縣之甯海莊一口經臣先後飭利津印委各員弁細心察看據稟由該處入海較之由鐵門關入海約近五十餘里水過之處莊房稀少於鹽灘亦復無礙臣現飭從兩頭淺處進築漸漸將決口收窄然後再下排樁抛塡碎石以免刷底中留口門四五十丈以資分洩但使宣洩較速則利津以下兩岸民捻水患當可稍減所有被水衝塌民房擬遴派結實可靠委員逐戶查明酌給津貼俾令遷居以仰副

朝廷不使一夫失所之至意除齊東民埝用過工料飭司道彙案造報外所有齊東民埝堵合歷城長隄築成日期及籌辦齊河李家岸利津甯海莊兩處口門大槪情形謹附片具陳伏乞聖鑒訓示再調署歷城縣知縣程兆祥候補知縣汪麗金前因馮家莊大家漫決經臣奏參暫行革職分別畱任畱工茲該處長隄業經該令等賠修完好可否援例就原案開復該員革職處分出自逾格鴻恩謹奏

趕回省城籌辦河運及河隄摺 光緒十年九月二十日

奏爲河運亟宜籌辦河隄未竟各工亟宜了結臣　擬趕回省城
恭摺仰祈
聖鑒事竊查漕糧爲
天庾正供歷年海運極爲妥便惟法虜背約犯邊海道漸梗來歲各省漕米自宜改歸河運以免意外之虞而黃流穿運以免南北河運節節淤淺逐年挖修每歲糧艘五六百號仍須守候黃汛催促前行稍爲遲延一經水落又須候他次水漲方能趲進茲接部咨籌議河運誠屬當務之急臣　擬先將北運河挑挖寬深收蓄積水做照蘇浙建壩拖船成法將運河口門兩邊砌石以資堅固中築土壩一俟漕船到口相黃水之高下將土壩

開挖又第用𦨭艫挽進雖不無牽挽之勞而水漲水落均可入口免致停泊待汛惟淤淺過久非竭四五月之力不能一律開通亟應及時趕辦方免臨事周章應開寬深丈尺道里遠近及需費若干非臣面與官紳細心考究難以定奪此外能否分成折色在津通收買並由鐵門關分運幾成到津以免擁擠之處仍應咨商直督與漕河各臣斟酌妥善再行會同

奏請施行加以臣前開辦小清河甫將就緒即經黃水灌入仍宜查明受淤沖塌處所分段派員修理又齊河口門如何辦理及大隄民埝應行清理事件尚多臣須趕回省城趁未凍以前於十月十一月上半月內一並將運河河隄各工妥籌辦理稍

遲冰結便難施工其煙登海防現已布置妥貼轉盼小雪輪船便當收凍數月間北洋可無戰事臣現往萊州布置海廟三山島太平灣一帶擬月杪趕回濟南府及時興工如有警報臣仍當兼程前進五六日即可到防不致貽誤事機所有臣趕回省城籌辦河運及河隄未竟事宜緣由謹專摺具陳伏乞

皇太后

皇上聖鑒謹

奏

覆陳吳大澂所奏與現在煙登辦理溝隄略同片 光緒十年九月二十日

再臣於九月十八日在萊州府行次接准軍機大臣字寄光緒

十年九月十二日奉
上諭吳大澂奏海岸寬闊無可屏蔽難蔽敵礮若於沿海地方多築長牆鎗隊礮隊卽伏其下以擊敵自立於不敗之地足固軍心費省功多於海防大有裨益等語著沿江沿海各將軍督撫等將該京卿所奏各節體察地方形勢是否可行酌度辦理原片均著鈔給閱看將此由五百里諭知欽此伏查海面修隄避礮 臣於二月到煙登時當飭令各營於煙台之夾河築隄六百里登州城東傍海築隄八里曾於防務各摺中將大概情形奏報在案五六月間復於城西傍海一面築長隄三里各厚四五丈高六尺相地勢土色爲之竊謂築隄不如挖溝隄猶有形

溝則無形也惟臨海過近之處挖下三尺即便見水應以下挖二尺許上築三尺許以蔽身而止隄高止二三尺敵之礮彈高則從上飄過低則擊入水中礮既難中軍心自固至於離海一二里則總以挖溝爲妙 臣於登州曾飭東西各營開挖溝道一氣聯絡有警互相策應我能覘敵所向敵不能窺我虛實似亦制敵之一方此外如煙台現紮諸記世同嵘各營地勢傍山挖溝築牆相地施行事難一律黃縣萊州府膠州即墨等處間有應行挖溝挾土成堤之處 臣已分飭相度舉行總之可以挖溝之處則以挖溝爲上遇有不能挖深之處隄亦不能過高雖臨機應變視乎其人但能守此而行我已先立於不敗之地所謂

先爲不可勝以待敵之可勝也謹將現在煙台辦理濰隄與吳大澂所奏大略相同緣由謹附片覆陳伏乞

聖鑒謹

奏

回省日期及查看齊河李家岸情形片 光緒十年十月初三日

再臣由防次回省辦理河運工程業經附片

奏明在案臣由萊州查勘海廟三山島太平灣一帶順道於九月二十八日過省隨赴齊河查看李家岸民埝該處決口逐漸刷寬見水之處已約四百餘丈深二三尺至一丈二三尺不等細察情形漫決雖寬深溜祇有二道且係旁洪辦理尚不至十

分費手現調候補知縣汪麗金張清綬副將張永洪遊擊戴守
禮等分駐東西壩相機進築該員弁歷辦各工均能費省工堅
業已著有成效此工係屬民埝應派前河南臬司豫山前往監
督以期迅速蕆事如天氣晴和十一月中旬前後可以告成布
置已定臣郎於三十日回省除將應辦各事宜分別清理月行
奏報外合將臣回省日期及查看齊河李家岸情形先行附片
具陳以紓
宸廑伏乞
聖鑒謹
奏

遵　旨籌辦河防摺 光緒十年十月二十日

奏爲遵
旨責成籌辦河防據情恭摺具陳仰祈
聖鑒事竊准軍機大臣字寄光緒十年九月三十日奉
上諭據吳元炳奏查勘山東河工詳陳利病及小淸河淤墊請
飭籌辦各摺片山東河務頻年百計籌辦迄無萬全之策惟有熟籌利害權其輕重庶得隨宜設法禦水患而衞民生此次經吳元炳親往履勘所陳利病尚能詳盡其擬辦之法亦係就現在規模變通盡利卽著陳士杰查照所奏妥籌辦理齊河工程較大務當設法搶築趕緊合龍俾灾民無誤東作甯海應否堵

築並著詳籌覆奏潘駿文素諳河務著即責成經理道員張桐陳錦如熟悉河工情形並著隨時督飭助理以資得力該撫於山東水患辦理既未妥善此後務當切實圖維不得固執成見再加貽誤等因欽此跪聆之下感悚莫名當即恭錄行知潘駿文張桐陳錦欽遵查照去後茲據降調臬司潘駿文稟稱查河患之在東省至今已三十年大清河淺狹難容積淤日甚爲有識所共見無事贅陳惟受病不同則施治亦異上游河身之病在狹隘治之宜展拓以容水使堤不常決則水能行溜而河身淤墊可漸淘深下游海口之病在散漫治之宜收束以攻沙使溜常歸一則力足行淤而海口板沙可冀徐解此理勢之顯然

在察理審勢精心專力以圖之數年後自見起色本年大隄甫成汛水驟至以致漫決數處近日歷城齊東堵築均已竣事齊河之李家岸經蒙臨工察看分派員弁指授機宜卽可剋期堵合利津之甯海亦奉行知奏明緩辦此外工程之估計增培形勢之補偏救弊當此節逾小雪正宜及早圖維然而一處之情形相度必審乎全局來年之利病區畫全在於今冬謹就上下游通盤酌核分擬辦法約有數端曰增培大隄曰改築民埝曰勸修護庄埝曰添築格堤曰增築利津南岸大隄曰接築海口兩岸長隄曰嚴禁盜決大隄曰勿輕議改移海口請得而詳言之復查新築大隄規模既具所宜增培高厚特爲禦水之資惟

原定底寬八丈頂寬二丈高八尺寬有餘而高不足應再加高二尺第加高卽須幫寬酌量收分應加底寬四尺頂寬一丈以頂作底仍收新頂二丈其東阿平陰二縣原定底寬五丈頂寬一丈高八尺者應頂底均加寬二丈以頂作底加高二丈仍收新頂二丈又歷城北岸桃工接修大隄段爲距水第一重門戶現祇頂寬一丈高八尺亦應加寬二丈加高二尺仍收新頂二丈均將殘缺一律修整以資捍衞惟大隄既加高以期可守而民埝仍須改築以讓大隄查新培民埝底寬四丈頂高一丈高八尺非但高與堤等而河崖亢於平地猶覺高過大堤應止幫寬勿再加高揆之地勢以高三四尺爲度攤勻加寬行硪堅築

使水卽漫埝不致建瓴非徒保隄正以卹民蓋埝高則漫水多入庄陡深三四尺勢必不及逃避卽幸未遽決而臨河受水必節次增淤內外高下懸殊一決則其害甚烈若埝低易漫則淤隨水入兩面形勢適均地得淤而高漸不上水更見受淤之利然而沿河村庄不可不設法防患應勸各修護庄埝以衛屋宇資糧高以五六尺爲率則漫埝之水至庄外者不過一二尺旣足守禦亦得遷移在村大戶多者埝工自易集事若小庄貧戶力有不贍者酌給津貼其零戶不成村勸令歸併不願者聽卽沿河縣治亦應於關廂外酌留餘地四面普築護城大隄以爲保障而又慮漫水循堤而行一往莫禦須有格隄以約束之格

隄之制上接大隄下接民埝宜斜長不宜徑直底寬八丈頂寬二丈高一丈近者二三十里遠者六七十里以距隄相近有窪處冬令能洩積水歸河爲宜並不准民間臨時築埝攔截仍蹈與水爭地之弊蓋旣築大隄當以兩岸大隄之間爲容水之地以資蕩漾不可復守民埝非輕棄沿河之民實以民埝斷不能守轉以並潰大隄數百里之田廬同歸於盡自不若專守大隄力保完善夫以一州縣視全局則爲一隅以一州縣河村庄視全省爲一隅中之一隅庶所棄者少而所全者多所謂兩害取其輕也而猶爲之添護埝使自衛有所憑依添格隄使被淹不致過遠其一切廂護民埝之勞費皆可節省以專力修守大隄

乃能穩固惟現築大隄利津境內祇有北岸不足二十里此外皆係就民埝改爲大隄河面依然偪仄隄身丈尺亦單尤有可危之勢說者謂該縣距海非遙何須多費要知地屬歸墟又近場竈尤忌頻決第兩岸並增大隄則改築工費爲虛擲查北岸大隄近處已與民埝相接應卽將改埝之隄加底寬三丈頂寬二丈以頂作底加高二尺收新頂二丈庶幾稍有可恃其南岸蒲台大隄雖亦與利津改埝之隄相連應另接蒲台隄尾距河遠近仍照底寬八丈頂寬二丈高一丈增築南岸大隄一道俾河身得展一半容水之地汛漲不致遽攻大隄修守則倍須盡力其臨河新隄尺寸及護庄埝格隄等亦均照辦又兩岸民工

以下各有灶堤工程丈尺亦未畫一一應隨同民工南北岸分別辦法高寬丈尺統歸一律此皆展拓以容水所以治河身狹隘之病並酌護沿河村庄者也至兩岸灶隄盡處距海潮不常到之地名草頭者尚有四十餘里雖無民居大汛時一片瀰漫行溜無力此實停淤受病之根尤須急治應從南岸新隄尾起北岸灶隄尾起各節築大隄直至海口草頭爲止倘一年不克辦成則分爲兩年辦理務使河溜湍行直達不致紆遲於尾閭始爲有益其隄身高寬丈尺與上游同距河遠近兩岸相等此則收束以攻沙所以治海口決漫之病並兼護濱海場灶者也顧大隄宜防盜決之虞海口每有改移之議其利害均關係非輕

禦水之專守大隄實因限於地勢無可如何小民惟知切己之利害輒思盜決故禁令不得不嚴舊例盜決之罪止於軍流道光十三年江南桃源縣民陳端等因掘黄河大隄放淤致成決口將陳端等從重照光棍例分别首從擬辦東省連年盜決民埝皆未懲辦民間罔知忌憚馴至藐視官堤應申明定例剴切示禁小民咸知罪干駢首庶免誤蹈刑章如不加嚴禁則千里無堅隄完善無可全之勢隄同虛設而費悉空糜矣至下游遇有漫決輒議改移海口自昔爲然亦思舊河雖淤而中洪尚深二三丈隄岸之形勢俱全猶患不暢若決口處之溜勢奔騰不過數里及十餘里略有溜溝以下則一片漫水既無河身又無

隄岸而謂其能暢於舊河乎今甯海決口擬任其分流藉殺水勢惟是全河之海口尚患其淤分則水力愈弱而兩口之淤更速全河之病益深來年之患上游恐在於齊河以上下游恐在於利津以上又係勢所必至是甯海決口仍宜併堵以裨治河全局此又所以保護大隄維持海口者也以上各端雖祇就現在情形設法補救然舍此亦別無良策且現在所急者連年淩汛每有漫溢本年河已疊決而愈高冰淩尤易擁積大隄俱屬新工其歷城齊東兩處新堵工程更未堅實應責成原修各員加意防範勿致疏虞明歲尤須分段派員寬儲料物力防三汛若有防而勇隊不敷嚴防與無隄同有人而料物不足應用與

無人同人無疎懈料無缺乏之防務始臻完密但得一年搶決而隄不潰便可稍有把握俟經歷三年隨宜酌辦河患當漸輕減所難者不獨在籌辦而尤在籌費就以上所擬辦法增培各屬兩岸大隄約需銀三十七八萬兩改民埝津貼護庄埝並添格隄約需銀二十八九萬兩增築接築利津兩岸大隄約需銀二十七八萬兩總計需銀九十餘萬兩其齊河濟陽齊東蒲台利津五縣建築護城大隄尚須另行勘估本年所辦各項工需經大部截留指撥各省及本省銀為數已鉅而本省司道各庫復經節次提撥羅掘一空當此海防需餉甚殷豈易籌此鉅款如變通辦理則將各屬增堤堤工如式加高而酌減幫寬丈尺計

可少用銀八九萬兩如但增築利津南隄將接築海口隄工暫從緩辦又可少用銀十萬兩其改民埝則大隄必不能保非修護埝添格隄則沿河無以自存此數項工需均不能省總計仍需銀七十餘萬兩雖河身稍得展寬冀免旁決而海口依然散漫難望刷深未合上下游而並治難言周妥與其略求節省而患仍未除何如悉力經營而效乃可見惟是本年曲徇羣情增民埝猶復不免人言今乃獨排眾說不守民埝自必更招物議然而責成所在既不得不先陳明大局攸關尤未敢稍涉遷就惟有詳晰臚陳仰祈奏請

飭部通盤籌畫何策之從核覆遵辦等情前來相應請

旨飭下戶工二部分別核議遵照謹據情形恭摺具陳伏乞
皇太后
皇上聖鑒訓示謹
奏

勘估運河淤淺工段以備來歲南漕摺光緒十年十月二十日

奏爲運河淤淺工段擬仍照常挑挖以備來歲南漕恭摺仰祈
聖鑒事竊臣前因接奉部咨太常寺卿徐樹銘奏請將浙江漕糧全歸河運能否照辦行令通盤籌畫詳細覆奏等因臣當以東省運河南北兩路節節淤淺惟有先行大加挑挖建壩蓄水俾得次第挽送並分成持色以免擁擠業將大概情形於

奏報回省摺內陳明在案一面扎委東昌府知府程繩武親詣沿河一帶確切查勘並咨會河臣一體委員勘辦臣到省後復調該府前來面加商酌正在籌畫間准兩江總督曾國荃咨開來年江浙漕糧現議仍由海運其歸運河北上者除江北漕米外祇加白糧十萬餘石等因伏思法虜犯邊海道漸梗規復河運誠爲當務之急惟河身積淤日久牐壩傾頹濟甯以北中隔黃流自淘城埠以迄臨清二百餘里辦理尤費周章照臣前奏辦法工需亦屬不少且挑修必須於九十月間動工此時土凍急切難以竣事今江浙二省漕米既已仍歸海運來年經行運河祇加白糧十萬石自可照常預備但將河道比前量加挑深

整理閘板纜索修培兩岸缺堤便足以資浮送除南路向歸河
臣辦理外所有北路一帶臣復飭令該府將應挑段落丈尺另
行勘估去後茲據稟稱本年伏秋兩汛黃水之大為歷來所罕
陶城埠口門三面臨黃所築裹頭護簷埽均屬草工業經三載
料物朽腐根脚已被沖刷必須另修裹頭兩旁護簷埽亦應加
高培厚口門以內挑挖新淤擇要廂埽務令格外堅穩並照向
章修築攔黃大壩庶漕船未到以前不致先受黃淤之害至運
河淤淺工程東阿縣應挑六段計長一千三百餘丈陽穀縣應
挑二十一段計長七千八百餘丈聊城縣應挑十一段計長七
千八十丈堂邑博平二縣均應挑三段計長二千丈有奇清平

縣應挑四段計長三千一百餘丈臨清州應挑五段計長一千三百餘丈並修築蓄水大埧一道以上各工撙節估計共需銀三萬七千一十一兩五錢三分八釐開具清摺懇請核辦前來

臣詳加覆核該府擬挑工段約照往年格外加深所估銀兩尚屬核實應請由司籌撥飭令督同各該州縣加式挑修以備來年漕運臣仍當隨時嚴飭妥爲辦理不准草率偷減以仰副

聖主慎重漕河之至意至於北運河應否如臣原奏大加挑挖

建埧蓄水以資久遠之處當俟來歲夏秋之交再行

奏請辦理除咨部查照外所有運河淤淺工段擬照常加挑以備來歲漕運緣由謹恭摺具陳伏乞

皇太后

皇上聖鑒謹

奏

節交霜降黃河上游南北兩岸防護安瀾摺（光緒十年十月二十日）

奏爲黃河上游南北兩岸現已節逾霜降通工防守平穩恭摺

仰祈

聖鑒事竊照東省黃河賈莊濮州一帶爲上游南北兩岸隄身各長二百餘里向派文武員弁督率勇營民夫分段防守上年屢出險工塌陷南岸雙合嶺大隄一百餘丈當經在工員弁星夜搶築圈堤幸免泛濫本年交春後臣派委副將歐陽高抜等

前往加修埽埧補還堤身以資抵禦其有殘缺卑薄迎溜當衝工段並令逐一修培多購料物堆存備用因海防吃緊各營除抽調外在工祇有游擊張仕忠一營並游擊陳錦章分撥兩哨不敷分布復飭張仕忠歐陽高拔等添募民夫協同辦理夏間黃水來源極旺節交四月隄外灘面業已全行上水溜勢直逼隄根五月以後風雨時作賈庄雙合嶺孫樓路庄等處磨盤魚鱗各埽繩斷樁拔奇險異常雙合嶺形勢坐灣埽前水深二三丈至四丈餘不等情形尤爲岌岌臣　委前臬司潘駿文往勘籌辦當據稟請添修挑水埧三道以拓溜勢員弁人等又隨時加築前後搶磨盤埽等工始克保守平穩秋汛期內黃水時有長

落北岸濮州壽張等處屢報出險而濮州之羅庄范屯月堤被沖坍塌水幾出槽官民協同搶救竭十數日之力方臻穩固七月間直隸東明境內漫溢決口水勢下注荷澤鉅野南岸各工內外被浸加以連綿陰雨上淋下汕節節生險幸經各員弁晝夜嚴防紳民人等亦各出夫幫同竭力堵築俾串溝刻期堵合大局獲保無虞統計本年南岸添築新埽六十九段磨盤埽四座挑水埧三道又挑水柴埧一道與夫加廂填築各工用料之多倍於往歲節交霜降尚有險要之處工作猶難停手現據在事各員稟報刻下已交小雪水勢消落全工一律穩固等情前來臣覆查無異相應仰懇

天恩頒發大藏香十枝由臣祗領委員虔詣該處
大王廟敬謹祀謝以荅
神庥至本屆係應行保奬之年該員弁等兩載辛苦不無微勞
足錄可否准臣擇尤酌請獎敘以昭激勸之處伏候
聖裁謹恭摺具陳伏乞
皇太后
皇上聖鑒訓示謹
奏

續行籌款赴滬購製軍火片 光緒十年十月二十九日

再東省辦理海防購用外洋鎗炮前經臣在於藩運兩庫籌撥

銀二萬六千兩委員赴滬購買業已附片
奏明在案嗣因防務喫緊添募勇營鎗炮尚不敷用又經臣先後在於藩庫籌撥銀五萬兩糧道庫籌撥銀三萬兩遴委知縣何式箴莫炳琪赴滬續購哈乞克司毛瑟及前膛等項洋鎗並隨帶鉛丸炸彈子殼配搭等件陸續運送回東經逐一抽驗演放均係新式合用並無舊鎗改造情弊分發各營領用除俟全數運回統歸機器局覈實報銷外所有續行籌款赴滬購製軍火銀數緣由謹先附片陳明伏乞
聖鑒謹
奏

恭謝寬免革留處分摺 光緒十年十一月初七日

奏爲恭謝

天恩寬免處分仰祈

聖鑒事竊臣准吏部咨光緒十年十月十一日奉

上諭本年恭逢

慈禧端佑康頤昭豫莊誠皇太后五旬萬壽普天同慶所有王公及京外文武官員現在議降議罰及以前有革職留任及降級罰俸之案著加恩悉予寬免欽此恭錄通行到臣欽遵辦理伏念臣前辦河工因盛漲漫決自請嚴加議處仰荷

鴻施僅予革留逾格

生成莫名感戴沈灾未奠方補過之弗遑

優賚有加遽

宸章之下宥值

聖母萬年之慶荷

天顏再霽之光普渥

綵綸合還翬帶軒鸞誌喜會逢糺縵於

九重寬大幸邀愈勵涓埃於萬一所有微臣感激下忱謹恭摺

叩謝

天恩伏祈

皇太后

皇上聖鑒謹

奏

因病請假調理摺 光緒十年十一月十二日

奏爲微臣傷疾復發籲懇

天恩賞假調理恭摺仰祈

聖鑒事竊臣向來精力尚健惟前在軍營帶勇勦賊曾經墜馬手足受傷比時年少氣充舉動尚無妨礙五十以後每當陰雨天寒兩臂輒行作痛上年帶病來東接印次日即行出巡下游查勘大平灣海口籌辦河工事宜蚤暮經營日不暇給嗣以法人背約今春開印之日即赴烟台登州一帶辦理防務復航海

至太平查勘牡蠣嘴海口卽駐十四户督辦堵口工程至四月
杪始行回省旋赴上游查勘隄工適得海上警報當復星馳赴
烟台登州等處往來於炎威酷暑中積受溼熱秋後海風日勁
寒氣入骨臣在防四個月舊傷屢發加以腹痛舊症亦不時發
作當因事機緊迫未敢以區區病狀上瀆
宸聽所有一切應辦事宜照常力疾經理未遑醫治以致纏綿
日久積病日深臣回省比卽强病赴齊河李家岸兩次親行指
視辦法途中感受風寒傍晚兩臂異常痠痛兼之頭暈目眩夜
不成寐精力實覺難支據醫家云年逾六十血氣已虧非靜心
調設難期速痊臣再四思維惟有籲懇

天恩賞假一個月俾得趕緊醫治其日行公事擬委布政使崇保代折代行遇有重要事件仍由臣躬親辦理用昭詳慎所有微臣因病請假調理緣由謹恭摺具

奏伏乞

皇太后

皇上聖鑒訓示謹

奏

海防各營長夫暫免裁減勇數亦照向章辦理片光緒十年十一月二十八日

再准户部核覆東省善後報銷留防官勇應需鹽糧馬馱料草

等款一案以長夫一項原爲進征追勦而設防營係屯紮駐守應仍照前擬楚勇三名給夫一名東勇四名給夫一名以節糜費又各營勇數不一餉數未能預定恐啟浮冒之弊仍令統按五百人爲一營於此次奉到部文之日分别裁減酌定等因當經轉飭遵照去後茲據善後局司道詳稱部臣指飭各條係爲節省餉需起見自應照辦其善後案内各營長夫請即以本年十一月初四日奉到此次部文之日按數裁減以節糜費所有海防案内長夫體察情形實有未便遽裁不得不再行瀆請者伏查長夫名數自同治二四兩年前升撫臣閻敬銘因東省勇營散渙奏添楚勇每二名一夫東勇每三名一夫聲稱其利有

三有長夫守營全隊可出長夫可抵一勇之用添勇賞多添夫費少等語溯自添募以後收效頗多刻下海防各營名雖曰防實則時時須准備戰事一遇有警尤當相機調動分别策應不可稍有遲延實與内地屯紮駐守之防軍大不相同況疊奉諭旨飭令整頓武備期於有戰必勝當此防務緊急之時軍情瞬息百變夫少則調動不靈赴機不捷實未便强爲裁減致誤機宜該司道等再三斟酌應請仍照舊章一俟海防事竣再行裁減至咨稱將勇數統按五百名爲一營一節查東省各營勇數向係按季造報光緒九年奉文改歸善後以來疊將所存勇丁若干及每名日支口糧每月共需口糧各數先期咨部立案

無論如何分計以及是否五百人一營斷難絲毫浮冒亦請仍照舊章或五百人一營或四百人一營悉循其舊免致紛紛增減等情詳請具奏前來臣覆加查核均係實在情形相應仰懇天恩俯准飭部將海防各營長夫暫免裁減每營勇數亦照向章辦理謹附片具陳伏乞聖鑒訓示謹奏

委前臬司總理防汛片光緒十年十二月十六日

再黃河兩岸新築長隄千有餘里現在已屆凌汛亟應來年防

守事宜妥爲布置臣前擬章程十五條
奏請由司道庫每歲提銀三十二萬兩刻已奉准户工等部議
覆應即遵照按數籌齊以備隨時動用至上游賈莊南北兩岸
向委文武員弁辦理防汛由藩庫每年撥銀八萬兩現在下游
既築長隄派人修守自應歸併一案統共撥銀四十萬兩於省
城設立總局委降調臬司潘駿文總司其事以專責成而昭慎
重臣仍隨時督率核實經理霜清後如有餘款歸入下年動用
不准稍涉浮冒理合將委員總辦防汛緣由先行附片陳明伏
乞
聖鑒謹

奏

製造車輛續添砲隊片 光緒十年十二月十六日

再近來用軍後膛鋼礮最爲得力利器臣於登州添設礮隊一營業經

奏明在案查東省從前購有克鹿伯後膛鋼砲三十二尊均甚精良適用第配有車輛者僅祇三尊其餘二十九尊有砲無車

臣當飭道員李崇岱購覓機匠采辦料物添製砲車二十九輛製齊後分爲兩隊於登州城東城西兩路各設砲車十六輛以便有警相機策應並飭隨時認眞訓練一切章程仍照從前精健等營砲隊辦理請每砲車一輛配用馬六匹砲勇十四名車

夫二名每砲車二輛隨帶子藥車一輛配用馬二匹砲勇四名車夫一名勇丁夫馬口糧乾銀悉按東軍出防章程支發均於本年六月初十日起支其砲車乃係雇覓洋匠按照西法製造每輛實用銀三百三十五兩料物亦購自外洋一切做法工料難按定例造報且較之光緒六年采買外洋砲車每輛價銀四百三十五兩實已核減不少而堅實精巧與購自外洋者無異將來報銷應請免造細數清冊以昭核實所需馬匹亦均就地采買照依

奏定章程每匹例價銀十兩加幫價銀五兩攤廉歸補統歸海防內案造銷除咨部立案外所有製造車輛續添砲隊緣由理

合附片陳明伏乞

聖鑒謹

奏

堵築李家岸決口並甯海莊酌留口門情形片光緒十年十二月十六日

再連日接據前河南按察使豫山稟稱李家岸民埝決口自十月初三日開工起至十一月三十日業已築三百四十餘丈水深三四尺至一丈二三尺不等辦理均屬妥順由此再進口門漸窄溜勢愈急水勢益深加以冰凌驟漲捆廂船屢被沖損兩壩亦稍有挫折隨即搶護平穩進至金門占水深已六丈有奇

連日風狂浪激隨進隨塌危險異常臣得報當於十二日力疾
馳往駐工親自督率並調已保總兵黃金得游擊陳文富都司
沙明亮各帶勇夫赴工一體搶築十三日三更陡起大風後戧
沖刷八丈十四五日一面塡補後戧並將兩埧鎚壓堅實十六
日再行進築黄昏時黑霧迷障一陣旋風水勢驟漲五六尺新
占復被飄折先後四次其溺斃弁勇土夫三十八名當飭令打
撈屍首分別撫邺以安人心臣細心查看形勢須再加挑水大
埧兩座方能拓開溜勢已嚴飭在工各員弁加培料物星夜搶
築以期早日合龍上紓
厪念至利津甯海莊民埝決口業於前月杪堵築仍留口門三

十餘丈但築三尺以備盛漲分洩惟口門應加三合土須俟開
凍後方能辦理所有臣力疾赴工堵築李家岸決口並甯海莊
酌留口門情形謹附片具陳伏乞
聖鑒謹
奏

謝賞福字恩片光緒十年十二月十八日

奏爲恭謝
天恩仰祈
聖鑒事竊臣於光緒十年十二月十五日齎摺差弁回東奉到
御賜福字一方當卽恭設香案望

闕叩頭祇領欽惟
皇太后
皇上荃宰揆幾
蘿圖集慶
宮廉聽政欽
懿訓於九重
黼座延熙逌
洪庥於五福鳳韶應律
鴻翰褒題
恩光被帶礪河山

禹疇用錫
聲教訖梯航遐邇
羲畫同文春正欣瞻寰區永洽臣
疆符乔綰嵗籥頻更遵路敷
民是姬爲姜璜之地協時輯瑞偕
堯章
舜藻而來固
大造之無私實省躬而逾分惟有勉期勿懈竭代宗蚊負之忱
敬詠
攸同釐小雅
龍光之藏所有微臣感激下忱謹恭摺叩謝

天恩伏乞
皇太后
皇上聖鑒謹
奏

遵旨繪具營壘圖說並應行調動緣由摺光緒十年十二月十八日

奏爲遵
旨恭呈東省沿海設防營壘圖說仰祈
聖鑒事竊臣於本年十一月十一日准辦理各國事務衙門密咨以據內閣侍讀學士延茂奏海防緊要請
飭繪輿圖進呈行令欽遵七月初四日

密諭將各口地形繪圖貼說某營現紮某口兵勇若干何人管帶有無砲台分別詳細注寫進呈等因伏查東省煙台登州與圖前經大學士直隸督臣李鴻章彙入北洋繪具分圖於七月二十三日恭進在案茲復奉

諭旨飭繪圖說謹將山東沿海地面緊要處所如煙台登州黃縣萊州膠州利津海豐七府縣駐紮營壘統領營官姓名及各營勇丁數目繪圖詳細注明進呈

御覽至東省舊存砲台僅有通伸岡一處築法及地勢均不甚合且無砲位現在煙登各營擇要挖溝藏身暗設砲位均係七八百觔前十數年洋裝小砲祇可防守營壘不足以衝擊敵船

凡用兵之道能守然後能戰亦能戰然後能守是戰與守相輔而行臣現今飭令各營分紮要隘一遇有警仍當隨時調遣相何處緩急互相策應未便拘於一隅古人用兵實者虛之虛者實之惟變動無方敵難窺我虛實始可出奇制勝也所有遵

旨繪圖並將來應行調動緣由謹專摺具陳伏乞

皇太后

皇上聖鑒訓示謹

奏

男 桂森 兆葵 兆奎
兆璜 兆棠 兆熊
兆棻 兆蘭 兆琁 恭校

陳侍郎奏稿

卷之六

部定災緩章程實有窒礙難行之處請仍照舊章辦理摺

光緒十一年二月初三日

奏爲部定災緩章程實有窒礙難行之處請仍照舊章辦理以歸簡要而昭核實恭摺仰祈

聖鑒事竊准戶部咨議覆臣具奏部議嚴定災緩停征章程有稍涉疑似及緐瑣之處分別核覆一摺於光緒十年九月二十九日奉

旨依議欽此欽遵知照前來查原奏內稱所請蠲緩之區免造

業戶清冊一節定例地方遇有災傷州縣履畝確勘按照區圖村莊申報具題又據御史鄭訓承奏州縣報災並不詳開某都某圖某莊但以東鄉西鄉片詞渾括前經議令各州縣查造業戶冊籍以期的實今該撫以辦災限迫請免開報自為迅速起見惟州縣納糧之戶有戶在南莊而地在北莊者若徒就災區不問地屬何莊何人必致未災之戶免糧而已災之戶不免糧飛灑詭寄諸弊紛起自難輕議更章第東省連年水患與別省不同暫准照歷年辦法按莊開報俟水患治平仍照新章辦理至緩征流抵一節例無專條此次新章當續纂入例又例載凡災地錢糧奉

旨緩征及題明緩征者緩至次年麥後其麥後應完錢糧卽准
遞緩至秋後亦與流抵初無分別部章聲明如有全輸在官除
應征分數餘准流抵並非令但有災前完銀槪予流抵原以報
災之日卽應停征州縣能迅速查辦斷不至全輸在官若一面
請緩一面催征致有全完者槪不准其流抵將必准緩所餘分
數徒飽州縣私囊以未完二字含糊了結弊端殊難窮詰所請
改議章程應毋庸議等因當經臣轉飭藩司遵照辦理去後茲
據該司崇保詳稱蠲緩之典原爲體卹閭閻如能有益於民無
論委曲繁難必當精心以副惟察核民情統權時勢有不能不
詳細籌計者伏查定例地方遇有災歉州縣依限確勘重者爲

成灾將該年錢漕按分數而蠲免不成灾者爲歉收僅止緩征錢糧定年限以啟征蠲與緩輕重判然攸分是以流抵與不流抵辦理亦迥然有別非相待之縣殊實灾情之各異也夫緩征之處其灾本不甚重灾前能以完納其戶必非赤貧小民有樂於早完

國課以省追呼之累者迨後偶值偏灾收成歉薄專爲無力之家始請緩征歷係奏奉

諭旨將未完民欠緩至次年啟征爲時匪遙故按其所欠盡數緩之非若成灾之區查辦蠲免有分數可計已完者本已無可復征不在請緩之列故凡緩征之案皆指未完民欠而言所以

清界限便啟征也今部文內開緩至麥後啟征錢糧卽准遞緩至秋後亦與流抵初無分別等語查緩征之項如原請次年麥後啟征屆期本應完納若復請緩至秋後則必二麥又被災傷方能如此展緩倘二麥成熟卽應照案啟征部臣又謂如有全輸在官除應征分數外餘數均准流抵等語查東省征收錢糧祇分上下兩忙別無另有分數而災無定時如在秋令以後上下兩忙全完者居多卽在春夏之交亦有不願兩次分納而於上忙卽行全完者隨後縱遇歉收未完者雖請緩征已完者亦無所藉口今若明明有流抵之條則全輸在官者固已專待恩施卽僅完一半之家無所謂應征分數必將與全欠緩征者比

較自覺溢完一半而辦理向隅其實轉瞬緩限屆滿即應啟征查辦流抵之日便將啟征之年明理者知一抵一徵並無出入狡猾者將謂既有流抵之名自必另有體卹藉詞搆衅不法吏胥因緣爲奸又喜繞折之多以肆誅求之計始而查辦緩征繼而查辦流抵旋又查辦啟征逐層經理有一番之查辦即有一番之擾累在已完者本屬無事經此流抵且將輾轉於公差之手小民並無裨益而於庫款轉多耗損又部文内稱緩征之處全完者概不准其流抵將必准緩所餘之分數盡飽州縣之私囊等語所慮誠是然州縣之弊在於侵蝕官虧捏稱民欠例禁本極森嚴災前已完之項向准報明於緩征册内詳細開列除

去灾前已完之數下餘方入緩征歷年辦理有案既經報出卽無所隱藏既經請緩停征亦不能懸宕惟待督飭者之核定耳方正之員遇灾益勵清操貪黷之吏無灾亦萌私念責在上司之嚴查不在民間之有無備抵始行戒懼如爲灾黎起見惟有於勘灾之際責令印委各員悉心體察於分辦成灾不成灾之中弗存刻核之見苟非尋常灾傷民情較苦卽應歸入成灾庶使賑撫及之蠲免及之如灾前有溢完銀兩流抵亦及之至若尋常灾歉僅應緩征者灾前已完銀兩隨案報明提解司庫小民免其紛擾亦覺受惠良多況緩征之處予以流抵之名其中又有可慮者夫成灾蠲免事非常有若緩征則係尋常水旱無

歲無之東省百餘州縣可以毋庸緩征者不過十之三四當其春夏之交田禾芃茂有力之戶儘可輸將迨後偶然歉收請將無力未完者歸入緩征在已完者本無怨尤今如開流抵之端則但使一遇災傷欠者可緩完者可抵民間之希冀無窮轉覺早完爲多事春夏雖遇豐年催輸亦必難期踴躍此又不得不計及者也至查造蠲緩戶口册籍一節部臣原爲核實起見惟州縣勘災限期嚴迫按莊而稽履畝而勘災無定數少則百數十莊多且千有餘莊相隔數十里或一二百里不等先辨何莊成災何莊不成災成災之內再辨一分至十分等次不成災之內又辨歉收較重較輕最輕等次勘核已定然後按莊開導使

之帖服週歷已極艱難此東省向來辦灾情形並未敢以東鄉西鄉片詞渾括然一莊之地無非周圍附近東阡西陌猶在一望之中若逐莊勘地之際又須挨莊查戶則千百戶比鄰而居承糧之名又極瑣碎地畝固有糧册可稽花戶則頻年更動實非促期所能竣事一年之內春有青黄不接之灾夏有麥灾秋有秋灾前案未完後案踵接查辦將無已時法令所行原不患地方官之諉卸然一人之耳目難周勢不能不假手胥役且必多用胥役以資查造其弊實不堪設想部文内稱有戶在南莊而地在北莊者不問何莊何人必致未灾之戶免糧而已灾之戶不免糧飛洒詭寄諸弊紛起等語伏查戶南地北事誠有之

然地有災所勘災者祇論此莊之地固不患有莊外之人至於飛洒詭寄本干例禁飛洒者意在隱匿尚非計及蠲緩詭寄者意圖近便亦非專寄災區現仍照常查禁如添造蠲緩冊籍則地之不能隱於災區者難保不以糧戶混入災區書差樂於有事又必張大其詞謂查造入冊而後災案始定無心之舛錯遺漏尚屬堪虞有意之頂冒隱射更難窮究極知責在州縣不妨重其攷成然勢有難周設或貽悞卽使參辦從嚴亦祇能甘心任咎至因其繕寫之勞按戶索費更視爲分所當然雖有賢牧令優給紙筆飯食亦恐難弊絕風清此又不得不長慮審計者也竊以爲州縣之責備何窮欲課其事功必先除其煩苛百姓

之體邺無盡欲登之衽席必先處之泰然以上各節皆悉心籌度有關地方利弊不敢緘默不言並非慮及處分故爲推脱懇

請具

奏飭部從長計議將錮緩一層悉照舊章俾歸簡要而便稽查等情前來臣復加察核該司所稱各節均屬實在情形相應請

旨敕部議覆謹恭摺具

奏伏乞

皇太后

皇上聖鑒謹

奏

清查藩庫各款分別造報摺 光緒十一年二月初三日

奏爲清查藩庫各款先將歷年收支銀錢數目分別造報恭摺

具陳仰祈

聖鑒事竊照東省清查庫款一案前經臣

奏請展限半年嗣以諸多轇轕急切尚難清釐復請俟河工海防次第完竣再行截限造報接准部咨議令再予展限半年劃清款目各歸各項分晰妥造細册送部查核毋得再有藉口等因於光緒十年六月初一日奏奉

諭旨依議欽此欽遵咨行到東當經轉飭藩司遵照辦理茲據該司崇保詳稱督同委員人等逐加稽核自道光二十七年十

月二十五日清查截限之日起至光緒九年年底止計正襍項下舊管存庫共銀四十二萬五千五百五十六兩七錢三分九釐新收現銀八千三十九萬三千七百七十四兩五錢六分五釐票銀九十六萬九千六百九十三兩寶鈔制錢一十萬二千七百一十九串五百文開除現銀八千四十萬三千七百九十六兩八錢九分一釐票銀九千六萬九千六百九十三兩寶鈔制錢一十萬二千七百一十九串五百文內有借支現銀二十八萬一千五百五十五兩九錢四分三釐票銀一萬二千九百九十五兩寶鈔制錢二千七百一十八串應存庫銀四十一萬五千五百三十四兩四錢一分三釐又除籠統借支銀一十二

萬九千三百六十兩四錢二分四釐下剩實存銀二十八萬六千一百七十三兩九錢八分九釐耗羨項下舊管存庫共銀三萬九百五兩八錢一分三釐新收共現銀九百五十四萬六千八百三十二兩四錢二分八釐票銀四萬三千五百三十九兩開除現銀共九百三十一萬七千三百六十一兩六錢四分票銀四萬三千五百三十九兩內有借支現銀九十八萬六千九百九十七兩一錢三分三釐應存庫銀二十六萬三百七十六兩六錢一釐又除籠統借支銀二萬四千五百四十七兩二錢一分五釐下剩實存銀二十三萬五千八百二十九兩三錢八分六釐充公項下舊管存庫共銀三萬九千六百五十兩一錢

五分三釐新收共銀九萬二千八百三十九兩七錢七分三釐
開除共銀六萬六千九百七十二兩四錢一分六釐內有借支
銀六千八百一十七兩一錢一分一釐應存庫銀六萬五千五
百一十七兩五錢一分又除籠統借支銀二萬七千一百五十
兩一錢四分七釐下剩實存銀三萬八千三百六十七兩三錢
六分三釐理合按年按款造具清册詳請
奏咨至附儲各款自道光二十七年十月二十五日起至光緒
九年年底止舊管存庫銀二十九萬六千七百五十四兩八錢
二分八釐新收共銀一千六百二十六萬九千一百一十一兩
七錢開除共銀一千五百七十四萬九千一百二兩一錢三分

九釐又籠統借支銀四十七萬七千六百九十五兩八錢七分一釐實存庫銀三十三萬九千六十八兩五錢一分八釐查附儲項下開除款內除正襍耗羨充公等款已撥入正收者應歸本款核計各項生息及公捐經費均有專支外其未撥正而借支者應俟歸還再撥東省收款有常支用無定有支不及待本款無存暫借別款迨本款解到又有急需輾轉相借迄未歸還者其未撥未還之項或須行查屬庫撥正動支或須州縣攤解還款或已計虧參劾或應作賠追繳在在與屬庫牽涉必須司庫截止借支方能清釐有緒現在河工賑務尚未告竣海防用款尤夥借支一項微特不能截止抑且患其不足所有附儲各

款劃清界限一時實難查辦惟有聲明積年收支實數仍請俟
河工海防完竣司庫用款稍有餘裕再行核實造報等情前來
臣覆加查核銀數相符其附儲一項歷年既久轇轕甚多現值
用款孔殷司庫入不敷出時有通融借墊難以截止該司所稱
各款尚屬實在情形除將清冊咨部查照外理合恭摺具
奏伏乞
皇太后
皇上聖鑒謹
奏

變通歷城等處增培堤工丈尺片　光緒十一年二月初五日

再據總辦河防前臬司潘駿文稟稱增培大隄工需前奉戶部議准截留京餉並指撥共銀三十八萬兩按原擬加高幫寬丈尺核計土方本可敷用惟所撥款內有各省河銀八萬兩將來解到多寡殊難預定設有短欠恐本省無款籌墊工程必致棘手莫若先事統籌變通辦理查肥城等十二州縣加幫底寬四尺頂寬一丈加高二尺每丈止增土十方勢難再減其東阿平陰並歷城桃工舊隄原擬頂底均加寬二丈加高二尺收新頂二丈者現擬改爲頂底均加寬一丈五尺加高二尺收新頂一丈五尺又利津北岸隄身原擬幫底寬三丈頂寬二丈加高二尺收新頂二丈現擬改爲幫底寬二丈頂寬一丈五尺加高二

尺收新頂一丈五尺均減寬而不減高仍足禦水如此量爲變通計可核減銀三萬二千餘兩所減加寬各丈尺歸於下次修培時再行辦理於工費稍可節省而防務亦無窒礙等情具詳請示前來臣覆加察核尚屬可行自應准其照辦以免停工待款除批飭遵照並分咨戶工部外理合附片陳明伏乞

聖鑒謹

奏

堵築陳家林決口情形片 光緒十一年三月初四日

再正在繕摺間差弁賫回臣二月二十日具

奏李家岸決口堵合接辦陳家林新開一口情形一摺欽奉

批旨覽奏均悉李家岸善後事宜卽飭在工各員弁妥速辦理現在將屆桃汛陳家林口岸務須趕緊堵合卽著督飭迅速藏事以衞民生欽此臣查李家岸善後工程現已飭令在事各員弁趕緊籌辦計本月望前便可竣事惟陳家林口門據前河南臬司豫山稟稱連日兩壩共進四占口門收窄至十六丈測量水勢已深六丈及六丈二三尺不等寬深牽算受一丈深之水幾及百丈辦理殊爲棘手臣再三思索該處地既坐灣土又鬆浮惟有向前加築護壩挑開溜勢再行搶堵以昭慎重當此庫款支絀之時固當力求撙節不敢稍涉糜費而工程險要亦未敢過於簡省致涉潦草此項工需應請仍在民埝項下動用如

有不敷再行隨時
奏明提撥臣當謹遵
諭旨督飭各員弁晝夜經營以期迅速蕆事上紓
宸廑理合將籌辦緣由先行附片陳明伏乞
聖鑒謹
奏

青州滿營兵米近年霉緩過多請酌量變通摺光緒十一年三月初四日

奏爲青州滿營兵米因近年黄水爲灾霉緩過多兵丁不敷餬
口擬請酌量變通以示體邺恭摺仰祈

聖鑒事竊照鄒平淄川長山新城利津五縣每年應征漕米向例撥運青州供支滿營兵糧遇有災緩由附近各屬存儲倉穀内碾米支放嗣因倉穀無存請撥大漕部咨不准動撥隨經具

奏每石折給實銀八錢由司隨餉給發前數年緩征無多尚可勉力支持今因濟武兩屬黄流爲患每歲蠲緩均不下三四千石之多雖經臣

奏准按石折給實銀一兩免其核扣二成而銀價甚賤米價昂貴該兵丁等以一月之糧僅可敷半月之食實屬異常困苦屢准青州副都統臣德咨述艱難情狀臣詳加體察不能不設法變通以期稍示體卹溯查滿營兵米由鄒平等五縣應征大漕

正耗潤耗行糧等米儘數供支該五縣運通漕額則以德州禹城陵縣平原等四處豆改米抵補該四州縣運通豆額又以臨邑陵縣德平惠民青城陽信樂陵商河堂邑冠縣館陶高唐恩縣臨清邱縣夏津武城等十七州縣一五耗豆抵補輾轉撥兌於運通漕額無缺其鄒平等五縣應征隨漕一五耗米一併運青所焉流串紙張官丁漕費等項係赴司庫領銀作抵仍將隨漕錢糧循舊交幫至需用運腳銀兩除征收隨漕運腳儘數扣支外不敷若干亦係由司領用此向章辦理情形也該五縣半係臨河以致歲有緩征不敷兵丁餬口擬請自本年起如因災蠲緩爲數不及五百石年分毋庸籌補外倘數在五百石以外

卽將距清稍近距河較遠之禹城臨邑平原商河等四縣應征大漕米石照數分派撥補該四縣缺額大漕仍以德州等四州縣豆改米抵補其一切運腳流串及隨漕錢糧一五耗米等項均仍照鄒平等縣向章辦理至齊東等縣運青薊糧例係作正開銷無款抵補嗣後如遇緩征仍照舊案領銀買補免致撥用別縣大漕使運通漕額短絀據藩司督糧道會詳前來合無仰懇

天恩俯念滿兵困苦准自光緒十一年冬漕爲始如鄒平等縣因災蠲緩兵米數在五百石以外卽改撥禹城等四縣應征大漕以示體卹至十年分蠲緩不敷米石爲數甚鉅並請援照九

年成案每石折給實銀一兩俾資餬口出自
逾格鴻慈謹會同青州副都統臣德　合詞恭摺具陳伏乞
皇太后
皇上聖鑒訓示謹
奏

病勢加重懇請開缺摺光緒十一年三月初九日

奏爲微臣材輇病重懇
恩俯准開缺以免貽誤地方恭摺仰祈
聖鑒事竊臣前因辦理海防河工經年奔走道途積受溼熱以致觸發舊傷兩臂酸痛奏請

賞假一個月藉資調理仰蒙
聖慈俞允當卽上緊醫治稍覺輕減適李家岸工程緊急仍復
力疾赴工强自支持蚤暮親身督率乃合龍以後病日加劇曾
將回省調理日期
奏明在案旬日以來頭暈目眩喘嗽氣逆夜不成寐飮食減少
僚屬白事接見於臥室中爲時稍久便覺難支披閱案牘掩卷
輒忘遇事稍加思索則方寸搖搖不能自主精力實屬疲憊據
醫者云此病須加意靜攝非一二月所能愈伏念臣以菲材謬
蒙
殊遇致身圖報分所當然惟東省公事本緐加以海疆遼闊防

守不易黃流千里頻年爲災外修戰備內籌撫綏
國計民生所關尤大現在和議雖成而防範亦不容稍懈將來
裁勇補餉籌辦尤費周章如臣材智卽平日竭力經營猶未免
顧此失彼竭蹶不遑今已衰病若此精神恍惚思慮一有不周
措施必然失當再四思維與其戀棧僨事負咎滋深何若據實
陳情乞歸田里相應籲懇
天恩俯准開缺回籍調理並請
迅簡賢能前來接任免致公事廢弛地方幸甚如臣日後醫治
得以就痊仍當泥首
宮門求

賞差使萬不敢稍耽安逸自外
生成至黄河兩岸堤埝上年决口處所均經堵合一律加培陳
家林新開一口現已辦有規模指日可以告竣小清河被淤之
處亦經次第補挑此後應辦事宜應責成新任撫臣體察情形
隨時酌度臣經手工費需用銀兩現在分别造報仍當料理清
楚再行就道所有微臣病勢加重懇請開缺緣由謹恭摺瀝陳
伏乞
皇太后
皇上聖鑒謹
奏

挑挖海豐縣境內河道籌款辦理摺光緒十一年四月初四日

奏爲挑挖海豐縣境內河道酌發津貼辦理恭摺仰祈

聖鑒事竊臣上年准直隸督臣李鴻章咨開山東海豐縣境內之鬲津河爲直隸宣惠河入海尾閭現在該處籌辦挑挖囑即一體興挑以資宣洩等因當經臣委員前往會同地方官查勘辦理旋因時値農忙積水匯注紳民人等稟由印委各員轉請緩至秋後再行施工迨十月間正擬集夫挑挖又准直隸督臣委天津道李邦楨等前來覆勘估計自直境入海豐界起至包家莊止應挑十段長四千八百丈口寬挑八九丈不等深二尺餘至三尺餘不等共計出土九萬八千餘方每方需銀一錢合

銀九千八百二兩二錢二分咨請俟開正後如式疏濬復經臣札飭該地方官遵照辦理據稱此河兩岸遼闊雖有淤淺段落而上流湧至海潮突來均堪容納民間無關利害皆不樂於從事臣以直省水利所關再三嚴飭該縣勸諭興挑並委候補知府張樹勳前往幫同照料現據稟報齊集人夫卽行動工所需經費銀九千八百餘兩爲數稍多東省庫款奇絀擬先發給銀三千兩酌量津貼民夫藉資餬口由藩庫地丁項下動用如後實有不敷再行隨時添發以昭核實除咨部查照外理合恭摺具陳伏乞

皇太后

皇上聖鑒謹

奏

章邱隄埝難以急切堵合及近日籌辦情形片光緒十一

年五月初四日

再章邱縣傳薪莊民埝及毛家店大隄決口清形前經臣附片

具

奏欽奉

諭旨飭令趕緊堵築臣當即遵

旨加札嚴催趕辦料物剋期進築去後茲據前臬司潘駿文查

視隄埝回省稟稱大隄堵口需用料物現計祇三成之二而隄

之內外兩面皆水取土甚難民埝決口因今年伏汛較早溜勢已大需用料物尤鉅現值舊料將盡購辦既屬爲難而又處處水阻舟車均難搬運核計料物一時萬難齊集他處防汛料物又未便移撥轉致顧此失彼查看情形實難急切辦理臣隨於五月初三日親行前往踏勘其大隄口門雖稍被淤澱而寬深情形尚與前稟不甚懸殊惟取土既難且民埝未堵隄前積水無從消洩自應先堵民埝則大隄較易爲力而查看民埝形勢瞬息變遷前據章邱縣及在工員弁稟報水深六七尺者約八十丈水深二三尺者僅七八丈現因伏正已屆除已堵三十餘丈不計外而水深一丈三四尺至二一丈餘者尚三十餘丈水深

三丈內外者尚二十丈一時料物既難取齊水勢又復日漲一日再四思維非設法挖開大溜無從施工臣當飭在工員弁先作挑水壩三座使溜勢逼入大河則施工較易卽盛漲大至口門亦免衝刷寬深下游地方不至漫溢滋甚其如何設法搶堵之處應俟三壩築成後再行相機辦理臣仍飭潘駿文嚴催稽料不准再事塘塞貽誤要工所有章邱縣大隄民埝難以急切堵合及近日籌辦情形理合附片據實陳明伏乞

聖鑒謹

奏

酌量變通防汛章程片光緒十一年五月二十九日

再黃河南北兩岸新築長堤前經臣酌議防汛章程按三里建堡房一座每堡設防兵五名並另募勇丁二千五百名分段駐守以備三汛搶險之用

奏奉部覆行令照辦在案嗣據總理河防局務前按察使潘駿文詳稱大隄袤延千里原建堡房二百九十座共設防兵及陸續募勇夫約計三千五六百名霜清後以次裁減尚存不少而每弁帶勇不過一二百名一縣或至兩弁夫散工長未免不相聯屬且約束究不如營伍之嚴整遇有險工搶護恐難得力該前司體察情形量為變通請本年起改募八營委熟悉河工之向帶精健前營副將景天榜精健後營參將馮義德各帶四營

併其舊部共成十營分駐上下兩游上游爲河定五營下游爲河成五營派定段落飭令各司其事新募之勇每營五百八勇六夫四以三百名爲定額桃伏兩汛期内每次各增夫百名霜清及淩汛後遞減百名以期撙節應需口糧除精健兩營正勇向在善後局支領外所有分次添夫及新募八營之餉均歸防汛經費内發給營官薪水公費以及幫帶哨官字識伍什長等項口分悉照善後局章程辦理馬勇長夫車價名目防河與勦賊不同卽行全數裁汰以昭核實又利捷濬河水師各船分派上下游隨時協助兼運料物其口糧有歸善後局支發者有由河防局給領者亦仍照舊辦理原建堡房於增培大堤時業經

拆卸現在工已告竣擬按二里建堡房一座爲弁勇棲息之區每四座内修寬大房一間以備存儲繩索所需建造價值除用拆存木料下短若干另行核發等情縷請具
奏前來臣查河工防汛最關緊要辦理原貴詳愼以期搶修得力該前司所請裁撤堡兵改募營勇並定額數分别增裁俾弁勇層層約束聲息相通籌畫亦尙周妥核計用款與上年定章無甚出入自應准其照辦至按二里建一堡房係爲勇丁便於棲止起見較之原定三里一堡增費無多亦應照准業經臣批飭照辦現據詳報各營招募齊全均已一律到防除隨時嚴飭認眞修守外所有酌量變通防汛章程緣由謹附片陳明伏乞

聖鑒勅部立案施行謹
奏
遵旨查明東省出入各款據實覆陳摺光緒十一年六月初七日
奏爲遵
旨查明東省出入各款恭摺據實覆陳仰祈
聖鑒事竊臣於光緒十一年五月初十日承准軍機大臣字寄五月初八日奉
上諭現在海防善後用項浩繁必須通盤籌畫核實經理方足以裕度支而紓國用各省關每年所入之款究竟實有若干其常年例需及現在添支防勇局卡餉需薪水各項實在費用若

干此後常年可以裁減歸併節省之款若干著各該將軍督撫監督等切實核計逐款分晰開單限於奉旨一月內詳細奏報毋得稍涉含混藉詞延緩等因欽此當經分飭司道暨善後局各員會同確查妥議去後茲據該司道等詳復前來臣查東省入款藩庫以地丁錢糧爲大宗出款以京協餉滿綠各營兵餉爲大宗其間收支各數每年多寡不一而大致無甚相懸約計歲入銀二百七十餘萬兩歲出二百六十萬左右常年撙節動用可有盈無絀奈連年黄水爲患工賑兼籌雖部撥各省關款項以資工需並合官紳捐助賑款而本省自籌及墊支欠解銀兩亦屬不少上年辦理海防需餉尤鉅以致積年所蓄均已羅

掘一空今歲如開銷不減則不敷約百萬內外臣與藩司正切憂慮幸和議已成防務略鬆臣現擬將新舊各營次第裁撤三四千人以節餉糈至於年例放款如官兵郵賞全半祭葬積欠兵餉墊辦軍需等銀均以庫藏支絀停止給發軍興後難廕世襲人員以數千計亦有定額祇儘先襲者給予俸銀各鎮標官兵俸餉每年實發三季似無從再行節省惟查部硝一項每批辦解十四萬斤准銷例價運腳銀四千餘兩委員照市值採辦不敷銀一萬三千餘兩向係攤之州縣從前兩年春辦一批各牧令按日捐解爲數尚不甚多近則奉部嚴催每年須辦一批州縣難捐鉅款不得已於光緒八年

奏請照直隸章程市價例價相間輪辦計辦市價之年須動正
項銀一萬七千餘兩此後如能仍照舊章兩年辦解一批則不
敷歸州縣捐攤便可停支市價以兩年一次計之每年可省銀
七千餘兩應請
旨飭部核議又剝船工食每年約需銀一萬四千兩動支運庫
生息係從前南糧至衞河時遇淺起剝之用今已久停各州縣
仍行列抵交代雖非動支庫款而所抵欠項亦與動支無異運
庫生息又無專款可歸所抵均屬虛懸應自本年起全數裁減
不准再行列抵此外一切用項惟黃運兩河爲
國家一大漏卮然黃河關繫民瘼運河賴以轉漕均不能坐視

廢棄前奉

上諭飭令籌辦運河添運江浙漕米等因約計秋後興工尚需鉅款臣於辦理河務所需銀兩均經力求撙節不敢稍涉鋪張惟以才力短淺未能爲

國家設法節省巨款清夜自思莫名愧悚此核稽山東藩庫每年出入各項無從節省大宗僅能節省一二萬餘金之實在情形也又查運庫征收鹽課暨一文加價每年約共銀二十萬數千兩以之撥解京餉尚有不敷係將餘平湊解襍款每年約征銀十二萬餘兩應支應解各款則須十五六萬兩擇要動用猶虞竭蹶其本省支發辦公者均扣二成減平亦係撙節辦理糧道

庫征收漕倉兩項一為辦漕要需一應解部正款東海臨清兩關常稅歲收不及十萬各有應撥餉需釐金一項東省地方僻小歲收亦祗數萬其東海關經征者專支輪船經費內地所收者撥解固本兵餉均無從裁減節省此又運糧二庫及關局收支各項之實在情形也伏查東省物產不豐除地丁錢糧而外並無大宗入款至卡局委員人等業經屢次裁減現祗省城善後局釐金所及衛河設卡數處以資抽收每年所需各項尚無糜費情事以後海氛平靖但冀河流順軌無須籌辦工賑則虎順安常自可逐漸充裕臣仍當督飭司道隨時認眞經理苟有可省之款無不力求撙節以仰副

聖主宵旰籌維之至意謹將藩運兩庫收支各項銀數繕具清

單祇呈

御覽爲此恭摺覆陳伏乞

皇太后

皇上聖鑒謹

奏

東省歷年辦理賑務收支各項銀兩開單具陳摺光緒十一年八月初一日

奏爲東省歷年辦理賑務收支各項銀兩開單恭摺具陳仰祈

聖鑒事竊東省沿河各屬近年疊被黃水民不聊生仰蒙

皇太后
皇上軫念災黎一再截漕撥帑俾資撫邺並奉部議准照直隸
章程開辦賑捐
天恩高厚曠古罕逢凡屬臣民同深欽感臣懔遵迭次
諭旨督同司道及印委各官紳盡心籌辦工賑兼施以期上紓
宸廑下救民命一面函懇各省代爲勸募助庫款之不足計自
光緒九年起迄今將及三載所需賑濟銀兩既蒙
聖恩撥給又荷各疆臣司道多方佽助而紳商士民之慷慨仗
義者亦無不踴躍輸將爭先恐後故能源源散放款無缺乏百
餘萬生靈連年被災至今尚可勉强支持者實賴寬賑之功該

災黎等感沐

皇仁奚啻再造查自九年五月起至本年五月止迭蒙

恩賞及截留京餉漕米共銀五十九萬六千九百餘兩江北漕

米五萬石又奏撥藩運兩庫銀四萬九千兩提用倉米八百七

十九石七斗九升本地外省各官紳協濟捐助及報捐虛銜封

典等項共銀六十六萬四千九百餘兩河南省捐助大米二萬

一千三十五斤穀二千二百二十七石二斗高粱三百四十三

石五斗又舊存及收捐棉衣共六萬九千九百五十四件內除

歷次賑濟歷城章邱齊東齊河濟陽長清惠民濱州利津商河

霑化高苑博興樂安鄒平東平東阿青城長山蒲台等二十州

縣共用銀一百二十二萬九千五百八十餘兩又採辦棉衣撥給地方善舉挑挖河道撫邺被灾勇丁等項共用銀五萬七千二百餘兩其米穀棉衣亦均隨時散放截至本年五月底止除用寔存銀一萬九千三百餘兩江北漕米四十八石二斗粟米三十二石一斗穀七百六十三石五斗棉衣五百件現在歷城等縣尚有被淹處所應再湊撥放賑業經臣另摺具

奏此東省近年辦理賑務之出入款項也又查通政使臣周家楣江南紳士直隸候補道盛宣懷候選訓導嚴作霖舉人施則敬等自行散放之款綜計尚有三十餘萬兩不在前項官賑之內該員紳等陰行其德均不願邀請獎敘尤爲人所難能茲據

賑撫局司道詳報前來理合將官賑收支銀米各數繕具清單

恭呈

御覽除戸口清冊咨部查照外惟查各州縣被淹之初購買饝餅蓆片散放急賑並搭蓋土屋挑修河道以工代賑與夫運送錢米脚價等項或因事在倉猝無從登記戸口或酌量給發爲數零星勢難逐一造報茲均於單內分款開列請免再行造報合併陳明爲此恭摺具陳伏乞

皇太后

皇上聖鑒謹

奏

覆陳部議開源節流各條摺 光緒十一年七月初三日

奏爲遵照部議開源節流各條謹就東省情形分别辦理恭摺

具陳仰祈

聖鑒事竊前准戶部咨海防需餉浩繁庫款支絀籌議開源節

流二十四條奏令各省照辦等因臣當分飭司道逐條分行各

府縣數月以來復稽諸案牘參以時宜督同該司道等悉心籌

議竊維生財節用二者爲目前要圖部臣仰體時艱於無可設

法之中籌富

國强兵之道寔屬思深慮遠意美法良臣忝膺疆寄敢不寔力

奉行惟原奏各條有非東省應辦者有地方偏僻商賈零星難

期整頓踴躍者亦有本係照辦毋庸再議者敬爲我
皇太后
皇上縷晰陳之查開源第一條領票行鹽酌令捐輸係專指兩淮而言東省商岸疲滯每年銷數無多正課之外向有公費加價生息等項襍款軍興後又復加抽釐金商人已覺難支上年
八月奉
旨籌備餉需復令每年按引票兩項捐銀二萬兩專解部庫體察情形勢難再仿兩淮辦理又第二條整頓鹺務行令加收鹽釐東省業已照辦於上年十一月二十八日陳明在案應免再議第三條就出茶處所征收茶課東省各州縣並無産茶之處

亦毋庸議第四條推廣洋藥捐輸查山東口岸僻小商販無多省城坐商有門戶可指者僅十二家應遵部議不論資本大小均自本年起每歲捐銀二十四兩省外州縣惟東海關爲通商大口亦即鋪收捐其餘各屬查係裸貨鋪帶銷並無專售洋藥之鋪戶該商等資本甚微銷路亦少若令一體捐輸勢必藉口歇業而暗中售賣亦屬防不勝防禁不勝禁至於行商一離口岸散放難稽誠有如原奏所云者各州縣如派役盤查道路四通八達必至處處需人籌餉未獲其益恐閭閻已不堪其擾若派員多設釐卡則又經費浩繁轉失開源節流之本意臣與司道再三籌商計惟通飭沿海沿河各屬並與江皖直豫交界州

縣除向無洋藥釐稅處所不計外凡係歷年抽收之處均令選派丁役扼要認眞巡查如有入境洋藥加蓋印信完釐放行沿途售賣者卽爲行商無論行抵何縣出售驗有印信仍照數抽釐並遵新章每斤加捐銀二錢倘無地方官印信卽屬私貨照例充公並行懲辦至坐商販運來省沿途並不售賣卽免其再行捐輸惟發給部票一層該商多非本省殷實之户又無切實保人鋪面之開閉無常行商之去來靡定若給行坐部票能否繳還殊無把握似應暫免發給數年後辦有成效再行核酌又第五條推廣沙田牙帖捐輸查東省並無沙田沿海多山亦鮮此項地畝牙帖一層如各項經紀向例由司頒發按年納稅名

曰牛驢牙褦課程等銀歷經報部有案東省市面請條迥非江浙可比業行戶者率皆小本經營以代存容貨抽其行用爲出息至煙台等處沿海沿河地方間有殷實行棧或可飭令捐輸惟海關兼隸北洋應如何分別等則捐銀若干擬聽北洋大臣定議由部核准行知仿照辦理以歸一律又第六條煙酒行店入貲給帖除洋藥一項已陳於前外所有水旱煙東省均自外來褦貨鋪中帶售此物商人本小利微責以領帖交課竊恐無益餉需徒致紛擾又酒之一物民間以燒酒爲大宗造此者曰燒鍋所在不免從前屢次查禁嗣以民俗所需斷難禁其不賣遂議由司給帖征收税銀而商力微薄者多往往催其領帖卽

行關閉迨官禁稍弛又復私開私燒以故歷年來節次整頓總
難期十分起色此東省內地情形也至若通商口岸大莊發販
之家商力較厚或可令其交課然一口之行店亦屬寥寥每年
應定數目若干擬請由部統核各省情形酌定劃一辦法行知
遵照又第七條匯兌號商入資給帖該商等京外俱有鋪面自
應一律辦理亦請由部統核飭遵俾免藉口又第八條劃定各
項減平減成查省藩庫支款悉遵道光二十三年及咸豐九年
部文分别核扣嗣於同治十年光緒八年先後奏准復還夫馬
工料等款除詳細造册送部外所有練餉勇糧謹遵部議即自
本年正月起按照湘平支發扣出四分減平於海防善後各案

內另列收款作正開銷其製造軍裝所需則照向章仍按六分核扣又沂州府屬之蘭郯費三縣有壯勇四百名每名日支口糧銀一錢向在各該縣地丁項下支給今亦照湘平核發扣作庫平造報以資節省又第九條嚴提交代征存未解銀兩並嚴定交代限期查東省各屬交代經前撫臣閻敬銘奏定章程查辦二參牧令凡有任卸均照例限算明造冊結報並半年彙奏一次有虧者勒限嚴追逾限不完立予參辦至今二十年遵守不易蓋後任接收前任如有漏交濫抵將來再被後任查出即應著賠責任綦重均不敢稍涉含混而該員等知交卸之後欠款不能懸宕亦不敢任意虧挪且結報之後尚得再予限期從

容措繳是以東省交代清楚者多參虧者少至歷次咨報初參遲延職名係屬照例辦理前後任會同核查斷不能逾二參四個月之限應請仍循舊章認眞辦理毋庸更改又第十條嚴催虧空應繳應賠各款查東省虧空各員均經隨時參辦其因公著賠之項亦係分別嚴催現飭藩司遵照部定年限確切查明按成追繳又第十一條入官產業勒限變價解部東省入官地畝遠年陳案尚未清結者現已趕緊飭查分別辦理其軍興後各屬民田房產或有死絶逃亡或因地主從逆查出入官均據官紳稟請招佃租種所得租價歸入書院作爲生童膏伙設立義學等項經歷任撫臣批准照辦東省民多地瘠各州縣有地

方公款者十無一二培植士林或專藉此地租一旦令其變價未免有拂輿情又第十二條酌提漕糧漕規鹽務鹽規餘款查山東糧道庫征收漕倉銀兩均爲辦漕而設支有餘剩儘數解部其襍捐各款亦係按石徵收隨漕支用並無盈餘所有奉提歷年扣存未解銀兩現已遵照詳查另行報部核辦至鹽規東省無此名目上年已據實覆陳另由南運局等處籌濟京餉在案又節流第一條內開裁減釐局經費東省開支此項每歲不過銀二千餘兩較之收數僅及八釐實係無可再省光緒六年遵

旨覆奏籌備餉需摺內業經和盤托出並按年造報在案第一

係核減各關經費查東海關征收常稅每年納銀五六萬兩開支各口委員書差人等公費銀七千四百四兩係屬額定之數在百貨洋藥稅耗内支銷臨清戶工兩關各項役食除扣成平每年實支銀七百八十餘兩均係力求撙節無從再減又第三條核定各省局員額數銀數查東省有善後局機器局軍械所上年辦理海防添設前敵支應局現在防務已鬆漸可裁撤其釐金總局光緒四年卽改爲釐金所歸併善後局辦理省外釐卡四處每局只派一員其餘保甲局書局候審所清訟局發審局名目雖多每局或數員或一二員薪水由外籌給所費無幾且發審委員係令學習公事無薪水者居多就山東情形而論

雖不敢謂毫無糜費然庫款皆有常經不能絲毫冒濫臣素性迂拘有可節省之處亦必破除情面不敢稍涉因循又第四條內各營文武分別裁汰及酌定額數銀數東省各勇營除統帶官幫帶哨官外向無隨員開支薪水新募海防各營共計文武三十員每月支銀四百五十一兩各有應辦要事本屬無可裁減惟刻下防務已鬆將來陸續遣撤則隨員亦可裁去又善後案內隨營文武現存二十五員應請裁去副將都司各二員遊擊把總各一員千總四員共十員酌留總理營務道員文案知縣善後局提調知府製造軍械火器參將游擊稽查各營並監視差操總兵守備各一員副將都司各二員收發餉銀查辦銷

算知縣一員縣丞一員收發軍械火器參將一員共十五員每月支銀三百九兩以期撙節又第五條酌減內地各省防軍口糧查山東所有勇營每名每月向只發口糧銀三兩上年調辦海防始請將東勇酌加六錢楚勇照楚軍向章辦理防務裁撤之後餉需不減而自減至內地各營該勇所支銀數每日不過一錢換制錢一百四五十文今復核給湘平三餐所餘尚需衣履之資勢難再行減少又第六條酌減內地防軍長夫東省業已照辦

奏准自本年起改爲楚勇三名一夫東勇四名一夫第七條防軍有營房者不准再領帳棚折價東省向係發給製就帳房並

無折價亦從無開銷營房修費復開帳房用款第八條核定內地兵勇餉數查制兵積習相沿防戰均難得力誠如部議不妨核實裁派以節省之餉項備緩急添募之用臣已分別確查擬開除空額永遠不補汰其老弱勒令歸農視各營汛地之大小酌量存留藉資巡緝一俟查明即將兵數餉數造册送部聽候核示遵辦至各勇營上年辦理海防新舊共計四十餘營需餉至一百十餘萬兩均經造報有案將來逐漸裁撤酌定應留若干方可核明餉數又第九條確估各項軍餉按年指撥一次東省兵勇兩項數目現尚未能懸定應請隨後一併開報遵照部議辦理又第十條停止不急工程東省近年以來除黃運兩河

外並無請帑興脩之案又第十一條各項欠發勒限清釐各項領支分別核辦查東省自軍興後藩庫欠發之款雖屬不少然因帑藏空虛鮮有補發銀兩惟各鎮標官兵俸餉從前發不足數同治八年議定每歲實發春夏秋三季冬季暫停迄今照辦以致各營冬餉皆在欠發之列該員弁遇有事故每擬請領始而酌量籌發繼而紛紛稟求辦理殊不劃一隨於光緒四年明定章程凡丁憂無力歸葬之員按其未領銀數分別道路遠近籍隸本省者作為千里以內給銀二成河南直隸江蘇安徽山西等省作為二千里以內給銀三成浙江江西湖北湖南陝西奉天等省作為三千里以內給銀四成廣東廣西雲南貴州四

川福建甘肅等省作爲四千里以內給銀五成如有病故各員亦倣此數辦理嗣因年分愈久欠數愈多雖千把人員亦有找領至數百兩者庫款仍難爲繼復於光緒六年酌定限制同治八年以前舊欠概不准領八年後如年分無多按成支給歷年較久應支甚鉅者定以不易之數凡副參游三項籍隸本省不得過二百兩外省不得過三百兩都守等官本省不得過一百五十兩外省不得過二百兩千把以下本省不得過一百兩外省不得過一百五十兩該員弁領此欠項且必有喪亡事故方准支給似未便再行停發惟欠款通省皆有何人請領不克懸揣碍難造册報部迨其具領之時則因扶柩治喪情堪憐憫用

亦緊急若每案必先請示不特應令守候亦且多煩案牘似不如年終將一歲時支銜名銀數彙總造報以歸簡便業經藩司詳請咨部應候核示祗遵此外郵賞祭葬墊辦軍需等款均經停發並無動支銀兩又預支一節惟憲書工料分別有閏無閏各有應支額數青德二滿營正二兩月俸餉撫濟二營正月俸餉奏撥防汛經費項下預發來年採辦椿廂料物銀兩其他亦無預支常款又第十二條另定各省起運存留查東省州縣起運地丁項下留支名目曰官俸役食曰磔支曰夫馬工料從前役食有減二成遞減二成磔支有減二成及三成六分夫馬工料有減二成一成不等截至光緒八年均已先後奏准免扣只

扣六分減平其官俸一項則猶扣一成減平為數無多自應照舊辦理勿庸更改惟役食內有鋪司工食一款奉文留支五成而留支之數與從前酌提生支舊案互相牽涉以致各州縣所留銀數多寡不一交代每啟糾纏應請改爲通省均撥五成留支其餘五成歸入起運批解無庸另作裁減鋪司工食所有應解應留各數俟奉准部覆再爲更定以上各事宜臣督同司道通盤籌畫不敢因難推諉亦不敢操切圖功謹就管見所及據實覆陳是否有當伏乞

皇太后

皇上聖鑒勅部核議施行謹

奏

酌減防營勇丁數目日期片光緒十一年八月初一日

再東省前因籌辦海防陸續添募勇營扼要分布均經臣隨時

奏報在案現在法人悔過輸誠和議已定且東省河工賑務需款紛繁庫藏不敷周轉防營勇隊自應酌量裁撤以節餉需茲先將瑞字營東勇一千名振字副中營東勇四百二十五名精健後營東勇四百五名雲字營東勇四百名飛虎營東勇二百名共計二千四百三十名一律遣撤口糧均以六月二十九日截止並飭查明各勇籍貫仍由各哨分起押令回籍歸農不准一名逗遛致生事端其前濟東泰武臨道李宗岱統帶親兵楚

勇五百名該道已督辦礦務應行裁去二百名留三百名改歸文生劉竹筠管帶又精健左營東勇五百名濟字左營東勇四百二十五名濟字步隊後營東勇五百名共計一千六百二十五名亦擬儘八月底再行裁撤其餘各營能否接續遣散容臣體察情形隨時

奏明辦理除咨部查照外所有酌裁防營勇丁數目日期理合

附片具

奏伏乞

聖鑒謹

奏

上游新決各口先後堵塞及潘溝趙莊籌辦情形摺 光緒十一年九月初九日

奏為上游漫決各口一律堵塞及籌辦下游潘溝趙莊兩處情形恭摺仰祈

聖鑒事竊臣前因伏秋大汛上游孫家碼頭漫決水衝長清縣趙王河大堤該縣大碼頭民埝同時漫溢南岸玉符河山水暴漲民埝亦被衝開均經

奏明在案臣查上游決口數處多係漫溢衝刷不深尚可及時堵築當飭壽張縣知縣文荃都司閻得勝籌辦孫家碼頭楊家井等處長清縣知縣蘇杰代理肥城縣知縣彭登焯會同候補

知縣王德本副將張福興游擊戴守禮分堵大碼頭趙王河玉符河等處嗣據前按察使潘駿文豫山先後稟稱玉符河民埝隨於八月十二日經張福興堵合大碼頭民埝及趙王河大堤於八月二十五日經蘇杰及彭登焯王德本戴守禮等堵合又據報孫家碼頭楊家井一帶民埝均經文荃及都司閻得勝於八月二十日九月初七日先後堵合該四處工程半資民力通計用款不滿萬金此項工需卽在防汛經費內開銷此外北岸趙家莊決口寬雖五十餘丈水深自二丈至二丈八九尺不等南岸溞溝一口寬一百五十三丈水深自三四尺至二丈餘不等經臣出闈後親行踏看兩口均已奪溜辦理頗費周章工大

費餘庫藏支絀籌撥甚非易易而事關民瘼辦理又未敢稍遲
現經臣與司道會商設法籌措在於藩運兩庫各湊備銀五萬
兩採買料物飭令在工員弁圈出土塘開通土道一俟霜清即
行大舉自下而上先堵潘溝次辦趙莊均限冬月合龍所需工
費不敷尚鉅容再隨時設措並嚴飭各員弁力求撙節統俟兩
口堵就核明實數再行詳細
奏報至分水必於上游臣初擬留趙莊口門為分洩徒駭之地
此時查明地勢若改由趙王河建壩分水其地在趙莊之上約
八十餘里將來保全地面較多其應如何辦理及需用款項應
俟趙莊堵塞後河身全行涸出派員復行查勘方能定奪至長

清縣知縣蘇杰候補游擊戴守禮前因趙王河大隄衝決
奏明奉
旨革職仍分別留任留防現在該員弁等協力堵築業經竣事
尚知愧奮可否將蘇杰戴守禮原參革職處分均予開復並免
送部引
見之處出自
天恩謹恭摺具陳伏乞
皇太后
皇上聖鑒訓示謹
奏

遵旨覆陳河防情形摺光緒十一年九月二十八日

奏爲遵

旨查明河防事宜據實覆陳恭摺仰祈

聖鑒事竊臣於八月二十二日接准軍機大臣字寄光緒十一

年八月十九日奉

上諭有人奏山東黃河屢次決口難於堵塞其弊約有數端一

則愚民私掘大隄汛官玩視險工不能晝夜巡防一則不肖員

弁輒將上游之隄挖通反先開口一則委員希圖省費草率從

事請

旨飭查杜弊等語近年山東黃河屢決氾濫成災

朝廷時深廑系著陳士杰按照所陳各節確切查明據實覆奏
即將前項弊端嚴行查禁該員弁等倘敢仍前舞弊致誤要工
即行從嚴參辦毋稍瞻徇前據該撫奏稱酌留口門藉徒駭河
分洩水勢當諭令妥爲辦理該撫責無旁貸務當悉心規畫實
力籌辦現在瞬屆霜清亟應趕緊施工堵合決口並如何設法
疏消下游以除水患著仍遵前
旨查看情形
奏明辦理原摺著抄給閱看將此由四百里諭令知之欽此遵
旨寄信前來跪聆之下惶悚莫名遵查原奏一謂愚民先掘大
隄以保民埝查民埝既決小民掘堤洩水在所不免若民埝未

開無水可洩先掘大隄萬無此事卽弁勇分守大隄兼顧民埝地段各千餘里勇夫僅五千餘人工長勇少顧此失彼則有之玩視則非所敢也一謂不肖員弁先將上游大隄挖通以分水勢查分防各有專責上游員弁豈能任下游員弁掘開上游大隄自干咎戾此亦情理所必無之事也一謂決口之處非多用木樁不能抵禦委員希圖節省見好上官只用一層致令合者復開查臣自到東以來堵築三十餘口並無合而復開之處當此餉項支絀之時自應事事核實以免虛糜臣剔去河防積弊每辦一工專求結實不事張皇較往年之開銷不過十分之二三通計三年內爲

國家節帑甚鉅可省則省自是職分應爾是否草率則當以歷堵險工有無衝決爲準至於督率無方良由臣才力短淺實屬咎有應得臣先後

奏報亦殊未敢自行掩飾也又其言曰禹疏九河水由地中行若非力刷停淤疏通去路則雖高築隄岸與水爭衡亦非善策所言頗爲近理惟河長千有餘里逐年用混江龍等器疏刷不爲無益而所刷終不敵所淤之速如欲一律挑挖深通水中撈沙人力既無所施即多購外洋挖泥機船三四號由太平灣外逐層進挖計方核算竭三年之力不能達鐵門關黃流飄徙無定比及三年又不知若何情狀矣天下事言之甚易而行之殊

難者大率類此臣謹就山東黃河目下情形縷晰言之查河南河面寬二三十里不等山東大清河河身寬處不及一里窄處只七八十丈狹仄難容一也黃流夾沙帶泥年淤一年前此河身深二丈及一丈數尺不等近則河身已與地平甚有高於平地一二尺者淤淺易於漫溢二也河南沿河兩岸全無民居廬舍長隄以內任水蕩漾紆迴山東則兩岸村莊林立棄之不忍保之無方民埝一經開決埝高堤低勢若建瓴防守不易三也乾隆道光年間庫藏充裕南河工程動則請款數百萬少亦數十萬款裕則辦工較易今則海防多故庫款十分支絀未敢言昧率請鉅款四也河南所管黃河應防地段僅二百餘里每歲

脩防除額設廳汛外用銀六十八九萬不等山東由直隸接界起至鐵門關止長千有餘里未設廳汛未養河兵僅雇勇夫上下游防守藉以節省經費每年請銷通計四十萬金時勢不同未敢援照河南成案五也夫以臣之愚闇無能膺此繁劇鉅任智小謀大力小任重其爲人指摘亦固其宜惟就臣管見所及參攷古人成法禹疏九河而後僅後漢王景播爲八河得免昏墊者八十載近雖不能仿行竊以黃流若從銅瓦廂東南分行以江南山東向容全黃之河身各分黃流之半水不出槽防守自易此爲上策而江南士民僉以爲不可其次則開通馬頰徒駭兩河各分黃流十分之二三亦可使沿河居民稍爲安枕而

直省及山東近河紳民又力持以爲不可嗣迺仿照潘季馴靳輔遥隄成法酌減丈尺兩岸各離河五百丈修築長隄藉資捍衛查潘季馴靳輔治河諸書云非遥隄無以障其狂非減水不能平其怒且云若無減水壩涵洞雖有遥隄水從民埝灌入窪下之處受水必猛仍不足恃是分水與大隄相輔而行缺一不可而分水必於上游查趙王河夏間開口之處在長清肥城交界地方距趙莊八十里以上若由此建壩分水則長清以下沿河各州縣水患似可稍紓倘再於南岸隄埝之間就低窪處所倣古人引河水門之法開一小渠遇盛漲時民埝稍有漫決均可從此宣洩免致橫溢爲灾亦屬思患預防之一法臣再四思

維此外別無良策而議者曰黃流宜合不宜分不知此說指黃河而言非指大清河言也黃河寬廣數十里再分則淤滯不通故宜合大清河寬不及一里譬如一碗水灌之杯中求其不漫溢也得乎故分之便其應如何分段疏通之處此時定地建閘地段較長與九年情形不同應俟趙莊堵合復行委員詳細查明方能定議惟趙王河以上如肥城平陰東阿壽張等縣均居上游仍應另行設法加意防守此亦不能不先事籌及者臣智識短淺修防無效而又衰病交侵方自愧悚何敢妄有陳說惟

既蒙

垂詢苟有所見未便緘默不言是否有當伏候

聖裁除淤溝趙莊兩口以次辦理業經具
奏外所有遵
旨查明並無先掘等弊及設法分洩緣由謹專摺覆陳伏乞
皇太后
皇上聖鑒訓示祇遵謹
奏

節逾霜降黃河上游賈莊等處防守平穩摺光緒十一年九月廿八日

奏爲節逾霜降黃河上游賈莊等處防守平穩恭摺仰祈
聖鑒事竊照東省黃河賈莊濮州一帶爲上游南北兩岸隄身
各長二百餘里向派文武員弁督率勇營民夫分段防守該處

距省較遠臣因下游河工緊急深恐兼顧難周屢次嚴飭各該員弁加意認眞防護並令河防局前臬司潘駿文稽核用款以免虛糜桃汎期内據報南岸雙合嶺隄身下蟄朱口亦出險工當經添修埽壩加培縷隄孫樓路莊向爲險要並添夫幫同修守其餘各段一體撑要加廂期臻穩固迨交伏汎以後來源甚旺各該處此衝彼塌危險時形弁勇分投搶護竭二十餘日之力計脩埽壩至四十餘段秋汎水勢益漲加以陰雨晝夜滂沱各工上淋下汕節節生險而雙合嶺溜勢頂衝孫樓自小口起以迄十里堡七十餘里間大溜緊逼隄根內外皆水情形尤爲岌岌各員弁人等往來搶辦幾至應接不暇迭據稟報到臣當

以北岸壽張縣業經漫決濮州境內又被上游直隸之開州漫
水下注南岸賈莊一帶關繫大局甚重不容再有疏虞疊經諄
飭設法嚴防一面派員會同壽張縣堵築決口濮州水勢則令
堵截來源相機宣洩所有被淹災民均飭查勘輕重分別賑撫
幸員弁人等尚能不辭勞瘁將賈莊雙合嶺各處要工保守平
穩壽張口門亦即隨時堵合現在節逾霜降水勢歸槽全工一
律穩固據曹州府知府積慶等稟報前來相應仰懇
天恩頒發大藏香十枝由臣祗領委員虔詣賈莊
大王廟敬謹祀謝以答
神庥除仍嚴飭小心防守預備淩汛並將出力員弁擇尤存記

外理合恭摺具陳伏乞

皇太后

皇上聖鑒訓示謹

奏

續裁防營勇丁數目日期摺光緒十一年十月二十日

奏爲續裁防營勇丁恭摺仰祈

聖鑒事竊臣前因防務已鬆當於本月六月底將瑞字等營東勇二千四百三十名先行遣撤以節餉糈業經附片具

奏並聲明精健左營濟字左營濟字步隊後營共東勇三營又前濟東泰武臨道李宗岱親兵五百名内先裁二百名共計東

楚各營一千六百二十五名擬儘八月底裁撤旋亦依期遣散在案茲迭奉

懿旨飭令各省裁撤勇營臣當飭藩司籌備口糧以便分起續裁現裁衞隊先鋒楚勇二百五十名口糧以十月十五日截止又裁浙江候補道李光久所部紹武左營楚勇五百名口糧以十月二十日截止紹武右營楚勇五百名口糧以十月二十五日截止紹武中營楚勇五百名口糧以十月二十九日截止又裁縣丞陳廷範所帶廣武右營東勇五百名口糧以十月二十九日截止通共續裁二千二百五十名仍責令營哨各官分起管帶沿途彈壓回籍東勇籍隸本省酌給十日盤費楚勇遠道

而來計程三四千里不等自應仰體
朝廷憐念士卒之意酌給行糧銀三兩以示體恤至統領煙台
各軍兗州鎮臣全祖凱所帶親兵楚勇五百名應行咨請帶至
兗州儘十一月中旬裁撤以免擁擠回籍川資仍照各營楚軍
每名給銀三兩臣與司道籌商現在奉直兩省同時裁撤營勇
並奉天所散營勇不乏東省之人即籍隸江淮者亦必由山東
經過目下東西兩路散勇絡繹於道加以本省先後裁撤東勇
至數千名之多一時稽查彈壓殊非易易此外各營應稍緩至
明年開正後酌量裁減再行具
奏除裁減綠營兵丁共可節省餉銀若干容臣與司道另行妥

議覆陳暨分咨户兵二部查照外所有續裁防營勇丁數目日期理合恭摺具
奏伏乞
皇太后
皇上聖鑒謹
奏
籌辦趙莊淤溝情形摺光緒十一年十月二十日
奏爲趙莊淤溝兩口現在辦理情形恭摺仰祈
聖鑒事竊臣前
奏籌辦淤溝趙莊情形於九月二十一日奉

旨覽奏已悉著卽督飭各員弁迅將滏溝趙莊決口一律堵合等因欽此臣更番親詣兩口查看十月以來趙莊口門水深雖二丈餘尺一面挑水一面進占現已進至三十丈水勢尙覺平穩惟滏溝一口大溜全歸口門正河通行淤墊形勢十分危險臣再四思維非開挖引河稍爲分洩難期堵合當調囘海防四營從口門迤上開引河一道並雇覓土夫於口門以西亦開挖引河一道現在兩壩進占北岸已進八十丈水深一丈以外再進則水深二丈南壩已進二十丈水深二丈再進則水深二丈五六尺不等所挑引河應俟一律深通約須十一月初旬前後方可開壩放水計時兩壩當可趕做金門占仰仗

朝廷宏福如能水勢分入引河則合龍稍有把握查山東自黃河改道以來所出險工未有如此次溜溝之險者臣惟有懍遵
諭旨督飭在工員弁隨時審度水勢妥慎進築以冀仰副
聖主軫念河防之至意所有趙莊溜溝兩口現在辦理情形謹
專摺具
奏伏乞
皇太后
皇上聖鑒訓示謹
奏

總兵全祖凱回兖州本任片光緒十一年十月二十一日

再臣於上年海防喫緊照會兗州鎮總兵全祖凱自募親兵營駐防煙台各營均歸節制曾經
奏明在案該鎮在煙台年餘樸勇耐勞約束嚴明而操守廉潔尤爲近來將領中所僅見惟現在海防已鬆所統各軍已次第裁減而兗沂與江皖接界匪徒出沒無常隆冬尤甚自應照會該鎮回駐兗州鎮本任督率營汛嚴密巡緝藉以綏靖地方謹
附片具
奏伏乞
聖鑒謹
奏

陳侍郎奏稿

卷之七

遵旨查勘鐵路情形摺光緒十一年十月二十七日

奏爲遵

旨查勘運漕鐵路籌摺由驛覆陳仰祈

聖鑒事竊臣等欽奉光緒十一年九月初七日

上諭據軍機大臣呈遞李鴻章交到陶城埠至臨清議辦運漕鐵路圖說一分據稱豫籌河運漕糧南自清江至陶城埠北自臨清至天津設法濬導尚可通行獨自陶城埠至臨清二百餘里河身淤高難於疏治莫如試辦阿城至臨清鐵路爲南北大

道樞紐阿城臨清二處各造倉厫數所以儲備米候運等語所
陳係爲糧運起見不無可采惟阿城一帶距黄河甚近倘遇河
水漫決向北衝刷於鐵路有無妨礙不得不豫爲籌計著崧
成　陳士杰派員前往該處詳加查看據實覆奏其建設倉厫
及轉運應辦事宜並著按照所陳各節悉心會商妥爲籌議一
併迅速奏聞等因欽此臣等奉
命後當即遴委妥員前往查看臣崧　臣成　派江蘇候補道
王璽翎東河候補同知秦根發臣士杰派東昌府知府程繩武
臨清直隸州王其愼候補直隸州彭虞孫會同前往詳細履勘
茲據各員禀稱原議鐵路建自阿城查該處距陶城埠十八里

漕運所難在進陶城埠口門黃水不漲不能進口卽不能抵阿城一經進口兩日便達臨清毋庸在阿城起米換車今開辦鐵路原爲避難就易自應卽在陶城埠施工臨黃堅築寬廠碼頭俾漕船渡黃便可卸米回空不復有候汛進口之艱惟自壽張至陶城埠一帶本年秋汛漫決後口雖堵合積水尚多未消東昌以南每遇盛漲亦不無漫溢之虞似宜先事豫防又原議購地建路一節查隄外村莊雖可繞越而民間墳墓所在多有且民居在路東者路西亦有地畝一經墊高往來耕種殊爲不便況平地塡築糜費滋多遇水尤易浸溢損塌辦理頗費周章至原議建倉儲米一節查臨清本有倉廒稍加修葺便可儲米二

三十萬石臨黃口門地甚危險不便建倉且火車迅捷各省漕船但令挨次前進隨到隨運可以直存臨清倉廒似可毋庸於口門再建其由臨清北上僱船爲艱自應照所議統歸天津撥船接運赴通以期妥速等語臣等往復緘商該員所稟尚屬實情竊以北路河運維艱經直隸督臣李鴻章議請開辦鐵路預備添運江浙漕糧洵屬美舉惟陶城埠以上百餘里緊靠黃河黃流遷徙無定大汛時湍悍異常將來鐵路造成之後能否不至衝決實無把握應請

旨飭下北洋大臣再行委員勘明審定以昭慎重所有遵

旨查勘運漕鐵路緣由謹合詞恭摺覆

奏伏乞

皇太后

皇上聖鑒訓示再此摺係臣士杰主稿合併陳明謹

奏

運河挑工應俟鐵路定局再行核辦片光緒十一年十月二十七日

再臣前奉五月十三日

上諭南漕向歸河運自興辦海運後僅將江北漕米十萬餘石辦理河運其餘江浙兩省漕糧概由海運殊非經久之策嗣後漕糧運通雖不能遽行全復河運必應設法增添爲逐漸推廣之計惟轉漕必先治河且僱用民船等事必須豫爲綢繆著切

切實籌畫奏明辦理本年因江蘇白糧有改歸河運並添運蘇漕之議奏明添撥濬河銀一萬五千兩現在沙輪各船業已照常承辦海運前項添撥銀兩必應核實節省並著確查具奏等因欽此當經臣先將添提之項除用尚存銀一萬四十兩歸還司庫緣由附片

奏報在案一面委候補直隸州彭虞孫前往查勘切實妥議除南路應辦事宜已由河臣奏覆外所有北路一帶經該委員詳加籌度萬運有候汛之艱辦理殊費周章如江浙兩省添運米二三十萬石則惟有在於陶城埠臨清州兩頭建壩中間收蓄水勢置備撥船分別轉輸雖所費亦屬不少舍此別無良策隨

經畫商江浙漕河各督撫臣定米數之多寡再行酌核辦理現
准漕臣抄奏知會來年河運祗添江蘇漕糧五萬石已奉
諭旨允准並
飭臣將山東河道一律疏通等因伏查來歲添運米數尚不爲
多照往年擇要挑辦足資浮送不致有誤漕行東省庫款奇絀
自應暫緩大舉況又有開辦鐵路之議如能剋期修成則併此
常年挑工亦可節省惟轉盼春融南漕北上亟應先期布置運
河之挑挖與否應視鐵路爲定局相應據實陳明請
旨飭下北洋大臣迅速定議俾便遵照謹附片具
奏伏乞

聖鑒訓示謹

奏

東海關征收本年常税異常短絀陳明立案片光緒十一年十一月十八日

再據東海關監督登萊青道方汝翼稟稱該關常税從前儘征儘解極旺之年不過征銀五萬餘兩及六萬兩不等光緒元年奉部奏定正額銀五萬兩額内盈餘銀一萬二千兩額外盈餘銀八千兩爲數過濫以致歷屆短收無從足額經部分别減免著賠在案竊維關税之旺衰視乎商貨爲轉移上年閩疆有事各省海防喫緊煙台登州一帶大軍雲集且傳聞各處商船迭

有被擄被焚之事風聲鶴唳商販不前税課因之頓減本年四月法人納款方冀逐漸而來尚可設法補救乃自五月後黄流漫溢濟陽以下至鐵門關水僅尺許舟楫鮮通該關向以鐵門口爲貨船薈萃之區今自夏徂秋已到各船或用小舟起撥或由陸路起運兼旬累月資本多虧商人因而裹足況濟南武定等處連年被水民貧地瘠百貨滯銷雖經多派員役設法招徠亦未能大有起色約計收數恐較歷屆更形短絀將來詳請題銷致干吏議未免向隅如照例著賠該道原難辭咎但本屆情形與歷年迥不相同始而海防喫緊繼則河患頻仍實屬無計可施並非經征不力請先

奏咨立案俟將來銷册到部免其著賠議處等情臣查該關常稅以煙台鐵門兩口爲大宗茲因河患海防商船異常短少該道所稱各節係屬實在情形相應仰懇

天恩俯賜

勅部立案俟將來奏銷到部核計銀數酌量准其免賠並施議處出自

逾格鴻慈謹附片具陳伏乞

聖鑒訓示謹

奏

報銷黄河南北岸長堤摺光緒十一年十一月二十九日

奏爲報銷黃河南北兩岸新築長堤及利津以下以埝爲堤動
用工需銀兩開單具陳仰祈
聖鑒事竊照東省黃河兩岸堤工上年五月間一律修築完竣
當經
奏報並附片陳明約用實銀一百四十二萬容另造報在案兹
據河工總局司道詳稱原奏修築大堤利津以下就民埝爲隄
及鐵門關灶壩共長一千八十餘里嗣因灶壩向歸鹽商籌辦
議將所需工費按引攤捐不動正款又各屬格堤等工之無關
緊要者亦歸官民自辦以期節省經費原奏約用銀一百四十
二萬兩尚有盈餘現經該司道詳細核明動用庫款之工實在

共長九百六十里一百十一丈三尺八寸九分六釐其堤之高寬因各州縣地勢有高下之殊情形亦有夷險之別上下游堤面均須一律配平是以有築高至一丈二三尺展寬至十丈及十二三丈者亦有頂高不及八尺底寬不及八丈者悉係相地爲之現辦報銷均於冊內按段開列實事求是不敢稍涉含混計此案長堤民埝及險要處所加廂埽壩增築護堤格堤月堤等工共實用銀一百三十六萬二千一十三兩八錢三分一釐九毫下餘節省銀五萬七千九百八十六兩一錢六分八釐一毫於局庫收存款係實支實用並無扣存減平至所需銀兩內應歸工部核銷銀一百二十三萬一千七百七十二兩七錢三

釐應歸戶部核銷銀十二萬八千二百四十一兩一錢二分八釐九毫又鎮江關滙解工需就款扣支滙費銀二千兩前經咨報戶部有案應一併作正開銷等情造具清册詳請

奏咨前來臣覆加查核均屬相符此項工程自脩竣以後經臣委員查驗並節次赴工便道親行踏勘夯硪尚屬堅實册開高寬丈尺均係實在情形並無絲毫偷減所有歷次衝決口門業經遵例賠脩現惟章邱齊河兩處一俟溼溝趙庄民埝堵合水勢斷流即當趕緊補還至所餘節省銀五萬七千九百八十六兩一錢六分八釐一毫現在溼溝趙莊堵築決口奏撥之款不敷尚鉅應請撥歸動用將來另行造報除將清册分咨戶工二

部查照核銷並由臣加具印結同送外理合繕具簡明清單祗
呈
御覽爲此恭摺具陳伏乞
皇太后
皇上聖鑒再本年增培大隄工需應歸另案造報合併陳明謹
奏
謹將東省修築黄河兩岸堤工里數及動用經費銀兩繕具簡
明清單恭呈
御覽
一南岸長堤跨壓長清歷城章邱齊東青城濱州蒲台利津等

八州縣計長三百三里八十九丈七尺五寸九分六釐

又險要處所加築格隄月隄護隄戧壩等工共長三十七里三十一丈二尺

又利津城垣以下未修大隄改築民埝七十四里四十三丈七尺

以上南岸堤工原定底寬八丈頂寬二丈高八尺民埝原定底寬五丈頂寬一丈二尺高八尺委員修築時因地勢高下不一間有增減之處均於報銷冊内詳細據實開列登明

一北岸長隄跨歷東阿平陰肥城長清齊河歷城濟陽惠民濱州利津等十州縣計長四百五十八里八十一丈九尺八寸

又險要處所加築格隄月隄護埽等工共長一十里一百七十九丈八尺五寸

又利津城垣以下改築民埝七十六里四十四丈九尺

以上北岸隄工東阿平陰二縣原定底寬五丈頂寬一丈高八尺其餘均底寬八丈頂寬二丈高八尺民埝原定底寬五丈頂寬一丈二尺高八尺委員修築時因地勢高下不一間有增減之處均於報銷冊内詳細據實開列登明

一修築隄埝共用工需實銀一百七萬九千一百九十一兩五錢七分六釐

一各屬險要處所加廂埽段共用實銀一十五萬二千五百八

十一兩一錢二分七釐
一隄壓地畝共發地價銀一十一萬七千八百六十四兩一錢二分六釐
一承修委員紳士共支薪水實銀一萬三百七十七兩二釐九毫
一鎮江關匯解工需就款扣支匯費銀二千兩
以上共用實銀一百三十六萬二千一十三兩八錢三分一釐九毫查長隄工需原撥各省關協餉並本省自籌共銀一百六十萬兩嗣經撥歸光緒十年防汛銀十八萬兩下餘銀一百四十二萬兩茲除動用外尚節省銀五萬七千九百八

十六兩一錢六分八釐一毫應請撥入溎溝趙莊堵合項下

動支將來另行造報登明

趙莊溎溝堵口先後提用銀兩片光緒十一年十二月初九日

再趙莊溎溝兩處口門所需經費先於藩運兩庫各提銀五萬兩當經

奏報並聲明此外不敷尚鉅容再隨時設措在案連月以來工大用餘復提撥大隄節省項下銀五萬七千九百餘兩又提本年防汛餘存經費銀四萬兩旋因工次採辦料物不敷開銷又於糧運兩庫各設法籌措銀六萬兩並提用臨清關稅銀四萬兩先後解工以資接濟此後有無不敷容臣察看情形再與司

道安商辦理除實用銀數俟滏溝合龍後一體據實核報外所
有先後提用銀兩謹附片具陳伏乞
聖鑒謹
奏

滏溝急切不能合龍片光緒十一年十二月初九日

再黃河全溜奔入滏溝口門擬開引河及籌辦情形曾經
奏明在案迤上引河一道經在工員弁星夜催趲於十一月初
二三日告成迤下引河一道亦於初十日開挖竣事隨即啟壩
放水兩壩一面趕緊進築北壩進至一百丈南壩進至五十餘
丈均屬平穩比進至金門占水勢愈覺洶湧北邊壩金門占隨

修隨墊十一月二十五日水漲五尺南北壩金門占捆廂船於二十六日均行衝走占亦飄失溺斃勇丁船戶十餘名隨卽查傳家屬分別撫恤臣查看情形引河挑壩僅能分去大溜十分之三四口門水深尚三丈以外浩瀚奔騰萃於一處其力尤猛萬難急切合龍連日三復審度當由金門前再用捆廂中架橫木四層作寬長七八丈占如門簾形先行擋住溜勢辦理方有把握如天氣晴和河冰未合年內可冀合龍臣病不能支已於初一日回省醫治除仍飭在工員弁妥速辦理不得稍涉疏緩外理合附片具陳伏乞

聖鑒謹

奏

會商運河不及趕辦摺 光緒十一年十二月十七日

奏爲遵

旨會商河運約估工需因時日已促不及趕辦擬請來年照常擇要挑挖免致延誤恭摺覆陳仰祈

聖鑒事竊臣等准軍機大臣字寄光緒十一年十一月初三日

奉

上諭嵩 等奏遵旨查勘運漕鐵路據實覆陳一摺覽奏均悉鐵路之議既據奏稱黃河遷徙無定能否不至衝決尚無把握卽著暫緩議辦陳士杰片稱江浙兩省嗣後添運米石擬在陶

城埠臨清州兩頭建壩中間蓄水置備剝船轉輸等語係爲常年利運起見必應及早籌畫此項工費共需若干著崧 成陳士杰悉心會商核實估計迅速具奏等因欽此臣等遵即往返咨商因北路運河近在東省由臣士杰委東昌府知府程繩武切實估計茲據稟稱自陶城埠至臨清州二百餘里河身淤墊過高必須一律挑挖配平河底南北牽算計應挑深五尺面寬六丈底寬三丈估需工價銀十三萬七千餘兩又附近口門應開支河一道以備正口噴淤更番進船計河長十里挑挖面寬十丈底寬四丈深一丈兩堤各築寬十丈高二丈約估工價及占用民田應給地價共銀二萬三千九百餘兩又陶城臨清

兩口應築大壩各一座需銀五千兩張秋舊運河二十里略加疏濬以作水櫃新舊兩河交接處並應建閘一座爲攔蓄宣洩之用估銀五千兩運河堤身應一律加培迤南就河中挑出之土培築迤北出土無多且應較南首加高三四尺寬一丈不等兩岸二百里約共添土五十七萬餘方需工價銀八萬八千餘兩臨清舊倉九座約需修費銀四千餘兩阿城新建倉廒以每間儲米千石之式計之約需銀四百兩如造二百間共銀八萬兩以上統共估銀三十四萬餘兩又剝船爲轉運第一要需直隸天津之船恐難分撥必須新造三百隻每隻約銀三四百兩共需銀十萬兩內外東省木料較昂工匠亦少應請

旨飭赴南省分造倉卒恐難就緒至漕船渡黄後由陶城埠盤剝入運再由臨清運口盤剝入衞一切夫工水脚每石約需銀五錢各該省能否籌備以及盤米交米委員如何分派均應先事豫籌謀定後動等語臣等查核所稟挑河築壩修隄建倉各節於形勢尚爲合宜惟剝船應由湖北江南等省分造難以剋期來東轉運之費該守約估每石銀五錢大致不相上下此係鉅款東省無力代籌即挑築運河之需當此工賑浩繁庫儲空竭亦非部撥他省錢糧不能集事所有運費銀兩江浙兩省向章係如何支用能否照數籌畫自應先爲計及至若委員盤米交米應如何分派照料亦當明定章程由各該省妥爲核議臣

崧　前據浙江司道會詳該省向徵本色河運維艱應俟江蘇試辦數年後再爲設法等語則今日所能河運者惟江蘇一省耳現在將屆春融南漕開行北上一切事務亦非數月可成臣等悉心商酌擬先請

旨飭下戶工二部及各該省究能運米若干運費能否籌畫分別妥議並擬剝運章程及如何修造船隻俟來年秋後再興工挑修河道庶不致趕辦爲難至來歲河運事宜前經臣崧

奏請暫加江蘇糙糧五萬石爲數非多照常年借黃濟運辦法擇要挑淤足資浮送並據程繩武稟稱如果再加一二十萬石能與江北漕糧啣尾而來亦可勉力挽輸該守承辦多年結實

可靠今據查勘情形估計挑河築壩加廂埽工並修堵運隄缺口共需銀四萬八十七兩二錢八分九釐除扣減平實只三萬七千餘兩辦理尚屬節省臣士杰擬即在藩庫籌款給發飭令督同各州縣趕緊分別挑修以備漕行而免延悞所有遵旨會商河運估計工需因時日已促不及趕辦擬請來年照常預備緣由是否有當謹合詞恭摺具陳伏乞

皇太后

皇上聖鑒訓示再此摺係臣士杰主稿合併陳明謹

奏

謝賞福字恩摺光緒十一年十二月十八日

奏爲恭謝
天恩仰祈
聖鑒事竊臣於光緒十一年十二月十一日齎摺差弁回東奉
到
御賜福字一方當卽恭設香案望
闕叩頭祇領欽惟
皇太后
皇上齊政璿衡
調和玉燭
宮簾垂訓

運荃宰以揆幾

黼座延洪

溥芸生而綏祉鳳韶應律

鴻翰褒題

光華娩玉簡金書

禹疇用錫

聲教被梯山航海

羲畫同文中外臚歡冠裳溢慶臣疆符忝綰歲籥頻更緬羲璜

姬易之晉貽東藩職重詹

舜藻

堯章之炳煥
北闕心馳率土增榮撫躬逾分庶官無曠彌竭岱宗蚊負之誠
萬福陳歌願附小雅
龍光之義所有微臣感激下忱謹繕摺叩謝
天恩伏乞
皇太后
皇上聖鑒謹
奏

報銷黃河兩岸修培民埝並堵築決口工需銀兩摺光緒十一年十二月十八日

奏爲報銷黃河南北兩岸修培民埝並搶堵決口動用工需銀兩開單具陳仰祈

聖鑒事竊臣於上年三月

奏准修培沿河一帶民埝奉部指撥本省藩運兩庫京協各餉銀三十萬兩又撥湖南等省協餉銀三十三萬八千兩以資應用並據工部原奏內稱民埝係大清河舊堤厚薄高卑不一每里津貼銀四百兩未免無所區別隄工估計向以土方核算應令將加高加厚丈尺咨部查攷等因當經臣一面督飭印委各員丈量興工一面催提款項陸續給發嗣因各省關解到無幾照臣原奏每里津貼銀四百兩亦屬不敷勢難停工以待隨飭

各印委遵照部咨改按土方給價工段綿長民情較苦者每方酌發京錢三百二十文核銀一錢及四百四十文核銀一錢三分八釐其次或發京錢一百五十文核銀四分七釐或發二百文核銀六分三釐或發三百七十文核銀八分四釐不等均係體察情形力求撙節至上年伏秋汛期內衝決民埝各口部議如經費有餘方准撥用今春三月臣以各省關共尚欠銀二十五萬八千兩李家岸陳家林等工無款支銷不得已在藩糧二庫及臨清關稅銀項下籌墊應用亦經附片

奏明在案查此項民埝早經修培完工委員驗收高寬均尚如式上年經歷伏秋大汎決口之處水勢內外夾激不免衝刷單

薄又於今春逐一加培自設防汛弁勇以來復時時廂埽補修籌辦已非一次並未另給津貼民埝逼近河干每遇盛漲縱不漫溢亦易衝損全賴官民協同隨時修守以期穩固茲據河工局司道詳稱上年所修南北兩岸民埝共長十六萬一千一百餘丈遵照原奏一律修築底寬四丈頂寬一丈高八尺間有因地制宜量爲增減者均按所加新土每方給予津貼核計共用銀二十五萬九百四十三兩三錢二分又堵築李家岸等決口八處共用工料實銀四十萬二千三百五十七兩六錢八分八釐二共用銀六十五萬三千三百一兩八釐除奉部指撥銀六十三萬八千兩外計不敷銀一萬五千三百一兩八釐已由南

運鹽務項下籌措無須再動庫款至今春具
奏各省關欠解銀二十五萬八千兩嗣據兩淮鹽運使續解到
銀五千兩江海關續解到銀二萬兩計寔由東省藩庫籌墊銀
十四萬三千兩糧道庫籌墊銀四萬兩臨清關稅銀内墊銀五
萬兩現經該司道將所做各工段落丈尺及動用經費逐細核
明造具報銷清冊詳請具
奏並稱所需銀兩均係實用數目並無扣存減平等情前來臣
覆查無異除加結咨送工部核銷外理合繕具簡明清單祇呈
御覽爲此恭摺具陳伏乞
皇太后

皇上聖鑒謹
奏
謹將光緒十年修培黃河兩岸動用津貼及堵築各口工需銀
兩繕具簡明清單恭呈
御覽
民埝項下
一修黃河南岸肥城長清歷城章邱濟陽齊東青城濱州蒲台
九州縣民埝共用津貼實銀十一萬一千三百一兩一錢五
分六釐
一修黃河北岸東阿平陰肥城長清齊河歷城濟陽惠民濱州

利津十州縣民埝共用津貼實銀十三萬六千七百一十二兩九錢一分四釐

一津貼直隸紳民修築吳橋口衞河工程銀一千三百兩津貼德州紳民修培衞河隄岸銀一千六百二十九兩二錢五分

此二款奏明在於修培黃河民埝銀內動用

以上共用實銀二十五萬九百四十三兩三錢二分

堵口項下

一堵築齊河李家岸民埝決口工需銀十八萬六千七百五十九兩一錢七分九釐

一堵築齊河陳家林民埝決口工需銀十一萬四百九十六兩

六錢一分

一堵築齊東蕭家莊民埝決口工需銀四萬九千一百八兩七錢七分四釐

一堵築歷城霍家溜民埝決口工需銀二萬八千八百五十七兩五錢五分九釐

一堵築歷城河套圈民埝決口工需銀二萬六千一十兩六錢三分八釐

一補還利津張家灘民埝決口工需銀一百二十八兩五錢六分三釐

一補還利津張家莊民埝決口工需銀三百二十六兩七錢六

分五釐

一補還利津甯海莊決口工需銀六百六十九兩六錢

前八案共用實銀四十萬二千三百五十七兩六錢八分八

釐

以上統共用實銀六十五萬三千三百一兩八釐除奉部指

撥銀六十三萬八千兩外計不敷銀一萬五千三百一兩八

釐業經設法籌墊登明

酌議河工漫口分賠成數片光緒十一年十二月十八日

再准工部咨議覆臣請示長隄決口應如何分成賠修一案其

在七八月內甫報竣工旋卽沖決者應全數著賠九月以後決

口者援照河工成案銷六賠四以示區別等因奏奉
諭旨依議欽遵此欽遵知照前來當經臣轉飭河工局司道遵
照辦理並將分賠成數迅速酌擬去後茲據該司道等會詳稱
定例漫口銷六賠四銀兩應按十成分派總河賠銀二成兼管
之督撫賠銀二成河道賠銀二成廳員賠銀一成府州縣賠銀
二成參遊守備賠銀一成半文武汛員賠銀半成等語係專指
黃運兩河而言緣地屬經制官係額設上自總河督撫下逮廳
汛員弁人數較多分賠自易今東省創築長隄既非總河專管
又無設立廳汛道府如何責成初未議及僅有承修監工各員
其分段防守之武弁每月薪水無幾與河工有缺人員額設廉

俸者不同難任分賠鉅款然定例攸關亦不容稍存推卸該司道公同商酌擬請將漫口賠項如在保固限內全數著賠者由巡撫認賠三成承修之員著賠四成會修坐落之州縣著賠三成倘失事係在保固限外銷六賠四銀兩應作十成分派內巡撫認賠二成防守帶勇之統領著賠二成該管駐工文武各員弁著賠四成坐落州縣著賠二成其例銷六成銀兩應准開報嗣後如有變通再隨時另行核議等情臣覆加察核該司道所擬分賠成數尚屬公允似應照辦理合附片具陳伏乞

聖鑒勅部核覆施行謹

奏

因病懇請開缺回籍調理摺光緒十一年十二月十九日

奏爲微臣舊病復發籲懇

天恩俯准開缺回籍調理以免貽誤地方恭摺仰祈

聖鑒事竊臣前在軍營帶勇勦賊曾經墜馬受傷兩臂時作酸痛比因年老血衰復有喘嗽氣逆之症精力已形疲憊今春三月

舊傷大發當經

奏請開缺未蒙

俞允嗣以河工緊要桃汛麥汛接踵而來沿河奇險遞出亦未敢再行瀆請銷假後照常將一切事宜認眞經理病雖時作未敢稍涉偷安十月間堵辦趙莊潘溝兩口臣親駐工次督率各

員弁竭力經營早暮站立壩頭指揮照料兩月以來心力過用
百病叢生肝氣大作兩手麻木痛不成寐精神恍惚檢閱案牘
輒頭暈眼花服藥多劑迄未輕減據醫云勞心過度風邪入於
筋絡以致徧身疼痛非急切所能痊愈伏念臣受任東邦於茲
三載宣防無效負疚已深若更以病軀戀棧貽誤地方關係更
非淺鮮思維再四惟有籲懇
天恩俯准臣開缺回籍調理並請
迅簡賢員前來接任以免公事廢弛至滏溝決口如冰凌稍解
不日便可合龍容另
奏報臣經手各項工需現均督同司道詳細造具報銷清冊分

別送部此外並無未完事件倘臣病體將來得以就痊仍當泥
首
宮門求
賞差使萬不敢稍耽安逸自外
生成所有微臣舊病復發懇請開缺緣由恭摺瀝情具
奏伏乞
皇太后
皇上聖鑒訓示謹
奏
光緒十一年十二月十九日
分水開渠應俟查勘後定議片

再分水徒駭及仿古人水門之法係就臣管見所及而言現蒙
簡派大臣來東查勘河防應否如臣前議勘酌辦理抑或另行
設法之處自應俟該大臣周歷查勘審度機宜
奏覆施行理合附片陳明伏乞
聖鑒謹
奏

保舉河工員弁片光緒十一年十二月十九日

再山東候補道張上達見識敏捷於河工事宜能隨機應變不
拘成法精力亦能貫注寔爲難得之員惟現在守制十二年三
月方能起復其次則候補知府李清和精細詳審不憚勤勞辦

過溜溝大工後艱險備歷此後遇有堵築事宜亦可相靠至如
辦工武弁如副將黄金得景天榜參將馮義德總兵陳榮輝參
將馬正勝游擊劉長松戴守禮均經歷辦大工人皆樸誠足恃
以臣管見求河工人員於他省似不如就地取材身親經驗遇
事可以節省較免習氣所有臣在東三年試用得力治河員弁
姓名謹附片
奏陳伏乞
聖鑒謹
奏

趙莊溜溝工需不敷續由藩運籌撥片光緒十一年十二月二十八日

再趙莊澀溝兩處工程所需經費先經臣
奏撥藩運兩庫銀各五萬兩嗣又請撥糧庫運庫銀各六萬兩
臨清關税銀四萬兩並撥用大堤節省經費銀五萬七千九百
餘兩本年防汛存銀三萬五千兩統計提銀三十五萬餘兩現
在兩處工程約共用銀四十六七萬兩計尚不敷銀十萬内外
均係欠發各州縣料價曡據紛紛請領惟司道各庫支絀異常
急難籌畫現經臣督飭藩司崇保鹽運使黄大鶴竭力搜羅在
於該兩庫無論何款先行湊撥開銷理合附片陳明伏乞
聖鑒謹
奏

溞溝合龍摺光緒十一年十二月二十八日

奏爲溞溝現已合龍恭摺仰祈

聖鑒事竊溞溝工程口門寬至一百六十餘丈水深至四丈以外歷經危險情形均已據實

奏明在案兼旬以來經在工員弁鑿冰進築搶土加塡至十八日復將正邊各壩金門占修整完好堅益求堅並先辦一門簾占如木牌形逐層捆箍每層中用長木三根如川字形俾各層連作一氣金門占既好十九日遂將牌占三面牽纜隨水放至口門以擋溜勢一面壓土一面正邊各壩趕下龍門占將卒協力同心稭土並下至二十二日亥時始克合龍口門水深七丈

餘尺仍然透底翻花竭五晝夜之力設法搶壓至二十五日辰時始行斷溜正在趙壓大土加壩後戧距料全河大溜急切宣洩不及溜仍回刷壩底二十六日五更南壩金門占又塌陷五六尺穿一埽眼後戧立時刷去四丈餘尺勢甚緊急復經各員弁連夜搶護至二十七日方得一律塡築穩固通計趙莊溼溝兩處工程經臣力求撙節約用銀四十六七萬兩容即逐款核明另行造報伏念溼溝奪全河之溜自辦公以來危險以此爲最工程既大又值隆冬冰凌如山而下躲避稍遲立卽人船俱碎各員弁衝犯霜雪蹈險履危歷時四月之久晝夜經營者且四十餘日至今無不形容憔悴力盡筋疲幸仗

朝廷鴻福得以年前蒇事欽奉趙莊合龍
批旨准臣將出力員弁擇尤酌保
皇恩浩蕩欽感莫名除另行核實
奏獎外所有潘溝合龍緣由謹先恭摺具陳伏乞
皇太后
皇上聖鑒謹
奏

男 桂森 兆葵 兆奎
兆璜 兆棠 兆熊
兆棻 兆蘭 兆璇 恭校

陳侍郎奏稿

卷八

恭謝寬免降留處分摺十二年正月二十二日

奏爲寬免處分恭摺叩謝

天恩仰祈

聖鑒事竊臣恭閱邸鈔光緒十二年正月初九日奉

上諭陳士杰奏溜溝決口合龍日期一摺上年山東河工趙莊

溜溝決口兩處數月以來經陳士杰督率堵築其趙莊決口已

於十二月初八日合龍茲復據奏溜溝決口經在工員弁冲寒

踏險竭力搶築亦於十二月二十二日合龍二十七日將後戧

一律堵築穩固覽奏稍慰廑念陳士杰著加恩開復降三級留任處分仍著該撫將各工防守事宜認眞趕辦務期惠臻委協以衛民生欽此伏念臣治黃無效保赤徒殷仰蒙
大造生成僅予降留處分
鴻施逾格鼇戴尤深睹此沈災方愧徭尤之莫贖及於寬政何期
恩詔之頻頒遠賁
絲綸俾還鞶帶荷
榮光之
三錫倍懍冰淵聞

咨儆於
九重恩彌降洞惟當恪遵
聖訓勉策衰庸力挽狂瀾敢憚手胼足胝心儀導軌願賡
平地成天所有微臣感激下忱謹恭摺叩謝
天恩伏祈
皇太后
皇上聖鑒謹
奏

前臬司潘駿文豫山懇　恩開復片十二年正月二十六日

再前山東按察使潘駿文於光緒九年奉

命來東當經臣委令會同司道辦理河工局事宜去春復專辦
加培大隄及防汛各事並親行堵合毛家店決口謹慎周詳著
有勞勩又前河南按察使豫山經臣
奏調督修民埝竣事並駐工督率文武堵合李家岸陳家林兩
處大工嗣復親駐趙莊率領員弁將口門刻期堵合勤勞兩年
之久遇事辦理妥慎該二員前均因案降調可否開復原官原
銜恭候
簡用之處出自
天恩再豫山經手事件現已料理清楚應准銷差回京合併陳
明謹附片具

奏伏乞

聖鑒訓示謹

奏

修堵黃河上游壽張等處堤埝情形片 十二年正月二十六日

再黃河上游壽張縣屬之白家樓玉皇嶺孫家馬頭楊家井彝莊等處非當大溜頂衝卽係坐灣險要上年伏汛期內孫家馬頭漫決堤埝水勢直灌舊運河分爲二股小股入壽張陽穀聊城等縣大股穿陶城埠新運河順大堤趨東阿平陰肥城直抵長清之趙王河營經

奏明在案嗣雖將口門卽行堵合而漫水所經堤岸不無殘缺

兼之白家樓一帶均屬奇險亟應分別修培方足以資抵禦前據該縣稟報臣委東昌府知府程繩武就近履勘據稱光緒三年前署撫臣李元華所修北岸臨河大堤一道上自直東交界之小辛莊起歷濮州范縣壽張陽穀東阿五州縣至張秋鎮運口止計長一百五十餘里底寬六丈頂寬一丈六尺高一丈業經八九年殘缺處並未修補去歲黃流盛漲水勢内外夾激以致更多沖損察看情形除范縣尚稱完善外濮州境内套堤一千二百一十丈應行幫寬加高其壽張陽穀東阿三縣大堤共長一萬六百餘丈應一律加高培厚仍照底寬六丈頂寬一丈六尺高一丈修補如式所需工費擬稍借貧民力每丈酌給津

貼銀一兩以期節省又白家樓適當頂衝最爲險要擬修套堤九百丈底寬七丈頂寬二丈高一丈二尺每丈酌給津貼銀二兩又張秋鎭金堤尾閭舊有横堤一道長六百三十丈原爲攔束濮范壽張一帶十二連窪之水順入運河以免散漫上年被冲缺口三處以致陽穀聊城均遭漫溢應仍堵築完固計需工料銀一千四百兩又東阿吴家壩一帶民埝外坦被淤出水僅剩二三四尺不等並有冲刷段落應分别加培修補估需土三萬四千餘方每方擬給津貼京錢二百六十文核銀二千八百兩以上各工統計需實銀一萬七千八百十八兩五錢此外孫家馬頭至萬家橋二十里舊有民埝亦甚卑薄該府縣現已勸

民修培萬家橋迤東至吳家壩二十餘里向無民埝亦經設法勸辦期保運道農田等情臣詳加查核所估各工均關緊要亟應乘時辦理至工需酌發津貼係爲節省起見臣已飭令藩司如數籌撥即委該府程繩武督同各該州縣趕緊興工務於桃汛前一律完竣不准草率延悞除仍隨時嚴飭認眞辦理外所有修培黃河上游壽張等處堤埝動撥銀兩緣由謹附片具陳伏乞

聖鑒謹

奏

報何王莊民埝漫溢情形片十二年正月二十六日

再溼溝合龍後正河水勢抬高下游冰壅濟陽章邱交界之何王莊民埝於正月初旬漫溢一處在事各員弁隨即將枯河壩河民埝口門掘開引水仍入正河其餘漫入之水循大隄由蒲臺境出利津界之甯海莊入海該處斥鹵之地勢極消暢於大隄尚無妨礙現經竭力防守仰賴

朝廷鴻福可保無虞惟河身淤墊日高河面又窄轉盼桃汛伏汛踵至萬難容納若將河王莊民埝堵合他處勢必復開似不如聽其分流以紓水勢臣與司道各員再三商酌意見均屬相同仍當隨時查看情形安爲辦理至隄埝間漫水所過居民不無被淹已飭印委各員查明提撥賑捐分別撫卹理合附片陳

明伏乞
聖鑒謹
奏
遵
旨拏獲匪首審明擬辦並將出力人員懇
恩優奬
摺十二年正月二十六日
奏爲遵
旨拏獲匪首審明擬辦並將出力人員懇
恩優奬恭摺仰祈
聖鑒事竊臣欽奉光緒十一年十一月十九日
上諭有人奏山東兖沂曹濟一帶盜風本盛近或連莊起會或

隨地肆搶其著名者爲丁萬秋張輿邦李六鴨仔蹤跡詭祕請
飭協拏等語著陳士杰嚴飭所屬文武及在防各營協力兜拏
務將匪首按名弋獲嚴行懲辦等因欽此當經臣查明兖沂曹
濟各屬並無匪徒連莊起會隨地肆搶匪首李六鴨仔因聞拏
緊急悔罪赴營投首先已據實附片覆
奏一面嚴飭地方文武及在防各營懸賞勒緝匪首丁萬秋張
輿梆務獲稟辦比値度歲逆料該匪等或乘隙潛回探視復密
飭道員用候補知府濟甯直隸州知州王恩培管帶松字營總
兵用臨清營副將萬年清廣覓眼綫設計誘擒旋據王恩培等
具稟探得丁萬秋等黨與四散多被拏獲丁萬秋委已遠颺無

踪張興邦於年底改名易姓薙鬚隻身潛回行踪祕密一日必易數處並無定所每據眼綫躧有踪跡迫至役勇往拏輒先他往未能得手本年正月二十一日據四路眼綫密報已將張興梆誘至東平州境傳大家內該副將萬年清親督哨弁張立泉霍中禮等並王恩培派出丁役馳往該莊適東平州等處兵役同時踵至萬年清先將隊伍四路分布率同張立泉等進屋淹捕該匪知覺闖出屋門越房欲逃弁勇跟踪上房緊追該匪即拔身帶洋鎗開放拒捕萬年清指揮弁勇不避危險一齊奮勇上前立將該匪擒獲並獲雙眼洋鎗一桿利刀兩把騎馬一匹由萬年清等親身押解來省經臣飭司發委濟南府知府梅啟

熙會同王恩培等研訊該匪供認迭次糾夥搶劫得贓並在河南不知縣名地方拒敵官兵又在城武縣境被拏拒捕致斃汛兵不諱錄供呈送前來臣查該匪張興梆迭次糾夥行劫得贓並拒殺汛兵實屬愍不畏法罪應斬梟未便稍稽顯戮當批司轉飭濟南府將該匪張興梆照章就地正法首級仍解回犯事地方梟示洵足以彰

國法而快人心至該副將萬年清等於奉

旨緝拏匪首乃能廣覓眼綫督率弁勇不避危險迅速弋獲實屬勇於任事異常出力合無籲懇

天恩俯准將臨清營副將萬年清仍以總兵

記名簡放並

賞加提督銜道員用候補知府濟甯直隸州知州王恩培

賞加三品銜出自

逾格鴻慈其餘出力弁勇另行咨部給獎除飭取供招咨部並

仍飭嚴拏逸犯丁萬秋務獲究辦外所有拏獲匪首審明擬辦

並將出力人員請獎緣由理合恭摺具

奏伏乞

皇太后

皇上聖鑒訓示謹

奏

病難速痊仍請開缺摺十二年正月二十六日

奏爲微臣病難速痊仍懇

恩施開缺以資調理恭摺仰祈

聖鑒事竊臣上年十二月十九日告病摺回欽奉

批旨現在溼溝尚未合龍該撫正當趕堵決口俾免貽誤何得

因張曜將到遽思引退置身事外著賞假一月毋庸開缺欽此

跪讀之下感激莫名伏念臣樗櫟庸材荷蒙

聖主委以疆寄宣防無效未加譴責因病乞休屢蒙

賞假調理

高厚之恩有加無已臣具有天良苟可勉强支持敢不竭忱盡

力以圖報稱惟念微臣自正月以來痰喘彌甚飲食日減百病叢生步履維艱每於臥房接見僚屬分示數語便覺兩顴發熱頭頂氣沖不止神情恍惚不能多閱公牘夜間痰壅尤甚坐不成寐據醫者云此病係勞心過度血衰氣虛所致非得靜心調養七八月之久不能爲功查山東公事繁冗加以河防處處須用心血照料以臣庸闇卽平日無病尙屬辦理竭蹶若以衰病之軀再行戀棧必至上廢

國事下誤民生再四思維惟有籲懇

天恩俯准開缺回籍調理當此時局艱難正臣子竭力報效之

時倘賴

朝廷福庇臣病得以漸次痊可必當勉竭駑駘不避艱險以報
鴻慈於萬一所有微臣病勢增劇仍請開缺調理緣由謹專摺具
奏伏乞
皇太后
皇上聖鑒謹
奏
續裁防營勇丁數目日期片十二年正月二十六日
再東省海防勇營上年經臣迭次裁撤均經隨時具
奏聲明此外各營綏至本年開正後酌量再裁現在時屆春融

自應續行遣撤臣先飭藩司籌備餉需茲又裁撤筠字營楚勇三百口糧以本年正月二十五日裁止廣武副中營楚勇三百名廣武左營東勇一百名口糧以正月三十日裁止廣武副前營楚勇五百名口糧以二月初五日裁止統共續裁勇丁一千二百名仍責令原管帶營哨各官分起管帶回籍歸沿途妥爲彈壓並添派文武員弁逐程護送不准一名逗遛仍照上年舊章東勇加給十日盤川楚勇每名加給行糧銀三兩以示體卹其餘各營仍當隨時察看情形

奏明辦理除分咨戶兵二部查照外所有續裁防營勇丁數目日期理合附片陳明伏乞

聖鑒謹

奏

覆陳何王莊漫口情形摺十二年二月十二日

奏爲何王莊民埝漫口水勢入海情形遵

旨據實覆陳仰祈

聖鑒事竊臣前於正月二十六日附片具

奏何王莊漫溢民埝擬聽分流緣由欽此奉

批旨知道了該處分流如實能暢行入海卽著照所議辦理以紓水勢仍著隨時察看情形妥爲籌辦其被淹居民務當飭屬查明分別加意撫鄖毋任失所又於因病懇請開缺摺內奉

旨著將何王莊漫口詳細察勘將來能否順流歸海不至別滋他患據實具奏再候諭旨等因欽此遵查該處口門分正河大溜約十分之三其水半由枯河壩河仍歸正河半由蒲臺境出利津界之甯海莊入海疊據該處防營統領馮義德稟稱該處入海僅二十餘里地皆斥鹵勢甚通暢附近十餘小莊房屋亦未坍塌由此分流似不爲害等語此海口情形也至水循大隄而下臣派員查勘惟齊東縣之劉家橋濱州之蝎子灣兩處低窪坐灣已飭趕緊加廂認眞防護又蒲臺縣城濱臨大河猝然水從隄埝間來以致城垣三面皆水幸水不深當經官民竭力堵禦得保無虞此隄埝間情形也臣與前臬司潘駿文豫山詳

審地勢該處口門分水不多堵合尚易一經堵合其間村莊均
可保全惟河身既窄淤墊日高勢必此堵彼決徒糜經費於事
無補現在該口分水入海其勢既順則何王莊似應暫留口門
藉以分灑伏秋大汛較免他處旁溢爲災察看情形祇有飭令
在工員弁將下游南岸大隄低窪處所逐段加培遇有坐灣頂
沖之處分別廂護修築埽壩以資防守再三商度意見均屬相
符竊以河身淤淺非分無以殺其怒而分水必自上游臣本擬
開通徒駭於上清齊河地面相度辦理疊經陳明在案茲准廣
西撫臣張曜咨會業經統籌全局妥議具
奏與臣前議大致略同所有何王莊口門自應俟該處辦理就

緒再行堵築目下但先將口門收窄俾大汛時分水有所限制至被水災民前經提用賑捐分別撫卹茲又有南紳嚴作霖捐湊巨欵前往接辦賑撫當不至流離失所理合據實覆陳伏乞

皇太后

皇上聖鑒訓示謹

奏

報銷挑挖小清河動用工需銀兩開單具陳摺 十二年二月十四日

奏爲挑挖小清河動用工需銀兩開單具陳仰祈

聖鑒事竊臣前因小清河年久失修山水爲患會同

欽差倉場侍郎臣游百川

奏請設法疏治由四川省協濟銀十六萬兩以資應用欽奉
諭旨照辦當卽分派印委各員集夫興工相度地勢認眞挑挖
就原河逢灣取直改由支脉溝出海樂安滴漏溝入海以期變
通盡刊消岱陰數百里之積患計自長縣屬之王家墓田起淸
經歷城章邱齊東鄒平長山高苑博興至樂安縣滴漏溝海口
止分爲十五段長六萬九百二丈五尺六寸五分挑挖口寬七
丈六寸至十五丈底寬六丈至十二丈深四尺至八尺不等挑
出之土培於兩岸作爲河隄十年閏五月卽據陸續報竣委員
查驗寬深尙屬如式嗣以伏秋汛漲黃流漫入該河不免冲刷
淤墊又於十一年春分別補挑所有工需銀兩力求撙節按照

定例每方報銷銀八分一厘計出土二百八十二萬餘方共用實銀二十二萬八千四百三十兩四錢二分二厘除川省協餉十六萬兩外又奏提本省糧道庫銀七萬兩十四戸大工餘款兩次奏明撥歸小淸河動用銀一萬一千五十六兩一錢三分一厘又撥章邱紳民賑捐就地僱夫以工代賑銀二萬二千三百九十八兩七錢六厘以上統共收銀二十六萬三千四百五十四兩八錢三分七厘除用尚存銀三萬五千二十四兩四錢一分五厘據河工局司道造具報銷淸冊呈送

奏咨幷稱所需銀兩係實用實銷幷無扣存減平等情前來臣覆核無異除加結咨送工部核銷外理合將收支各款繕具簡

明清單祇呈
御覽爲此恭摺具陳伏乞
皇太后
皇上聖鑒再河工局經手長堤民埝小清河等工現均造報完竣應即裁撤以免糜費合併陳明謹
奏
謹將挑挖小清河收支各項銀兩繕具簡明清單恭呈
御覽
收欵項下
一收四川省協濟銀十六萬兩

一收奏提糧道庫銀七萬兩

一收十四戶大工案內餘剩銀一萬一千五十六兩一錢三分一厘

前欵係兩次奏明撥歸小清河動用共合前數登明

一收捐項銀二萬二千三百九十八兩七錢六釐前款係章邱紳民賑捐挑挖該縣小清河以工代賑用銀前數登明

以上統共收銀二十六萬三千四百五十四兩八錢三分七釐

支款項下

一挑挖河身長六萬九百二丈五尺六寸五分寬深不一共計

出土二百八十二萬一百二十八方六分六釐七毫每方工價銀八分一釐共用實銀二十二萬八千四百三十兩四錢二分二釐

除支存銀三萬五千二十四兩四錢一分五釐

培護隄埝情形片 十二年二月十八日

再大清河兩岸長隄業於正月杪派員查看擇要加培均據稟報動工其兩岸民埝亦札飭沿河各州縣趕緊修培藉資防護惟南岸灤溝以下民埝因水泛濫無從取土一時難以修築理合附片陳明伏乞

聖鑒謹

奏

擇要修築大堤請撥銀兩片十二年二月二十九日

再何王庄以下水循大堤而行坦面受淤堤根冲刷處處危險亟應加高培厚並一律下樁廂埽方足以資抵禦其他段落經歷上年伏秋大汛亦有卑薄殘缺之處臣原奏大隄修成後仍當逐年加培今僅上年增培一次高寬丈尺尚不及豫省之半惟庫藏支絀異常爲時又迫祇好擇要加築並將殘缺各處修補完整藉資防範業經分飭印委各員趕緊分別辦理茲據河防局詳稱所有加培大隄應需土方工價及廂護險工添辦樁稭等料核實估計非七八萬金不足濟事防汛經費爲數無多

勢難敷用應請俟藩庫上忙收有成數先行撥銀六萬兩以資
接濟將來歸入防汛項下一併報銷理合附片陳明伏乞
聖鑒謹
奏
假期已滿遵　旨力疾銷假勉供職守摺十二年三月初八日
奏爲微臣假期已滿遵
旨力疾銷假勉供職守恭摺具陳仰祈
聖鑒事竊臣前因患病恐難速痊籲懇開缺調理欽奉
批旨著將何王庄漫口詳細察勘將來能否順流歸海不至别
滋他患據實具奏再候諭旨欽此遵卽據實覆陳旋於二月二

十二日奉
旨知道了陳士杰著賞假十五日毋庸開缺欽此伏念臣遭逢
殊遇未報涓埃際此時事多艱何敢遽行引退奈臣年老血虧
精神一經過用舊傷便發痰喘並生冬春彌甚自維衰病如此
雖欲報稱力不從心不得已
奏請開缺乃蒙
天恩續予假期飭令調治聞
命之下感激涕零旬日以來上緊調治差幸天氣和暖痰喘日
漸輕減精神稍可支持適報桃汛已至水漲六尺五寸爲歷年
所未有隄埝修守倍關緊要豈容因病稽延現在假期已滿臣

病雖未全愈自應力疾銷假勉供職守以仰副
聖主愼重地方之至意所有微臣假滿銷假緣由謹專摺具陳
伏乞
皇太后
皇上聖鑒謹
奏

新募各營月加口糧以三月初一日裁減片 十二年三月二十二日

再准戶部咨核覆東省籌辦海防第三次收支銀兩一案內稱海防各勇自成軍到防之日每勇月加口糧銀六錢現在和局已定自應遣撤其月加口糧應行遞減隨營文武各員弁亦應

隨時裁減以昭節省等因奏奉
諭旨依議欽此欽遵知照前來查海防解嚴後隨營文武員弁及新募東楚各勇並調回舊有東勇節經臣分别裁撤遞減口糧隨時據實
奏報並於軍需第四次報銷案內聲明在案其餘新募東楚各營以尚駐防所未便全裁月加口糧是以亦仍照發茲奉部議前因係爲節省餉需起見應卽遵照辦理惟查二月以前各勇口糧於未奉部文之先業經支發應請自三月初一日起將新募現存東楚各勇每名月加口糧銀六錢一律裁減以節經費據善後局司道詳請具

奏前來理合附片陳明伏乞
聖鑒勅部查照施行謹
奏
桃汛漫溢籌辦情形摺十二年三月二十八日
奏爲桃汛盛漲民埝大隄以次漫決現在分別籌辦情形恭摺
仰祈
聖鑒事竊臣前因病重蒙
恩兩次賞假調理將次就痊而桃汛已到據報三月初一日起
至初六日止水已漲至六尺五寸爲歷年所未有河防緊急臣
當於初八日力疾銷假正擬親行巡視初十日接據署章邱縣

知縣吳寶三稟稱連日水漲異常加以狂風暴雨初六日四更時分南岸吳家寨大隄漫溢一處又據署濟陽縣知縣管錫仁稟報日來風急水湧高過隄身北岸十里鋪民埝安家廟大隄同時漫溢十一日復據管錫仁稟報該縣與惠民縣毘連之王家圈民埝當沖頂溜初七日風雨尤猛遂行沖決大溜循水溝直沖翟家莊大隄隄後陡出翻花浪搶護不及隄身頃刻塌陷同日又據署惠民縣知縣沈世銓稟報該縣北岸姚家口民埝並套埝水力過猛一齊沖決其水直灌陳家廟任陳莊該處大隄地甚低窪勢同建瓴水撲隄頂隨卽刷開兩段臣得信當飭前臬司潘駿文前往查勘二十一日回省稟稱勘得南岸章邱

之吳家寨北岸濟陽之安家廟兩處大隄漫溢處所均經在工員弁隨即搶堵穩固惟王家圈民埝決口寬約八十丈其水直沖霍家莊大隄刷寬四十四丈口門水深四五尺及一丈不等溜向東北趨入徒駭河約三十里比較早年桃園顧家溝李家岸趙莊決入徒駭河地勢約近三四十里又勘得姚家口民埝寬約六七十丈水深自一二尺至一丈七八尺不等沖開陳家廟任陳莊大隄大小六口共寬二百餘丈水深六七尺至一丈不等溜勢趨向東北約二十里入徒駭河此即光緒元二年白龍灣黃毛墳決口由徒駭河入海之故道也臣與河防局司道悉心商度目下隄埝内外皆水取土無地堵築實難施工卽令

勉强堵塞而下游河身節節淤墊伏汛踵至防不勝防勢必此堵彼決徒耗財力查黃流東徙以來三十二年中南決入小清河者四次北決入徒駭河者三十餘次水性就下其勢使然且海潮倒刷而上已過霑化劉鐘口直接濱州境地河身寬三四十丈深四五丈不等海潮上迎黃河行將改道天若微示其機焉臣九年到東與倉場侍郎臣游百川建議分水徒駭奏

旨俞允比時紳民不及遠慮多方阻撓遂行中止上年趙莊開口臣復擬留此口門藉以分溜繼思兩岸未經築隄河身未加疏濬仍恐漫溢爲災是以復行奏請俟趙莊堵築後再行辦理

旋蒙

簡派廣西撫臣張曜來東查看河防統籌全局應否分水徒駭

當俟該大臣覆奏後定議施行曾經

奏明在案臣以辦工必在汛前輾轉需時將來勢必趕辦不及因於二月初旬派候補知府胡鳴泰候補知縣何式箴前往督同沿河各州縣催集民夫趕修民埝以備不虞嗣據報臨邑商河濟陽北岸舊有埝基經該守等督催業經加培高厚此外惠民民埝僅築一段濱州霑化甫經動工黃水已至辦理殊費周章再四思維目下只好將王家園姚家口兩處口門各築挑水壩二座挑開溜勢冀免全河奪溜隄埝之間各築橫隄一道以免漫溢爲災俟伏秋大汛過後查看形勢何處宜堵何處宜留

再行相機辦理水分則力弱一經順軌分入徒駭下游水患當可稍紓惟臣才短病多宣防三年毫無寸效應請

旨將臣褫職另擇賢員接辦以免貽誤生靈其承守員弁署惠民縣知縣沈世銓應請摘去頂戴仍留署任候補副將陳長發應請革職留工以示懲儆而觀後效署濟陽縣知縣管錫仁到任未及一月應請從寬免議至被災各處現已飭司委員分途散放急賑並分飭各州縣淸查戶口迅速禀報擬將

恩准截留米石均匀散放俾令普沾

皇仁除俟各縣查覆後核明應放數目另行具奏所有桃汛漫決隄埝現在籌辦大概情形謹專摺具

奏伏乞

皇太后

皇上聖鑒訓示飭遵謹

奏

恭報出省校閱營伍日期並查看海口摺十二年四月初三日

奏爲恭報微臣出省校閱營伍日期並順道查看海口情形恭

摺仰祈

聖鑒事竊臣准兵部咨光緒十二年二月十五日奉

上諭本年輪應查閱營伍之期山東即派陳士杰逐一查閱認

眞簡校如有訓練不精軍實不齊者即將廢弛之將弁據實參

奏毋得視爲具文等因欽此欽遵咨行到臣伏查東省營伍前於光緒八年間奉
命派閱前撫臣任道鎔僅閱過青州滿營及登榮水師登州鎮標各營尚有德州滿營撫標左右並兖曹鎮標各營未閱臣履任後因籌辦工賑海防未及兼顧迭次附片
奏明展緩在案此次自應併案校閱而海防勇營現已陸續裁撤留防之隊亦須親加查看另行設法布置以期周密茲將署中公事逐細清釐河防亦先料理周妥責成前臬司潘駿文前河南臬司豫山並添派候補道張上達會同現任司道督率在事文武隨時實力修守臣定於四月初四日出省輕騎減從先

赴煙台查看海口情形妥籌辦理並將登州鎮標各營及登榮水師青州滿營挨次認真校閱約五月初旬旋省臣出省後署中日行公事循例檄委藩司崇保代折代行解審命盜各案亦委該司代勘遇有緊要事件仍包封送臣行次核辦所有臣出省查閱營伍日期理合恭摺具

奏伏乞

皇太后

皇上聖鑒謹

奏

為校閱省東營伍回省日期摺十二年五月初八日

奏爲謹陳校閲省東營伍事竣徼臣回省日期恭摺仰祈

聖鑒事竊臣前於四月初四日出省查看海口並校閲省東營伍業經

奏報在案起程後先赴煙臺查看海口並考驗留防三營隨坐

輪船至登州校閲登榮兩營水師並鎭標之登中登右文登各營留防勇隊砲隊各一營閲畢隨赴萊州即墨膠州青州甯福壽樂等處校閲各營並青州滿營膠州防勇一營挨次逐細校閲各營員弁兵丁弓箭鎗炮中靶統在八成以上合操陣法步伐整齊水師泅水折帆爬桅打槳諳練可觀留防各營勇丁足額精壯技藝陣法操練亦臻純熟調驗馬匹核計裁減以後實存

之數一律足額臕壯軍裝器械足數適用凡技藝出眾之弁兵臣皆當場計功計拔酌量優賞衰弱兵丁立予斥革間有中箭較少而年力強壯當差勤慎者未便以臨場一矢之失遽行罷斥分別勒限練習覆考俾昭激勸並嚴飭各將備務須隨時加意講求認眞訓練不得因校閱已竣稍事懈弛以期仰副

聖主修明武備之至意臣於五月初七日回省所有校閱省東營伍情形以及微臣回省日期理合恭摺具

奏伏乞

皇太后

皇上聖鑒訓示再臣經過登萊青三府屬雨水調勻二麥豐稔

秋禾見布種青葱民氣極爲安靜堪慰
宸廑臣在青州行次感冒雨濕舊病復發兩腿發瘇扶掖方能
行走現在回省趕緊醫治公事仍照常力疾辦理不敢曠延遲
誤合併附陳謹
奏

已革提督李榮春請開復原官片十二年五月十六日

再已革提督前雲南武定營叅將李榮春光緒九年投効來東
先經派築歷城南岸長隄嗣因海防戒嚴復委管帶廣武前營
駐紮煙臺當經
奏明在案該革員因曾獲咎遇事奮勉圖功當法人搆釁之時

晝夜訓練士卒講求鎗炮開挖地營營務井井有條三載以來始經勿懈爲將弁中不可多得之員臣察其從前獲咎原案因輕聽旁言干預耿馬士族罕恩慶爭襲並失察差弁黃福源受託尙屬被人詿誤非犯贜私可比該革員器宇安詳膽勇足恃駐防海口三年不無微勞足錄且修築歷城長隄躬親畚鍤依限告成亦有勞勩可否仰懇

天恩俯准開復原官以備緩急之用出自

逾格鴻慈臣爲人材難得起見謹附片具陳伏乞

聖鑒訓示謹

奏

總兵傷病舉發請開缺回籍調理摺十二年五月十六日

奏爲總兵舊傷舉發懇請開缺回籍調理據情恭摺

代

奏仰祈

聖鑒事竊臣接准提督銜兗州鎮總兵全祖凱咨稱該員由行伍出師粵東江西雲貴川楚連年血戰小腹腰胯左右骰足先後受鎗礮刀矛等傷八次鎗子多未起出遍身幾無完膚均隨時報明驗奏歷蒙

天恩擢至總兵光緒四年丁父憂服闋奉

旨補授今職六月到任兩次調辦海防統領各軍駐紮登州烟

台嚴冬朔風凜烈炎夏潮濕熏烝以致觸發舊傷初則投以予
筋活血之品漸見輕減現在年已五十有五氣血較衰服藥亦
未奏效上年在防屢陳病狀乞退均承慰留因念防務孔殷不
敢顧惜身命勉力支持今春撤防回籍設法延醫調治而傷病
益加增劇行動需人扶掖當茲整練行伍之際豈容病軀戀棧
致滋貽誤咨請代
奏開缺回籍調理倘能仰邀
福庇醫治速痊即當請咨北上泥首
宮門求
賞差使斷不敢偷安閭里自外生成等因臣查該鎮久歷戎行

智勇兼備在任八年營伍頗資整頓兩次調辦海防布置悉合
機宜上年因舊傷舉發屢次咨會代奏開缺臣因防務緊要未
允所請春間回兗道出省垣臣見其氣體支離曾囑安心調攝
今稱病益加增委係實在情形可否籲懇
天恩俯准開缺回籍調理出自
鴻慈如蒙
俞允所遺兗鎮總兵一缺應請
旨迅賜簡放以重職守理合恭摺具陳伏乞
皇太后
皇上聖鑒訓示謹

奏

裁撤勇營片十二年五月十六日

再新任撫臣張曜不日到省帶來舊部勇丁早已分紮東境所有臣原留勇營自應陸續分别裁撤以節餉需臣現札飭善後局籌備餉項於本月二十四日先撤楚軍衛隊一營六月初一日撤楚軍親兵一營初五日再撤東軍廣武中營初十日再撤楚軍廣武後營該各營勇丁數千里來東此次遣撤回籍應各給行糧四十天以示體卹此外登州煙台各留楚軍一營膠州留東勇一營應否裁撤當俟張曜接篆後再行酌量辦理所有現在酌裁原留勇丁四營緣由謹附片陳明伏乞

聖鑒謹

奏

湖南桂陽州團練防勦粤逆死事弁勇懇

恩就地建祠

摺十二年五月十六日

奏爲陣亡弁勇懇

恩就地建祠以慰忠魂恭摺仰祈

聖鑒事竊臣咸豐同治年間在籍辦團督勇防勦兩粤賊匪十

有餘年所部弁勇先後死事人等均經湖南撫臣

奏請分别撫恤在案唯臣係桂陽直隸州人隨征士卒同鄉共

井者十居七八先後招募成軍製造器械悉在州北流渡橋地

方該弁勇等生前爲
國捐軀身亡異地死後裹尸旋里魂戀故鄉
朝廷典重報功閭黨情殷崇祀合無仰懇
天恩俯准捐資在於流渡橋地方建立昭忠祠以妥忠魂而彰
曠典出自
逾格鴻慈謹專摺具
奏伏乞
皇太后
皇上聖鑒訓示祗遵謹
奏

附保郎中陳汝恆等片 十二年五月二十日

再候選郎中陳汝恆光緒十年堵築齊東蕭家莊決口工竪料省並捐築土房二百餘間安置災民撫恤備至又知州銜候選知縣吳夢齡品行端方倡率善舉士民信服又提舉銜指分陝西試用布理問汪履泰督修小清河疏導得宜連年放賑不辭勞瘁以上三紳辦工賑兩局凡省中育嬰堂清節堂勸學堂以及施棺施藥安插難民各善舉均能同心協力次第舉行視公事如家事辦理悉臻妥善實爲難得之員臣在東最久目所親擊亟應表揚以昭激勸現經臣於大堤民埝保案內擬請將陳汝恆以知府選用並加道銜吳夢齡請免選知縣以知州不論

雙單月選用並加四品銜汪履泰請以知州仍留原省補用並加同知銜仰懇
天恩俯賜照准以資鼓勵出自
逾格鴻慈謹附片據實具陳伏乞
聖鑒訓示謹
奏
報銷滏溝趙庄堵口工需銀兩開單具陳摺十二年五月二十日
奏爲報銷堵築滏溝趙庄兩口動用工需銀兩開單恭摺具陳仰祈
聖鑒事竊照上年歷城縣屬之滏溝齊河縣屬之趙庄兩處民

搶決口所有籌辦情形經臣節次
奏報在案查滏溝奪全河之溜口寬一百六十餘丈奔騰浩瀚
堵築爲艱金門收窄時水深至六七丈有奇占埽站立不穩屢
進屢蟄幾瀕於危趙庄口寬七十餘丈形勢略輕然亦水深二
丈七八尺時當淩汛冰凘如山異常棘手仰仗
朝廷洪福幸能勉力成功其善後加廂一切事宜趙庄於本年
三月間滏溝於四月間一律告竣所有用款經臣督飭委辦收
支候補知府李清和候補知縣呂耀鼎等力求撙節不准稍涉
鋪張茲據核明照例造具報銷清册呈由河防局司道詳請
奏咨前來臣逐加發核滏溝一工用實銀三十七萬七千四百

一十三兩一錢八釐趙庄一工用實銀九萬四千九十四兩九錢九分九釐二共請銷銀四十七萬一千五百八兩一錢七釐

查收款項下歷次

奏明由藩運糧道臨清關各庫及大堤節省上年防汛餘存經費內陸續湊撥計共撥到銀四十五萬九百八十六兩一錢六分八釐一毫下餘不敷銀二萬五百二十一兩九錢三分八釐九毫據該司道詳明係借别款應用應請在於小清河節省經費內動支歸還以免轇轕均係實支實用並無扣存減平除將清册加結咨送工部核銷外理合繕具簡明淸單祗呈

御覽爲此恭摺具陳伏乞

皇太后

皇上聖鑒謹　奏

謹將堵築潞溝趙莊兩口收支各項銀兩繕具清單恭呈

御覽

收款項下

一陸續收藩庫銀十萬兩

一陸續收庫銀十六萬兩

一收糧道庫銀六萬兩

一收臨清關稅銀四萬兩

一此大堤節省銀五萬七千九百八十六兩一錢六分八釐一

毫

一收光緒十一年防汛經費節省銀三萬三千兩

一收小清河工需節省銀二萬五百二十一兩九錢三分八釐九毫

前款奏明節省銀三萬五千兩今動用此數登明

以上共收銀四十七萬一千五百八兩一錢七釐

支款項下

一堵築歷城濼溝大壩埽工銀二十一萬四千四百九十二兩七錢八分八釐

大壩加廂埽工銀五萬八千七百五十兩六錢大壩上水邊

埽連夾土壩共銀六萬九千二百八十四兩三錢四分九釐
邊埽加廂埽工共銀二萬三千五百兩二錢四分
後戧土工共銀一千九百一十九兩九錢二分五釐
挑挖引河土工銀九千四百六十五兩二錢六釐
以上溼溝共支銀三十七萬七千四百一十三兩一錢八釐
一堵築齊河趙庄大壩埽工銀六萬五千三百二十三兩六錢七分四釐
大壩加廂埽工銀二萬七千七百九十二兩二錢
後戧土工銀九百七十九兩一錢二分五釐
以上趙莊共支銀九萬四千九十四兩九錢九分九釐

統共支銀四十七萬一千五百八兩一錢七釐均係實用實

銷並無扣存減平登明

報銷增培大堤工需銀兩摺十二年五月二十日

奏爲報銷增培黃河兩岸長隄動用工需銀兩恭摺仰祈

聖鑒事竊照光緒十年前臬司潘駿文條陳河務事宜當經臣

奏奉部覆准將大隄增高培厚指撥各省河餉並截留本省京

餉共銀三十八萬兩以資應用該前司於十一年春間興工培

築嗣恐各省解款難齊復經

奏明酌減丈尺如東阿平陰及歷城桃工舊隄原擬頂底均加

寬二丈加高二尺收新頂二丈者改爲頂底均加寬一丈五尺

加高二尺收新頂一丈五尺利津北岸隄身原擬帮底寬三丈頂寬二丈加高二尺收新頂二丈者改爲帮底寬二丈頂寬一丈五尺加高二尺收新頂一丈五尺均減寬而不減高足以禦水其他兩岸各處仍照原定帮底寬四尺頂寬一丈加高二尺臣督飭該前司分派委員會同各州縣僱夫核實辦理不准稍涉偷減旋據陸續報竣查驗高寬尚屬如式夯硪亦甚堅固所有工需銀兩茲據該前司詳稱方價硪工統照築隄原案支發東阿平陰歴城三縣帮寬北岸無水一面隄基前均未留餘地此次佔壓民田按畝應給地價亦照前案支發東阿平陰業已領清歴城挑工地價俟查明業戶分別給領再行開報至辦工

委員薪津悉照善後局章程核給計東阿平陰肥城長清齊河歷城章邱濟陽齊東青城濱州蒲台惠民利津等十四州縣㙮培南北兩岸大隄格隄及民埝灶壩改隄並歷城華山東麓接築大隄西麓添築格隄等工共用實銀三十四萬七千八百七十兩二錢四分六釐一毫內應歸戶部核銷銀五千六百九十四兩八錢五分四釐九毫應歸工部核銷銀三十四萬二千一百七十五兩三錢九分一釐二毫均係實支實用並無扣存減平查收款項下奉撥本省藩庫銀二十六萬兩糧道庫銀四萬兩河南省銀三萬兩均各解清江蘇省奉撥銀三萬兩解到銀三萬兩扣除短平實收銀一萬九千九百八十八兩安徽浙江

二省未經解到訃共收銀三十四萬九千九百八十八兩除用尚存銀二千一百一十七兩七錢五分三釐九毫留備支發歷城挑工𢈔價並下次增培之用造具各項報銷清冊詳請奏咨前來臣覆查無異除各冊分送戶工二部查照外理合恭摺具陳伏乞

皇太后

皇上聖鑒

勅部核銷施行謹

奏

已故四川總督功德在民懇恩於山東建立專祠以順

輿情摺十二年五月二十日

奏爲已故督臣功德在民懇

恩於山東建立專祠以順輿情恭摺仰祈

聖鑒事竊據前河南撫臣李慶翶等聯名公呈已故四川督臣

前山東巡撫丁寶楨咸豐初年奉

旨簡調來東正直揔匪鴟張之會該督臣帶勇勦捕身先士卒

戰勝則卷甲疾驅日行百數十里不勝則整軍復進毫無刦心

剿撫兼施勳勞懋著閱數年始克將任柱賴汶洸張總愚各股

以次蕩平地方賴以安謐並先於省城加修石圩以衛城外居

民戰守旣備寇不生心其戰功之在東者如此大亂之後民多

游手該督臣勸諭四境種樹桑麻著有蠶桑貼說分行東省復慮訟獄繁多傳訊擾累乃傳現任候補官吏各紓所見擇其切中時弊者著爲理訟集議飭各州縣實力奉行各牧令訪有貪污劣跡立即參劾不少姑息其爲民興利除害者又如此大凡民不知義多由學校廢弛該督臣引爲己責省城舊有濼源景賢兩書院膏火微薄諸生饘粥不資該督臣設法加增膏火延名師主講每課親行案臨並於西城外置地一所建立尚志堂作觀星臺優給膏火招延積學之士聚處其中相與講求天文度數測量地輿廣狹及西學算法等事東省近多博洽宏通之士皆該督臣培植士林之力也性喜崇儒重道尤憐孤寡貧民

豐稔之年勸諭紳民積穀備荒光緒元年東省大饑開倉散賑
並奏請錮緩冬漕二十萬石以紓民困九十兩年山東水患頻
仍該督臣自捐鉅款倡率川中官紳捐資助賑運東接濟並令
其子主事壽鶴帶銀來東親行散放是年開挖小清河協銀十
六萬兩俾得及時告竣涸出田畝爲利甚溥此其公忠體
國不分畛域實有古大臣風東省士民感念生前德政咸思報
以馨香擬在濟南省城建立專祠春秋致祭合詞懇請具
奏前來臣覆查核督臣潔己愛民血誠報
國撫東政績實而可徵此外如堵築侯家林賈庄兩處大工蚤
暮與勇夫同艱苦尤爲人所難能江南州縣至今德之茲該紳

等聯名呈請洵屬愛戴至誠合無籲懇
天恩俯准將已故四川督臣前山東巡撫丁寶楨在於山東省
城建立專祠春秋致祭之處出自
逾格鴻慈謹專摺具
奏伏乞
皇太后
皇上聖鑒訓示謹
奏

辦理徒駭隄埝情形片 十二年五月二十日

再惠民縣姚家口開決後水歸徒駭臣與司道會商擬於口門

迤上築挑水壩一道挑開溜勢並於堤埝間築橫堤一道以保下游村庄其徒駭河北岸先已派員督修民埝業經奏明在案茲據下游防營統帶馮義德禀稱姚家口迤上築成大埧一道寬五丈長十八丈開引河一道寬十丈長里許至二道挑埧應俟引河放水後查看情形再行辦理又據惠民縣在工各員禀稱該處堤埝之間築成橫埝一道長四百餘丈底寬八丈頂寬一丈高八尺酌給津貼銀一千二百兩功已築成又據知府胡鳴泰禀稱徒駭河北岸民埝禹城縣地段南北兩岸共長一百五十四里均築成底寬五丈頂寬一丈高八尺齊河縣地段長一十里均修成底寬三丈頂寬一丈高五尺臨邑縣

地段長二十二里築成底寬三丈頂寬一丈五尺高一丈二三尺濟陽縣地段長四十五里築成底寬四丈頂寬二丈高一丈二三尺不等商河縣地段長七十五里又帮修濟陽三十餘里築成埝身高寬與濟陽同以上禹城齊河臨邑濟陽商河五縣均由地方官勸督百姓自行辦理以下則爲惠民所管其地段長八十餘里一律帮築底寬四丈頂寬一丈高七八尺不等險要之處加築護埝一道該縣民情困苦諭令陽信縣帮築十二里並於賑款項下提銀一萬兩作爲以工代賑以資津貼亦已一律築成再下則濱州所轄北岸只十餘村庄係河水入海之路無從修築該州居民均在南岸只好勸諭修築南埝其南埝

上段三十餘里地勢較高紳民禀請毋庸修築下段四十餘里
修成底寬二丈頂寬五尺高五尺均由民間自行修築等語臣
查此次辦理徒駭河民埝經署武定府知府胡鳴泰率同題補
冠縣知縣何式箴往返督催並各該州縣剴切勸諭百姓尅期
告成辦理尚為迅速惟高寬丈尺未能一律將來卑薄之處應
否加增臣即日夜交卸應俟新任撫臣張曜查明分別飭令接
修所有出力人員亦應由該撫臣事後擇尤保奬至黄水由姚
家口入徒駭河至濱州之裴家口分為兩道一由徒駭支河一
名寬河一由正河流鐘口於大牟庄滙合入海尚屬通暢合併
附陳伏乞

聖鑒示遵謹
奏

恭報交卸日期遵　旨北上摺　十二年五月二十七日

奏爲恭報微臣交卸撫篆日期叩謝
天恩仰祈
聖鑒事竊臣准吏部咨開光緒十二年五月初一日奉
上諭陳士杰着來京另候簡用山東巡撫着張曜調補等因欽此茲新任撫臣張曜行抵省城於五月二十七日接印任事臣即於是日交卸一面料理行裝並將病軀趕緊調治俟精神稍能支持即行遵

旨北上泥首
宮門藉伸依戀所有微臣交卸撫篆日期理合專摺叩謝
天恩伏乞
皇太后
皇上聖鑒謹
奏

男桂森　兆葵　兆奎
兆璜　兆棠　兆熊恭校
兆蓁　兆蘭　兆琁